U0522392

华南民族与社会研究文库

广东民族地区社会治理研究

侯保疆　黄开腾　阳程文　著

中国社会科学出版社

图书在版编目(CIP)数据

广东民族地区社会治理研究／侯保疆,黄开腾,阳程文著.—北京:中国社会科学出版社,2023.10

(华南民族与社会研究文库)

ISBN 978-7-5227-2058-6

Ⅰ.①广… Ⅱ.①侯…②黄…③阳… Ⅲ.①民族地区—社会管理—研究—广东 Ⅳ.①D676.5

中国国家版本馆CIP数据核字(2023)第191606号

出 版 人	赵剑英
责任编辑	宫京蕾 周慧敏
责任校对	刘 娟
责任印制	郝美娜

出　　版	中国社会科学出版社
社　　址	北京鼓楼西大街甲158号
邮　　编	100720
网　　址	http://www.csspw.cn
发 行 部	010-84083685
门 市 部	010-84029450
经　　销	新华书店及其他书店

印刷装订	北京君升印刷有限公司
版　　次	2023年10月第1版
印　　次	2023年10月第1次印刷

开　　本	710×1000 1/16
印　　张	17
插　　页	2
字　　数	292千字
定　　价	98.00元

凡购买中国社会科学出版社图书,如有质量问题请与本社营销中心联系调换
电话:010-84083683
版权所有　侵权必究

前　言

20世纪90年代以后，在西方学术界特别是政治学、行政学、管理学领域，治理理论成为探讨的热点，以治理为研究对象的著述大量涌现。在中国运用治理理论分析经济社会领域问题的学者和成果不断增加，治理的概念带来日益广泛而深入的影响。党的十八届三中全会作出的《中共中央关于全面深化改革若干重大问题的决定》首次使用了社会治理概念。该决定中在"创新社会治理体制"的小标题下，用了1000字左右的一段话，阐述了一个新的执政理念——社会治理。对于什么是社会治理，人们的理解不尽相同，学界讨论热烈。我们认为，社会治理是指政府、市场、社会组织和公民个体等多元主体在社会公共事务管理过程中，通过互动、协调、合作等方式，承担和发挥各自的职责与作用，以实现公共利益最大化与社会系统有序化，最终达到社会善治。

党的十八大以来，中国政府提出推进"国家治理体系和治理能力现代化"的改革发展目标，民族地区的社会治理是推进"国家治理体系和治理能力现代化"的重要组成部分。我们不能离开中国社会的整体大背景来审视民族地区的社会治理。因此，民族地区社会治理的研究内涵可以界定为，它是在推进"国家治理体系和治理能力现代化"背景下研究民族地区社会公共事务的治理过程。其研究内容至少包括三个方面：一是多元主体参与民族地区社会治理与创新研究。主要研究民族地区社会治理体系体制构成；以民族地区地方各级政府为核心的多方在社会治理与创新中的地位与作用，各自的权力责任边界，相互之间的关系互动；各主体的社会治理能力；民族地区地方各级政府社会管理职能转变；民族地区社会共建共治共享模式；等等。二是民族地区社会公共事务治理与服务。主要研究民族地区公共事业管理体制机制改革；城乡教科文卫事业发展；民族地区社会应急管理；民族地区社会组织管理与发展；民族地区公共服务体系构建；民族地区社会服务体制机制创新；民族地区社会保障服务；民族地区生态环境治理；民族地区社会文化传承与发展；等等。三是民族地区社会政策与法治。主要研究民族地区社会治理政策法规体系；城市民族人口管理制度；民族地区社会矛盾纠纷解决；民族地区社会治理法治保障；民族地区社会治安综合治理；民族地区社会治理政策绩效；城市民族就业政策分析；等等。

民族地区的社会治理已成为中国政府尤其是民族地区各级政府关注的重要内容之一。近年来，少数民族地区的社会发展成就举世瞩目，但也面临不少困难和问题。在这个关键时期，探讨民族地区社会治理的现状、成效和经验，研究存在的问题和成因，提出相应的对策和政策建议等，对于提高少数民族地区的社会治理能力水平、确保人民安居乐业、社会安定有序具有重要的现实意义。

本研究以广东省3个民族自治县7个民族乡为研究对象，主要采用规范研究与实证研究相结合的方法。我们搜集资料的方法主要有：一是文献法。主要包括查阅县志、镇志，浏览政府网站，关注媒体的相关报道，阅读政府公告、政府文件、制度规划规章以及政府及各部门工作报告总结等资料。二是社会调查法。课题组成员先后到广东连南、连山和乳源三个自治县进行社会治理专题调研，调研时间分别是2015年11月，2016年5月、11月，2018年6月、7月，2019年7月、9月、11月。在开展面上调研的同时，进行个案调研和跟踪。课题组成员到广东惠州龙门县蓝田瑶族乡对美丽乡村建设、人居环境整治进行调研跟踪，调研时间分别是2018年4月，2019年5月、9月。课题组成员到广东乳源瑶族自治县对民族地区事权承接的职能部门进行案例研究，对乳源瑶族自治县义工协会参与社会治理的个案进行研究，调研时间分别是2019年10月、11月。具体形式有：（1）访谈法。主要是对县镇村的工作人员，尤其是镇村的工作人员，进行访谈。（2）问卷调查法。主要是以发放网络调查问卷的方式进行，问卷设计为五个部分，25道题，共发放调查问卷186份，回收问卷186份，其中有效问卷186份。（3）实地观察法。通过走访农户及企业、参观村委所在地、穿行镇村主要道路、查看村内河塘沟渠等，了解其生活环境、生产环境、工作环境和居住环境等。

本研究的内容主要涉及：广东民族地区社会治理之政府体制放权研究，即简政放权下的民族自治县政府事权承接研究；广东民族地区社会治理之贫困治理，研究精准扶贫实践与优化路径；广东民族地区社会治理之公共服务供给，研究民族地区公共服务体系现状、问题与成因；广东民族地区社会治理之社会组织参与，研究社会组织参与社会治理过程中，其与政府等相关部门和其他主体的互动模式；广东民族地区社会治理之法治保障，研究民族地区的立法现状与问题；广东民族地区社会治理之生态环境建设，研究农村人居环境治理问题及成因；民族地区农村"空心化"治理。上述研究基本循着理论考察—实践研究—对策构想的思维路线展开。

因此，本书的内容主要由以下14章构成：第一章是对民族地区社会治理研究的理论考察与反思。第二章是对社会治理体系现代化进行概念界定。第三章是对民族自治县政府事权承接问题进行研究。第四章、第五章、第六章是个案研究和专题研究，分别对广东清远连山壮族瑶族自治县精准扶贫实践、电商扶贫现状和保险助力精准扶贫等内容进行深入剖析。第七章和第八章是对民族地区公共服务供给进行个案研究，分别对广东连山壮族瑶族自治县公共服务体系现状、连南瑶族自治县和连山壮族瑶族自治县两县的"医养结合"养老服务模式进行研究。第九章是对广东民族自治县的立法现状进行考察分析。第十章和第十一章是对民族地区社会组织参与社会治理进行个案专题研究，分别对民族地区行业协会与政府之间的互动模式、乳源瑶族自治县义工协会参与社会治理进行研究。第十二章是对民族乡农村人居环境协同治理展开研究。第十三章和第十四章是对民族地区农村"空心化"问题进行专题研究，分别从乡村振兴和新型城镇化视角进行剖析。

本书是广东省普通高校应用研究重大项目（人文社科类）"广东民族地区社会治理体制机制研究"（项目编号：2016WZDXM030）课题的最终成果，是本课题组成员集体智慧的结晶。全书由侯保疆负责框架设计、统稿及修改定稿，阳程文协助完成部分工作。各章撰写人具体如下：第一章，侯保疆、黄一洁；第二章，黄开腾；第三章，侯保疆、周明磊；第四章，阳程文、侯保疆；第五章，张照；第六章，李玉华；第七章，阳程文、侯保疆；第八章，于绯；第九章，肖扬宇；第十章，罗晓华；第十一章，黄开腾、张亚洲；第十二章，曾晓昀、黎海怡；第十三章，黄开腾；第十四章，黄开腾、张亚洲。本书得到广东技术师范大学民族学院院长符昌忠研究员的关心和支持，受到广东省普通高校人文社会科学重点研究基地"广东技术师范大学民族研究所"出版资助，中国社会科学出版社的领导和编辑同志对本书出版给予了大力帮助,在此一并致谢!

本研究尚存诸多不足,恳请读者批评指正。

侯保疆

广东技术师范大学管理学院

2020 年 7 月

目　　录

第一章　民族地区社会治理研究现状与反思……………………（1）
　　一　问题的提出……………………………………………………（1）
　　二　研究现状………………………………………………………（1）
　　三　结语与反思……………………………………………………（9）

第二章　社会治理体系现代化的社会学内涵及启示……………（11）
　　一　内涵研究现状及其局限性……………………………………（11）
　　二　社会治理体系现代化概念的社会学理解……………………（13）
　　三　科学界定社会治理体系现代化内涵的启迪意义……………（21）

第三章　简政放权背景下民族自治县政府事权承接问题研究
　　　　　——以广东省乳源瑶族自治县为个案…………………（24）
　　一　研究缘由………………………………………………………（24）
　　二　国内外研究现状………………………………………………（25）
　　三　概念界定与理论基础…………………………………………（32）
　　四　乳源县政府事权承接现状……………………………………（35）
　　五　乳源县政府事权承接存在的问题及原因……………………（38）
　　六　民族自治县政府事权承接能力提升路径……………………（50）

第四章　少数民族地区精准扶贫实践与优化策略
　　　　　——以广东清远连山壮族瑶族自治县为例………………（59）
　　一　精准扶贫的提出及研究现状…………………………………（59）
　　二　连山县经济社会发展概况……………………………………（61）
　　三　连山县精准扶贫主要做法和成效……………………………（62）
　　四　连山县精准扶贫中存在的问题………………………………（66）
　　五　优化精准扶贫的政策建议……………………………………（68）

第五章　少数民族自治县电商扶贫研究
　　　　　——以广东连山县为个案…………………………………（71）
　　一　电商扶贫的内涵及意义………………………………………（71）

二　连山电商扶贫现状：电商服务体系基本建立 …………………（72）
　　三　电商扶贫发展中的困难：上行资源有限，下行需求不足 ……（73）
　　四　建议与对策 ……………………………………………………（74）

第六章　保险助力精准扶贫研究 ………………………………………（79）
　　一　保险助力精准扶贫的作用机制 ………………………………（79）
　　二　保险助力精准扶贫的比较优势 ………………………………（81）
　　三　保险助力精准扶贫的功能价值 ………………………………（82）
　　四　引导保险业参与精准扶贫的对策建议 ………………………（85）

第七章　民族地区公共服务体系现状透视与宏观思考
　　　　　——以广东连山壮族瑶族自治县为个案 …………………（86）
　　一　文献回顾 ………………………………………………………（86）
　　二　连山县推进公共服务均等化的做法和成效 …………………（88）
　　三　连山县推进公共服务均等化面临的困境 ……………………（92）
　　四　提高民族地区公共服务均等化水平的宏观思考 ……………（95）
　　五　结语 ……………………………………………………………（97）

第八章　民族地区"医养结合"养老服务研究
　　　　　——基于广东连南、连山县的考察 …………………………（98）
　　一　研究意义 ………………………………………………………（98）
　　二　养老服务供给模式和医疗服务供给模式现状 ………………（99）
　　三　两县"医养结合"养老服务供给模式比较分析 ……………（101）
　　四　研究结论 ………………………………………………………（114）

第九章　广东民族自治县的立法现状与思考 …………………………（117）
　　一　立法概况 ………………………………………………………（117）
　　二　立法特点 ………………………………………………………（119）
　　三　立法不足与展望 ………………………………………………（124）

第十章　国家法团主义：民族地区行业协会与政府之间的
　　　　互动模式分析
　　　　　——以广东连南瑶族自治县交通运输协会为例 ……………（127）
　　一　问题的提出与已有研究进展 …………………………………（127）
　　二　法团主义——一种利益代表系统 ……………………………（130）
　　三　法团主义的两种次级类型及其本质特征 ……………………（131）

四　案例分析——广东省连南瑶族自治县交通运输协会的
　　经验 …………………………………………………… (132)
五　国家法团主义——连南县交通运输协会—交通局准法团
　　主义结构的基本定位 …………………………………… (134)
六　国家法团主义——民族地区自上而下型行业协会与政府
　　间关系的类型学存在 …………………………………… (136)
七　结论 ……………………………………………………… (139)

第十一章　民族自治县社会组织参与社会治理问题研究
　　　　　——基于乳源瑶族自治县义工协会分析 …………… (140)
一　研究缘起 ………………………………………………… (140)
二　国内外研究现状 ………………………………………… (141)
三　合作治理理论 …………………………………………… (149)
四　社会组织参与社会治理的基本理论 …………………… (152)
五　乳源县社会组织参与社会治理的案例分析——以乳源县
　　义工协会为例 …………………………………………… (160)
六　促进民族县社会组织参与社会治理的对策 …………… (182)

第十二章　民族乡农村人居环境协同治理研究
　　　　　——以广东惠州龙门县蓝田瑶族乡为个案 ………… (188)
一　问题的提出 ……………………………………………… (188)
二　国内外研究现状 ………………………………………… (189)
三　核心概念界定 …………………………………………… (198)
四　协同治理理论 …………………………………………… (200)
五　蓝田瑶族乡农村人居环境治理实务 …………………… (204)
六　蓝田瑶族乡农村人居环境协同治理存在的问题
　　及原因分析 ……………………………………………… (214)
七　优化民族乡农村人居环境协同治理对策 ……………… (222)

第十三章　乡村振兴与民族地区农村"空心化"治理 …… (230)
一　研究现状 ………………………………………………… (230)
二　民族地区农村"空心化"：乡村振兴的现实难题 ……… (233)
三　城乡分割：民族地区农村"空心化"的根源 …………… (235)
四　走向城乡融合：民族地区农村"空心化"治理的
　　基本方向 ………………………………………………… (238)

第十四章 新型城镇化视角下民族地区农村空心化问题治理 ……（244）
  一 文献检视 ……………………………………………………（244）
  二 民族地区农村空心化的表现 …………………………………（246）
  三 新型城镇化：民族地区农村空心化治理的重要机遇 ………（249）
  四 新型城镇化视角下民族地区农村空心化治理的措施 ………（252）

参考文献 ……………………………………………………………（257）

第一章　民族地区社会治理研究现状与反思

一　问题的提出

党的十八大以来，中国政府提出推进"国家治理体系和治理能力现代化"的改革发展目标，民族地区的社会治理是推进"国家治理体系和治理能力现代化"的重要组成部分。我们不能离开中国社会的整体大背景来审视民族地区的社会治理。因此，民族地区社会治理的研究内涵可以界定为，它是在推进"国家治理体系和治理能力现代化"背景下研究民族地区社会公共事务的治理过程。民族地区的社会治理已成为中国政府尤其是民族地区各级政府关注的重要内容之一。近年来，少数民族地区的社会发展成就举世瞩目，但也面临不少困难和问题。在这个关键时期，探讨民族地区社会治理的成效和经验，研究存在的问题和成因，提出相应的对策和政策建议等，对于提高少数民族地区的社会治理能力水平、确保人民安居乐业、社会安定有序具有重要的现实意义。

党的十八届三中全会第一次用"社会治理"升级了"社会管理"的内涵，这标志着国家治理理念的形成，也反映出社会发展过程中的新要求和新需求。在这个背景下，民族地区因其特有的民族生态多样性与文化生态交融性等特色，民族地区社会治理研究存在更多难点、模糊点。为进一步推进民族地区社会治理的研究，笔者对民族地区社会治理研究现状进行回溯，并在此基础上进行简要反思，以期对后续研究有所裨益。

二　研究现状

随着社会治理理念的深入，社会治理这一概念开始融入社会发展的诸多方面，关于社会治理的研究主题也逐渐扩宽，民族地区作为具有特殊社会文化、社会环境的地区，受到学界的关注，不少学者试图探究民族地区社会治理的可鉴之处，以提升国家社会治理的能力和水平。

纵观民族地区社会治理的研究成果，其涉及的研究领域和内容可概括为两个方面：一是立足于民族地区社会治理的整体，进行系统研究。如，民族地区社会治理模式、社会治理体系、社会治理能力、社会治理机制研究等。二是立足于民族地区社会治理的局域，开展部分研究。如，关注民族地区社会治理过程的具体模式、社会治理体系中的某个构成要素等。以下将从两个方面进行综述。

（一）"整体性"视域下的民族地区社会治理研究

"整体性"视域下的民族地区社会治理研究成果主要集中于民族地区社会治理模式的探究，对民族地区特殊性进行深入剖析，以挖掘适用于民族地区的有效治理路径。在民族地区社会治理模式的探究中，学者们主要从整体性视角进行模式探究，如张继焦基于"国家—民族"的中华民族共同体的理论分析框架，强调中国国家治理体系现代化下的"一国多族"范式需要总与分、实与虚两方面相结合。基于"国家—民族"的总与分层面下构建政治共同体、经济共同体、生态共同体、社会共同体和文化共同体的统一体系；强调政治共同体、经济共同体、生态共同体等实体的物质基础和社会共同体、文化共同体等虚体的意识引领和精神凝聚的两方力量[1]，以社会发展各要素为立足点，以实体虚体为基础实现民族地区社会治理模式的创新。王睿也强调从整体性的视角出发，根据海南省白沙黎族自治县民生发展的成功经验，总结出民族地区需要基于"以人民为中心"的核心理念，坚持从实际出发原则，通过"精准""公平"的政策惠民、以"传统文化"为基底的科技文化发展、脱贫致富与生态环境的建设激活民族地区的内生动力，实现民族地区社会治理现代化。[2]

同时，部分学者以经济学的视野探究民族地区社会治理模式的构建。

---

[1] 张继焦、党垒：《中国现代国家治理体系下的"一国多族"范式——四论"国家—民族"关系》，《统一战线学研究》2019年第6期。

[2] 王睿：《村民自治模式的现代性变化——以海南省白沙黎族自治县民生发展经验为例》，《贵州师范大学学报》（社会科学版）2020年第2期。

如，吴志敏强调经济发展的作用，认为经济社会快速发展是少数民族地区社会治理格局生成与创新的根本动力，也是实现国家治理体系与治理能力现代化目标的关键，需要通过政府—社会—公民三级有效治理格局、理念—方式—机制三维流动治理格局和认知—媒介—行为三重网格治理格局①，构建适用于民族地区文化的社会治理模式，构筑少数民族地区社会治理格局的牢固体系。梅小亚以经济学的理论总结出需要重视经济的作用，提出新时代提升民族地区乡村治理水平是乡村振兴的重要措施，需要针对民族地区乡村治理中的体系建设不完整、基层党组织自身建设弱化、多元治理主体边界不清等问题，构建以民族地区居民需求为导向的治理模式，进一步完善民族地区乡村治理体系②，加强基层组织建设，提高居民参与度，进一步引入市场机制，推动多元文化融合，从而实现乡村治理体系和治理能力的现代化。

除此之外，部分学者基于不同的理论基础进行整体性模式的构建。如，刘秉鑫以马克思主义理论为基础，强调应以马克思主义社会治理思想为指导，从发展民族地区的社会事业和发挥民族地区宗教文化功能两方面开展民族地区社会治理实践，立足于马克思主义社会治理观，通过法治与德治相结合、社会建设与社会治理相结合、顶层设计与基层创新相结合，构建民族地区社会治理模式，从而实现对民族地区社会的有效治理③，提升民族地区社会稳定性及竞争力。邓涛、吴开松则以社区理论为基础，强调构建社区本位的发展模式，要通过以需求为导向的服务供给和以良性耦合为切入点的反脆弱性发展展开；提出民族地区作为少数民族聚居区域，其社区发展向治理现代化的转向面临着自然脆弱性和社会脆弱性交织的挑战④，需要通过反脆弱性发展推动社区发展实践的科学化、信息化、社会化、专业化和项目化。罗依平、谷冲以协同合作治理理论为基础，提出少数民族乡域社会治理应由民族乡政府、社会组织、人才精英、乡民等多个

---

① 吴志敏：《少数民族地区社会治理格局生成的路径探究》，《贵州民族研究》2018年第10期。

② 梅小亚：《新时代民族地区乡村治理的实践逻辑与路径选择》，《贵州民族研究》2018年第12期。

③ 刘秉鑫：《马克思主义社会治理观在民族地区的实践研究》，《贵州民族研究》2020年第2期。

④ 邓涛、吴开松：《治理现代化导向下民族地区社区发展转向与路径选择》，《湖北民族学院学报》（哲学社会科学版）2019年第1期。

治理主体，通过多元互动、民主合作的方式，管理和协调整个少数民族乡域的公共事务，强调通过多元互动合作构建民族地区社会治理模式[1]，以缩小区域发展差距、推进国家治理现代化、促进治理主体多元化和推动少数民族地区经济社会可持续发展。

关于民族地区社会治理模式的研究，不同学者提出的具体模式呈现差异化，如理论基础、具体的治理模式不同，但都强调整体性的视角，强调治理模式的体系化，强调多主体协同治理，实现政治、经济、文化等领域的全面发展。

由于社会治理研究领域广泛，大多学者并未关注民族地区社会治理这一话题，民族社会治理研究的广度和深度还远远不够；有关民族地区社会治理模式的研究主要是理论层面的推理，缺少理论与实践相结合的模式探究，这方面的研究成果较少，且模式探究的深度还不够，尚未深入探究治理模式的内在机制。

（二）"部分性"视域下的民族地区社会治理研究

"部分性"视域主要指立足于民族地区社会治理的具体部分领域展开研究，聚焦其中的某一主题，探究其在民族地区社会治理中的独特作用，强调"重点性"治理。出于个人偏好，学者关注的主题不一样，主要集中于民族文化、社会组织和传统权威三大主题。

1. 民族文化

"部分性"视域下的民族地区社会治理的民族文化主题主要探究长期形成的民族文化的积极作用，并从理论上分析如何进行民族文化创新。邓纯东强调社会治理体系中文化治理的重要性，提出文化治理是治理理论在文化领域中的延伸和应用，通过各种观念意识的表达和实施，对社会资源进行分配、对政治生活参与主体的思想和行为施加影响，借以达到维护社会稳定、巩固政治统治，最终实现整个社会有序运转的一种治理机制[2]，需要重视文化治理的力量，创新文化治理的路径。唐立军、陈义平也赞同文化治理的作用，提出文化具有多种社会功能，可以结合马克思主义社会

---

[1] 罗依平、谷冲：《少数民族乡域社会治理：内涵、价值和发展趋向》，《创造》2020年第2期。
[2] 邓纯东：《当代中国文化治理体系和治理能力现代化的理论反思》，《湖湘论坛》2018年第6期。

管理理论的基本观点，发挥文化的柔性特征，构建良好的社会治理环境，促进民族民众的社会治理参与，反映民族民众的公共诉求，促进民族成员对民族地区社会治理的监督。① 可以说，民族地区文化治理是民族地区社会治理的重要路径，合理开发民族文化社会功能有利于民族地区社会治理的顺利推进。

有学者强调民族文化治理中的伦理道德，龙庆华以哈尼族为例，指出哈尼族在长期的历史发展过程中积累了丰富的民族伦理道德资源，其伦理文化涉及哈尼族生产生活的方方面面，具体表现在哈尼族风俗习惯中，形成互助、公益的道德观念和价值认同②；其传统的民族伦理道德在一定程度上规范和约束了当地社会的行为，应充分发挥传统伦理文化中德治的作用，以推动民族地区社会治理走向善治。

部分学者将文化这一概念具体化，具体研究文化的部分作用。如，林彦龙提出：民俗习惯对于民族地区社会来说有很大的惯性作用，对特定地区与范围内的各个领域与环节都保持着巨大的影响力。这导致了在少数民族地区的区域法治治理中，政府推行的国家法与自发生成的民俗习惯、社会规范之间不可避免会发生冲突与碰撞。要推进区域的法治治理，需要找到区域法治化与民俗习惯两者间的平衡点③，实现民族地区社会治理效益最大化。林翠萍总结出歌言是畲族文化发展的基石和灵魂，随着村寨空心化的加剧，畲族歌言文化在时代浪潮的冲击下已被不断地消解或异化，文化生态链的良性运作机制断裂，村寨社会价值取向和村落治理失去了一个最重要的功能载体④，需要从更深的文化建构层次上重新寻回曾经失落的"文化乡愁"，实现畲族歌言传统文化功能的回归，对畲族歌言文化生态进行现代性建构，以助力畲族文化振兴。

综上所述，民族地区的民族文化具备特殊的治理作用，就如孙杰远所言，文化认同是民族地区社会治理的逻辑起点，民族认同是民族地区社会

---

① 唐立军、陈义平：《民族地区社会治理中的民族文化社会功能开发——基于马克思主义社会管理理论》，《贵州民族研究》2017年第11期。
② 龙庆华：《哈尼族传统伦理文化与农村社会治理》，《红河学院学报》2018年第6期。
③ 林彦龙：《浅谈民俗习惯与民族地区治理法治化之间的关系》，《法制博览》2020年第4期。
④ 林翠萍：《乡村振兴背景下畲族歌言文化生态的现代性建构》，《兴义民族师范学院学报》2020年第2期。

治理的主体自觉，而政治认同是民族地区社会治理的信任基石；国家认同是民族地区社会治理的精神导向①。因此，现有的成果已经充分揭示了民族文化在民族地区社会治理中的重要作用。但是，有关民族文化的运用实证研究成果不多，需要进一步深入研究民族文化在民族地区社会治理中的实际运用状况。

2. 社会组织

"部分性"视域下的民族地区社会治理的社会组织主题主要探究民族地区社会治理中的社会组织参与之道。有学者以滇西佤族为例，指出当地的社会组织在社会治理中发挥了消除贫困的探索者、社会资源助力农村社区发展的连接者、民族文化与社区文化的传承者与建设者、农村社区组织化的推动者等多种功能，且总结出在边疆民族地区，由基金会介入、政府部门合作，共同催生出本土社会组织，是农村社会治理创新的可行之道②。吴咏梅、玉万叫通过田野调查发现在西双版纳州委和州政府大力扶持下，社会组织在帮扶弱势群体、保护生态环境、传承少数民族文化等方面作用显著，但同时存在社会组织的支持系统尚未成熟、自我发展能力较弱、行政化浓郁、社会认同感偏低等问题③，急需完善社会组织支持系统，提高社会组织参与能力和水平，培育社会组织工作者的跨文化敏感性，提升社会组织社会认同度。除此之外，部分学者以青年为对象，以海南黎族为例，探究青年社会组织参与民族地区基层社会治理的现状与问题，强调应从加强共青团的引领、制度建设、政策支持、自身建设等多方面着手形成合力，推动青年社会组织及基层社会治理方面的健康发展④。

民族地区社会组织参与治理这一主题研究成果较多，主要依据实践经验进行研究，基于经验探究社会组织参与治理的路径。社会组织参与民族地区社会治理具有独特的作用，但在实际的运行过程中，社会组织参与治

---

① 孙杰远：《论民族地区社会治理的认同逻辑与教育支持》，《教育研究》2018年第11期。

② 钱宁、陈世海：《滇西佤族社会治理中的农村社会组织研究——以沧源县A协会为个案》，《中央民族大学学报》（哲学社会科学版）2019年第2期。

③ 吴咏梅、玉万叫：《社会组织参与边疆民族地区社会治理研究——以西双版纳傣族自治州为例》，《云南农业大学学报》（社会科学版）2019年第6期。

④ 王飏、陈豫：《海南黎族青年社会组织参与基层社会治理研究》，《中国青年社会科学》2018年第6期。

理的这些作用究竟发挥如何仍需要学者进行重点关注。正如部分学者的研究成果表明，社会组织在进入民族地区之后存在经营维持较难、当地文化认知困难等问题，导致在实际治理过程中出现较差的体验服务感，因此需要学界持续重点关注研究。

3. 传统权威

各民族地区在长期发展过程中依其特有的民族文化和风俗习惯而形成了各自的民族治理规则。时至今日在部分民族地区这些治理规则仍在承续运转，发挥着传统权威的力量。学者们从不同视角对此进行了研究。部分学者强调宗族式的传统权威力量。如，高其才认同传统权威的重要性，以贵州省锦屏县万凤镇山坪村当地"房族"为例，提出传统中华宗族文化在承继和延续传统的基础上适应时代特点而不断发展，宗族能够在一定程度上管理族众、组织族众互助、支持村寨建设、传承民族文化、合理解决纠纷，较广泛的参与村寨公共事务和公益事业，因此应充分发挥其优势参与乡村社会治理[①]，实现乡村社会治理的"软性"治理。张露露认为这种以家族为基础的治理结构具有双重作用：其强化了村庄治理的稳定性，发挥了家族文化这种软实力来维持治理的权威和村庄的良好秩序；同时因个别家族势力蜕化为黑恶势力而危害村民切身民主权利和利益[②]。因此，在构建"自治、德治与法治"相结合的现代乡村治理新体系中，传统宗族因其蕴含着独特的自治因子，在现代化的发展浪潮中仍然有其绵长且坚韧的生命力，需要合理利用这种具有双重作用的治理力量，推动宗族在乡村治理现代化进程中更好地实现从"传统"到"现代"的转变。有学者以黔东Y土家族苗族自治县为例，通过分析当地探索建设乡贤参事会这一重要农民组织载体，总结出乡贤会的运行具有促进民族地区乡村经济振兴、培育农村社会资本、优化村级治理体系和实现村级民主治理等多重价值[③]；这种探索为民族地区实施农民再组织化，实现乡村社会有效治理提供了有益参考。

---

① 高其才：《辅村助力：宗族参与乡村社会治理探析》，《政法论丛》2020年第3期。

② 张露露：《论西南偏远民族地区乡村社会中的宗族治理——基于四川省阿坝藏族羌族自治州J村的调研分析》，《贵州民族研究》2018年第5期。

③ 张春敏、张领：《民族地区农民再组织与乡村社会有效治理——基于黔东Y自治县乡贤参事会建设为例》，《云南民族大学学报》（哲学社会科学版）2019年第1期。

在民族地区特殊的地理环境和风俗习惯下，民间传统权威作为知晓当地习惯法的纠纷调解者，对基层社会的和谐稳定和有序发展起到了积极作用，是实现多元主体协同共治社会治理的重要力量。

劳玲等也认同传统权威的重要作用，但其主要探讨村规民约传统权威的作用，指出仫佬族人民在长期生产、生活和社会交往中形成的共同确认和信守的族规民约，在当地的社会治理中具有契约价值、秩序价值、效率价值、组织价值和民族价值[①]，是当地基层治理的重要力量。陈秋云等提出，海南黎区独特的自然生态和社会环境孕育了其多重叠加的治理结构传统和极具民族特色的社会规约，但黎区这些传统社会村规民约在主体、性质、内容、地位及保障等方面发生了全方位裂变，需要在新时期"三治融合"的背景下[②]，继续弘扬村规民约的德治精神，强调村规民约的法治思维与权利保障，突出村规民约自治的民族特色，以促进村规民约在海南黎区乡村治理中的作用发挥，完善民族地区乡村治理体系。

除了宗族式传统权威与乡规民约传统权威受到学者关注之外，还有学者立足于长期田野调查，关注民族地区社会治理的其他力量。如，邹荣基于对云南澜沧拉祜族自治县澜沧街集市的观察分析认为，边境集市作为民族地区社会文化、社会文化的重要空间，已逐渐演变成国家政治整合与政治治理的重要方式与手段，能够通过这个中心区域来完成国家意识形态的传播、扩散、嵌入与融合，成为现代国家治理体系之中不可或缺的一环[③]，其维系着边境社会稳定、有序，推动边境地区社会和谐发展。

由上可知，社会治理的传统权威具有重要作用，是国家社会治理体系与民族地区乡村治理体系融合的重要纽带，充分发掘传统权威资源并加以创新利用，有助于推动民族地区社会治理体系和治理能力现代化。

---

① 劳玲、黄新锋、覃如洋、农海涛：《广西特有少数民族族规民约的社会治理价值研究——以仫佬族为例》，《中共桂林市委党校学报》2020年第1期。

② 陈秋云、姚俊智：《乡村治理视野下海南黎区村规民约的裂变与传承》，《原生态民族文化学刊》2019年第6期。

③ 邹荣：《村落文化变迁视角下边境集市与国家治理的转型——基于澜沧拉祜族自治县澜沧街集市的观察分析》，《曲靖师范学院学报》2019年第4期。

三　结语与反思

党的十八大以来，学界对民族地区社会治理的研究已取得不少有价值的研究成果，主要体现在两个方面：一是从宏观整体视角研究，对民族地区社会治理模式、体制机制和体系构建等提出不同观点，见仁见智。其研究特点是注重全面、全域开展系统研究。二是从微观部分视角研究，对民族地区社会治理模式体系中的某个环节、某个构成要素、某个具体机制等提出见解，兴趣点多元，各有偏好。其研究特点是注重部分、局域开展重点研究。目前，"整体性"视域下民族地区社会治理模式、体制机制和体系构建研究，总体上还主要是在理念、理论层面上的探讨，将理论与实践有机结合开展实证研究的成果还不多见；有关民族地区社会治理模式、体制机制生成的内在逻辑有待进一步探究。"部分性"视域下的民族地区社会治理的主题研究成果呈现两个特点：数量多、分类清晰。这个数量多主要指内容数量多、研究的主题内容多、涉及的学科数量多，具有丰富的文献资料。虽然研究成果十分丰富，但研究成果主要集中于民族文化、社会组织和传统权威这三个主题，其中民族文化、传统权威的主题更多以民族学的视角进行社会治理模式的构建，以当地人为主位进行研究与分析；而社会组织的研究成果更多从管理学的角度进行学术探究，探究社会治理模式的进入渠道，探究社会治理的治理主体的参与作用，成果的主题具有某种程度的统一性。

随着基层社会内部、社会之间以及社会与基层政府之间的关系发生了深刻的变化，民族地区基层社会治理结构随之发生变革：一是治理权力由自然习惯向法律授权的转变；二是治理主体由民族精英向知识精英的转化；三是治理对象由"民族人"向"公民人"的转变；四是行动目标由"族性"向"公共性"的转化。① 因此，民族地区社会治理体系的构建需要重点关注转变过程的变化，需要立足于民族学学科的"主位思考"的视角进行社会治理模式探究，以适应民族地区社会发展与进步。

从上述研究现状可看出：作为国家治理体系的有机组成部分，民族地

---

① 韦正富、吴大华：《民族地区经济发展与基层社会治理变革》，《贵州民族研究》2018年第4期。

区的社会治理既具有非民族地区社会治理的共性，又有因地理生态、生活方式、历史文化和宗教信仰等不同而带有特殊性[①]，因此受到学界一定程度的重视与关注。应当说现有的研究成果呈逐年增多趋势，特别是2018年后增速凸显，民族学、管理学学者纷纷加入该主题的研讨中，各自依其学科专业背景和兴趣偏好而各有倚重，探寻民族地区社会治理有效运作的路径。但同时，由于民族地区社会治理受关注的时间不长，现有的研究文献仍十分有限，各学科之间的协同交叉综合研究成果较少，各学科只关注于该学科领域的重点，研究视域偏狭，研究成果具有一定的局域性。

从某种意义而言，民族地区的社会治理之道既是国家社会治理体系现代化的基点，也是国家社会治理体系现代化的着力点，如何立足于民族地区的文化、社会特殊性，构建适合当地发展的治理之道是关键。因此，笔者认为，民族地区社会治理之道的构建需要结合管理学与民族学的学科理论，以民族学的理论视角运用管理学的治理理念进行探究，需要学者们一方面从民族学的角度深度认识、理解民族地区与民族地区社会治理需求，另一方面从管理学的学科角度进行治理之道的规划设计运作，从而促进民族学、管理学等相关学科理论知识的有机融合运用，进一步推动多学科理论集成化研究民族社会治理问题，拓宽民族社会治理研究的视野。

（作者：侯保疆、黄一洁）

---

① 方静文：《民族地区社会治理研究综述》，《民族论坛》2017年第4期。

第二章　社会治理体系现代化的社会学内涵及启示

党的十八届三中全会公报首次指出："全面深化改革的总目标是完善和发展中国特色社会主义制度，推进国家治理体系和治理能力现代化。"① 党的十九大报告再次指出："必须坚持和完善中国特色社会主义制度，不断推进国家治理体系和治理能力现代化。"② 由此凸显出党和政府对于推进国家治理体系现代化战略目标的坚定性和紧迫性。而社会治理体系现代化是国家治理体系现代化的重要组成部分，推进国家治理体系现代化，必须要推进社会治理体系现代化。而要推进社会治理体系现代化，前提条件是要准确把握其内涵。基于此，笔者试图从社会学的视角探讨社会治理体系现代化的内涵，并在此基础上阐述其启迪意义，这对于拓展和深化社会各界对社会治理体系现代化的理解，对实务界推动社会治理体系现代化建设具有重要的现实指导意义。

一　内涵研究现状及其局限性

自从国家治理体系和治理能力现代化这一战略目标提出之后，学界便对社会治理的若干问题产生了浓厚兴趣，相关研究成果也随之不断涌现。笔者以"社会治理"为主题词在中国知网上精准搜索，找到相关论文超过五千篇。然而，纵使相关研究成果数量众多，但关于社会治理体系现代

---

① 《中共中央关于全面深化改革若干重大问题的决定》，http://www.gov.cn/jrzg/2013-11/15/content_2528179.htm。
② 习近平：《决胜全面建成小康社会　夺取新时代中国特色社会主义伟大胜利——在中国共产党第十九次全国代表大会上的报告》，http://news.xinhuanet.com/politics/19cpcnc/2017-10/27/c_1121867529.htm。

化内涵的研究仍很匮乏。查阅现有文献，徐猛是为数不多对社会治理体系现代化下定义的学者。他认为社会治理体系现代化就是使得社会治理体系制度化、科学化、规范化、程序化、精细化。① 另外，施雪华、王连伟、赵建春、王道勇等学者也尝试从不同视角探讨了相关的问题。比如，施雪华认为现代的社会治理体系是社会组织和公民个人对自身私人事务以及半公共半私人的社会公共事务的自我管理的体系。② 王连伟指出现代化的社会治理体系具有包容、开放、和谐等特征。③ 赵建春和刘锋认为社会治理现代化具有治理主体多元化、治理方式科学化、治理过程法治化、治理机制规范化等四方面特征。④ 王道勇认为社会治理现代化的标准是社会结构现代化，即人口结构、阶层结构、财富配置结构、社会心理结构和组织结构，尤其是阶层结构的合理化。⑤

诚然，以上学者从定义、特征、标准等维度阐述了社会治理体系现代化的内涵，这对于我们理解其概念具有一定的帮助作用，但仍存在一定的局限性：其一，以上学者并没有真正揭示出社会治理体系现代化的内涵，因为他们并未对社会治理体系现代化的主体、客体和本质特征等三个核心要素进行系统性分析；其二，以上学者更多强调的是现代化的社会治理体系的特征，而不是社会治理体系现代化的特征，而这两个概念的内涵显然是不同的；其三，以上学者主要对社会治理现代化进行阐释，而社会治理现代化包括社会治理体系和能力的现代化，因此，这样的分析也不利于我们对社会治理体系现代化内涵的透彻理解；其四，尤为重要的是，以上学者并未科学地揭示出社会治理体系现代化的本质特征，只是对"社会治理体系现代化"的概念作了一般性描述，而未对其进行抽象化概括。因此，当前学界的研究仍无法帮助我们对社会治理体系现代化的内涵形成准确、清晰的认识，而如果对社会治理体系现代化的内涵理解不到位、有偏

---

① 徐猛：《社会治理现代化的科学内涵、价值取向及实现路径》，《学术探索》2014年第5期。

② 施雪华：《论传统与现代治理体系及其结构转型》，《中国行政管理》2014年第1期。

③ 王连伟：《国家治理现代化进程中的社会治理创新：非均衡性及其应对》，《教学与研究》2015年第2期。

④ 赵建春、刘锋：《当前政府推进社会治理现代化的阻碍因素与政策选择》，《学术论坛》2015年第8期。

⑤ 王道勇：《社会结构视角下的社会治理现代化》，《科学社会主义》2015年第4期。

差，那么，必然会给社会治理体系现代化的实践造成极大阻碍。由此也凸显了正确界定社会治理体系现代化内涵的重要性。

二 社会治理体系现代化概念的社会学理解

一般来说，本质性、周延性、确定性和抽象性是界定一个概念的四个必要条件。其中，周延性和确定性是基础，本质性是关键，而抽象性只是一种表述要求。① 在社会治理体系现代化这一概念的界定中，周延性和确定性决定着社会治理体系现代化的主体和客体；本质性决定着社会治理体系现代化的性质。因此，要正确理解社会治理体系现代化的周延性和确定性，关键在于科学认识其主体和客体；要正确把握社会治理体系现代化的本质性，关键在于科学认识其特征。

（一）社会治理体系现代化的主体

社会治理体系现代化体现出了对传统社会管理体系的重大突破，它的提出实现了以政府为单一主体的治理结构向政府、市场、社会组织和公民多元共治的网络化治理结构的转变，因此，社会治理体系现代化的主体由政府、市场、社会组织和公民构成。

1. 政府。长期以来，政府都以公共权力行使者、公共利益代言人的身份活跃在社会生活的各个领域，其在社会管理中的作用不可替代。即使在政府职能转变的呼声日益高涨的今日也是如此。正如福山在《国家构建》中所言，政府职能不断缩减的过程中，既希望削减政府力量的强度，又产生出对另一类政府力量的需要。② 但是，政府作用的不断提升，不等于政府职能范围可以不断扩大，更不等于政府权力可以不断扩大。实践已证明，政府职能过宽、权力过大会诱发官员腐败、官僚主义、行政低效等问题，这不仅不利于公共利益最大化目标的实现，还会反过来削弱政府的权威。鉴于此，需要以现代化的理念对政府的执政思路、组织结构、管理方式、体制机制、决策模式等进行变革，使之变得更加科学、更加规范、

---

① 陈成文：《社会学视野中的失业概念及其启迪意义》，《中国软科学》2000年第11期。
② ［美］福山：《国家构建：21世纪的国家治理与世界秩序》，黄胜强、许铭原译，中国社会科学出版社2007年版。

更加合理,并推进社会各领域的法制建设、完善法律体系,坚持依法行政、执法必严,确保在行政管理中始终坚持运用法治的思维和工作方式。

2. 市场。市场是社会资源配置的重要手段。改革开放至今,我国经济社会发展取得了举世瞩目的成就,充分彰显了市场在资源配置中的积极作用。同时,市场具有资源配置效率高的特点,在许多领域可以弥补政府不足,与政府形成有效互补。因此,随着市场日渐成熟,政府应把本该属于市场的资源配置权还给市场,充分发挥市场在公共服务供给中的作用。而要体现市场作为社会治理主体的作用,还要加强对市场主体的建设,实现市场主体的现代化。企业是市场资源配置的重要主体,市场主体的现代化,具体表现为企业的现代化。当前,企业的现代化建设一方面要用现代企业制度来对企业进行改造,完善内部治理结构,推进各项工作的制度化、规范化,使其适应社会化大生产和市场经济体制的需要;另一方面,要求企业主动承担社会责任,关注民生,热衷公益事业,坚守法律底线,坚决与假冒伪劣产品斗争到底。

3. 社会组织。社会组织是指具有民间性、公益性、自愿性、非营利性、自治性等特征的组织形态。可见,社会组织在特征上与政府组织和市场具有很大的差异性。特征的差异性折射出功能的差异性。这意味着由社会组织参与提供社会服务,可以在功能上与政府和市场形成有效互补。因此,社会组织参与社会治理具有理论上的实然性和重要性。然而,政府长期包揽权力,挤占社会组织活动空间,抑制社会组织成长,进而限制了社会组织作用的发挥。因此,必须要切实推行政社分开,还权于社会,让社会组织充分参与服务社会。这就要求政府在降低社会组织创立门槛,加大政府公共服务购买,以促进社会组织发展的同时要大力推进社会组织现代化改革,运用先进的理念和技术对社会组织进行改造,使其在公信力、管理制度、运行机制等方面趋向科学化、规范化和民主化,使其知法守法,依法办事,积极参与政策制定,推动社会事业不断向前发展。

4. 公民。马克思曾说:"人的本质不是单个人所固有的抽象物,在其现实性上,它是一切社会关系的总和。"[①] 由此可知,公民个人是社会的主体,离开了公民个人,社会无法存在。从这个意义上来说,公民个人才

---

① 《马克思恩格斯文集》(第1卷),中共中央马克思恩格斯列宁斯大林著作编译局译,人民出版社2009年版。

是社会的主人，公民个人才是公共利益最大化的获益者。因此，公民个人理应成为社会治理的主体，积极参与社会各领域的治理。要发挥公民参与社会治理的主体地位，必须要实现公民个人的现代化，即要用现代化的理念从内至外对公民个人进行改造，实现公民个人在思想观念、社会责任意识、公共精神、素质能力、行为方式、生活方式、社会关系等方面的现代化，提高其社会政策参与意识，不断加强法律知识学习，知法守法，培育规则意识，形成按规则办事的行为习惯和工作作风。

（二）社会治理体系现代化的客体

习近平指出："国家治理体系是在党领导下管理国家的制度体系，包括经济、政治、文化、社会、生态文明和党的建设等各领域体制机制、法律法规安排。"[①] 依此，作为国家治理体系重要组成部分的社会治理体系便可体现为社会领域的制度体系。社会治理体系现代化便表现为社会主体推动社会领域的制度体系走向现代化。基于此，社会领域的制度体系亦是社会治理体系的客体，社会治理体系现代化便表现为作为客体的社会领域的制度体系的现代化。具体说来，社会领域的制度体系的现代化就是要使得社会领域的体制机制、法律法规等制度安排具备规范化、科学化、精细化等特性。其中尤为关键的是要实现政社关系的合法化、社会矛盾化解的规范化、身份制度的开放化、民生制度的公正化。这是因为，这四方面对实现社会善治起着至关重要的作用。其中，政社关系的合法化是前提。原因在于，社会治理的最大特征就是多元共治，重点突出社会组织的作用，而要突出社会组织的作用，就必须从法律上赋予其与政府平等参与社会治理的身份和地位；社会矛盾化解的规范化是基础。原因在于，社会矛盾化解的规范化有助于消除社会矛盾，从而为国家进行经济社会建设奠定基础。身份制度的开放化是关键。原因在于，身份制度与社会流动相关，关系着社会阶层结构的合理化，如果身份制度开放性不够，难以激发社会活力。民生制度的公正化是核心。原因在于，民生制度关系民众生活幸福感和获得感，与社会公平正义息息相关，如果民生制度公正性不够，则会激发矛盾，危及社会和谐和稳定。

1. 政社关系的合法化。治理与管理的最大不同就在于其突出社会组

---

① 习近平：《切实把思想统一到党的十八届三中全会精神上来》，《求是》2014年第1期。

织在社会治理中的作用。因此,要推进社会治理体系现代化,那么首先要处理好政府与社会组织之间的关系,而处理好政府与社会组织之间的关系,关键在于回答好政府和社会组织之间关系是否合法的问题。其原因在于,如果合法性的问题解决不了,就难以保障社会组织参与社会治理的地位,或者即使社会组织能够参与社会治理,其地位也会因政府力量过于强大而变得极为不稳定。要改变这种尴尬和无奈,就必须实现政府和社会组织之间关系的合法化,从法律上对政府和社会组织之间的身份地位、职能范围、合作机制和运行机制等作出明确规定。此外,政府和社会组织之间关系的合法化有助于提升社会组织的权威性,进而提升其治理能力。马克斯·韦伯认为,"没有任何一种统治自愿地满足于仅仅以物质的动机或者仅仅以情绪的动机,或者仅仅以价值合乎理性的动机,作为其继续存在的机会"。毋宁说,"任何统治都企图唤起并维持对它的'合法性'的信仰"[①]。这说明民众对于管理者的服从来自其合法性,如果管理者合法性不够甚至不具备合法性,那么,其权威也荡然无存,其治理能力也无从说起。由此可知,伴随政府和社会关系的合法化,社会组织自身的合法性也会随着提升,其参与社会治理的权威性和地位也会随着水涨船高,最终提升其社会治理的能力和水平。

2. 社会矛盾化解的规范化。亨廷顿说:"现代性孕育着稳定,而现代化过程却滋生着动乱。"[②] 改革开放以来,我国经济社会发展迅速,社会转型不断加快,社会现代性的特征日益凸显。然而,我国在迈向现代化社会的进程中,社会问题也伴随而生,社会不稳定因素也日益增多。比如,收入差距扩大导致低收入群众有"被剥夺感"、征地拆迁导致城乡群众利益受损、官员腐败导致政府合法性和权威性下降、环境污染损害民众健康导致民众不满等等问题频繁出现,社会矛盾不断激化,甚至出现层出不穷的群体性事件。中国社会科学院发布的 2013 年《社会蓝皮书》称,近年来,每年因各种社会矛盾而发生的群体性事件多达数万起甚至十余万起。[③] 面对错综复杂的社会矛盾,在"稳定压倒一切"思维的指导下,维

---

① [德] 马克斯·韦伯:《经济与社会》(上卷),林荣远译,商务印书馆 1997 年版。
② [美] 塞缪尔·R. 亨廷顿:《变化社会中的政治秩序》,王冠华等译,生活·读书·新知三联书店 1989 年版。
③ 周望、魏淑君:《法治、维权与维稳》,《甘肃理论学刊》2014 年第 6 期。

稳便成为一些政府部门的首要工作任务。然而，有时会出现"越维越不稳"的所谓"维稳悖论"，这与社会矛盾化解机制有着非常大的关联性。程序正义和实质正义是正义的一对范畴。从两者之间的关系来看，实质正义是目的，程序正义是手段，手段是为目的服务的，因此目的总是高于手段，但正因为手段是为目的服务的，若手段缺少正义，目的的正义也无从谈起。在维稳的社会背景下，基层政府化解社会矛盾的目的是维护社会稳定，这无疑体现了社会矛盾化解的实质正义，但即使实质具有正义性，也不能忽略手段正义性的首要地位，即不能在化解社会矛盾的过程中无视、扭曲、超越程序，这不仅有悖手段正义性的要求，也有悖法治的精神，必然导致背道而驰的结果。为此，在国家治理现代化的背景下，务必改革社会管理体制，推进社会矛盾化解的规范化，实现社会矛盾化解程序正义和实质正义的统一。

3. 身份制度的开放化。T. H. 马歇尔认为，公民身份是一种共同体的所有成员都享有的地位，所有拥有这种地位的人都平等地享有共同体赋予的权利。这种权利即为公民权，包括公民基本权利、政治权利和社会权利，对于生活于共同体中的每个人均可平等地享有这三种权利。[①] 根据公民身份理论可知，生活于某共同体的个人均享有公民权，从而阐释了公民平等的必然性和普遍性。但它却又是制造社会隔阂和不平等的罪魁祸首。因为该理论虽然阐述了共同体内公民权利的平等，但却忽视了共同体之间以及共同体内部阶层间不平等的问题，也就是说公民身份带来了国家、地区、阶层内部实行平等的政策却无视其他国家、地区、阶层之间的公民权利，进而形成了对其他国家、地区、阶层公民的政策性和制度性排斥。因此，"公民身份就是一种制造隔阂、设置障碍和塑造阶级的制度"[②]。就当前中国的情况来看，中国的身份制度主要表现为两种制度及与之相对应的四种身份：两种制度分别是户籍制度和单位制度。其中户籍制度表现为城市户口和农村户口两种形式，对应着市民和农民两种身份；单位制度表现为编制内和编制外两种形式，对应着编内人员和编外人员两种身份。就户籍制度而言，基于二元社会结构的特点，城市社会和农村社会差异巨大：

---

① [英]T. H. 马歇尔、安东尼·吉登斯等：《公民身份与社会阶级》，郭忠华、刘训练编，江苏人民出版社2008年版。
② 王雄、郭忠华：《公民身份视野下中国底层阶级的形成》，《浙江学刊》2013年第3期。

城市拥有相对完善的基础设施和教育、就业、住房、社会保障等社会福利体系,而农村则基础设施严重滞后,公共服务供给严重不足;市民较农民能方便、低廉地分享国家发展成果。就单位制度而言,编制内人员能享受高标准的退休金、公费医疗等福利项目,而编制外人员却实行另外一套模式,福利项目少,待遇标准也低。这种基于身份制度而引起的差距必然会使农民转市民,编制外转编制内变得非常困难,进而限制了社会流动,抑制了社会活力。因此,在社会治理创新的背景下,务必深化改革,增加身份制度的开放化程度,让社会流动变得更加容易,进而激发社会活力,增强社会发展动力。

4. 民生制度的公正化。民生问题涉及面广,只要是与老百姓生计有关的问题都属于民生问题,但就目前的中国来看,"民生问题主要表现为人民群众的教育、就业、收入分配、社会保障、医疗卫生等问题。"[①] 问题的解决需要制度的支撑,唯有如此,才能保证问题解决的常态化、持续性和有效性。国家为了解决教育、就业、收入分配、社会保障、公共住房等领域的民生问题,制定了一系列相应的政策和制度,并依靠自上而下的力量加以实施,且取得了明显的效果。然而,与发达国家相比,我国民生制度仍存在不少问题:就业制度的不公平性导致劳动力供求总量失衡、劳动力结构性不合理等问题更为突出;教育制度的滞后导致教育公平性缺失;分配制度不合理导致收入差距的扩大;社会保障制度的不合理导致保障水平低下。[②] 笔者认为,当前民生制度最大的问题在于公平性和正义性的严重缺失。而公平正义对于民生制度的重要性不言而喻,甚至可认为是民生制度的首要价值。正如罗尔斯在《正义论》中的论断:"正义是社会制度的首要价值,正像真理是思想体系的首要价值一样。"[③] 然而,就中国现阶段实施的民生制度来说,其公平性和正义性有所欠缺,从而成为社会矛盾和冲突的根源。例如,最近几年网络上热议的机关单位"萝卜招聘"、宝马车主入住保障房、医疗保险城乡差距巨大、养老保险实现双轨制等,无不彰显着民生制度的公正性有所欠缺。

---

① 郭云:《论当代中国民生建设中的制度创新》,《求实》2014年第3期。
② 闫莉、蒋锦洪:《民生问题探究的制度维度》,《求实》2012年第10期。
③ [美] 约翰·罗尔斯:《正义论》,何怀宏、何包钢、廖申白译,中国社会科学出版社2001年版。

目前，民生制度的公正性欠缺已成为威胁社会稳定的重要因素，在社会治理创新的背景下，唯有进行制度改革，才能彻底解决这个问题，最终实现民生制度保障民生、改善民生、实现公平正义的社会目标。

（三）社会治理体系现代化的特征

主体、客体和特征是构成概念的基本要素。正确认识社会治理体系现代化的主体和客体，一定程度上帮助了我们对其内涵的把握。但是，这两个要素仅仅是概念的基础性要素，为了准确把握概念的内涵，关键在于抽象地揭示其本质特征。因此，对社会治理体系现代化进行概念上的分析，必须要把握其特征。

1. 根本性。社会治理体系现代化是一种根本性的社会变迁。美国社会学家威廉·费尔丁·奥格本提出的文化堕距理论认为，由相互依赖的各部分所组成的文化在发生变迁时，各部分变迁的速度不一致，有的部分变化快，有的部分变化慢，结果就会造成各部分之间的不平衡、差距、错位，由此造成社会问题。[①] 一般来说，物质文化的变迁速度快于非物质文化。改革开放以来，我国社会经济发展取得了举世瞩目的成就，体现了物质文化的重大变迁，但是在制度等非物质层面上的变迁却很缓慢，导致两者之间出现了严重的不平衡，进而为社会问题的出现埋下了伏笔。为此，需要从根本上推动严重滞后于物质文化的传统社会制度的变迁，全面优化其结构，彰显其正功能，消除其负功能，使之与社会经济发展相适应。社会治理体系现代化即表现为对传统社会制度结构及其功能的根本性变革。

2. 计划性。社会治理体系现代化是一种有计划性的社会变迁。实证主义社会学家孔德把社会学的基本内容划分为社会静力学和社会动力学，其中社会静力学从社会的横断面出发，静态地考察人类社会的结构和制度，而动力社会学则从社会的纵向层面出发，动态地研究社会的变迁和进步。同时，孔德把静力学和动力学相结合，提出了进步就是秩序（结构和制度）的发展。[②] 另一个社会学家马克斯·韦伯把社会行动分为四种类型：目的合理性行动、价值合理性行动、情感行动和传统行动，工具合理

---

① [美] 威廉·费尔丁·奥格本：《社会变迁——关于文化和先天的本质》，王晓毅、陈育国译，浙江人民出版社1989年版。
② [法] 孔德：《实证哲学教程》，黄建华译，商务印书馆1985年版。

性行为具有最高程度的合理性,即意味着行动者可以根据预测的结果进行手段的选择。① 孔德和马克斯·韦伯的观点对社会管理产生一定的启示作用:机构或者个人可以理性化地采用一定的手段推进社会秩序的进步和发展。社会治理体系现代化目标的确定是政府等机构为了推动社会进步而有计划地推行社会管理理念、方式、手段、体制机制等方面的变革的结果,其实质属于有计划的社会变迁行为。

3. 整体性。社会治理体系现代化是一种整体性的社会变迁。系统理论认为,系统由各要素构成,各要素之间存在着相互依赖的关系,各要素自身的功能发挥关联着系统的整体性功能发挥。社会治理体系从宏观上看是由各地区、各部门的治理体制机制、政策、法律法规等要素构成的系统,从微观上看则是由治理理念、治理主体、治理客体、治理方式、治理目标等要素构成的系统。根据系统理论,社会治理体系能否发挥最大功能,与系统的结构是否优化组合、与各要素自身是否健康息息相关。如果社会治理体系的某个要素存在"短板"缺陷,则"短板"效应会对社会治理体系的运作产生消极影响,进而影响社会治理体系整体功能的发挥。因此,为了提升社会治理体系的运作效率,必须要对社会治理体系进行整体性的变革,使其各部分、各要素协同发展。社会治理体系现代化本质上是运用现代化的理念和手段对传统社会治理体系进行全方位的、多层次的改造,使其发生革命性变迁,因此,它蕴含着整体性的特征。

4. 协调性。社会治理体系现代化是一种协调性的社会变迁。社会治理体系现代化凸显出了对传统社会管理体系的重大突破:其一,实现了社会治理主体的单一化向多元化转变;其二,实现了对社会领域的制度体系的现代化改造。就社会治理体系主体而言,基于官僚制理念设置的政府由于强调专业化、等级化、非人格化等因素导致其体制僵化、部门间协调不力,难以适应办公手段信息化、公共事务的管理范围日益扩大化的时代要求,因此,必须以有利于部门间或者政府间的协调为出发点进行政府体制改革。同时,随着社会公共事务的增加、市场体制的完善、社会组织的成长和公众社会参与意识的提升,以政府为单一主体的社会管理体制难以适应社会发展的需要,唯有形成政府与经济组织、社会组织和公民共同参与治理的社会治理体制,社会治理的实效性才能有

---

① [德] 马克斯·韦伯:《经济与社会》(上卷),林荣远译,商务印书馆 1997 年版。

所保障，而多元共治要取得实效，就必须解决各主体间协调的问题。就社会治理客体而言，社会治理体系现代化意味着对社会领域的各体制机制、法律法规等制度安排进行改造，而只有理顺和协调好各体制机制、法律法规之间的关系，避免彼此之间产生冲突，才能使得制度的功能得到最大程度的发挥。鉴于此，社会治理体系现代化主体和客体的内涵和外延的变化蕴含着对协调的追求，协调性是社会治理体系现代化的本质特征之一。

通过以上对社会治理体系现代化的主体、客体和特征的分析，我们可以认为，从社会学视角看，社会治理体系现代化是指具有现代性特征的政府、市场、社会组织和公民等社会主体为了实现社会善治而推动政社关系、社会矛盾化解机制、身份制度、民生制度等社会领域的制度体系进行的变迁性、有计划性、整体性、协调性的社会变迁过程。

三　科学界定社会治理体系现代化内涵的启迪意义

从社会学的视野分析社会治理体系现代化的内涵，拓展了学界视野，为实务界推进社会治理体系现代化指定了方向，勾画出了重点，从而有助于提升社会治理体系现代化建设的实效性。

（一）有助于处理好政社关系

在社会治理体系现代化的语境中，政府和社会组织是社会治理的重要主体，其双方关系不再是管理与被管理的关系，而是建立在平等分享公共权力基础上的合作伙伴关系，但这种关系要想进一步维持、固化并发展为持续的治理能力，需要以双方关系的制度化作为前提和保障。第一，对于政府而言，要转变观念，相信社会组织有能力参与社会治理；要确保政府职能转移的制度化及向社会放权的制度化；要加强立法工作和政策制定，为社会组织发展保驾护航。第二，对于社会组织而言，明确自身的社会性和独立性，切断对政府的依赖性；要提升社会公信力，增加民众的认可度和拥护度；要加强自身专业化建设，为民众提供专业化服务，彰显自身价值和提升自身地位。

（二）有助于健全社会矛盾化解机制

随着全面深化改革战略目标的确定和利益关系格局的不断调整，社会矛盾会变得更加多样和复杂。为了有效应对各种社会矛盾，必须对社会矛盾形成正确认识，实现社会矛盾化解的规范化。第一，正确认识社会矛盾。要认识到社会矛盾的两面性，对社会矛盾加以分类处置，避免单一的高压措施：政治性的社会矛盾因其危害性大，故必须高压处置，而对于非政治性的社会矛盾则要综合使用"法、情、理"三种手段，按照法律规定的程序有步骤、分阶段地进行处置。第二，提高社会矛盾化解的规范化。政府要在规范自身行为、处理自身与矛盾对象之间关系、与其他组织协同化解社会矛盾等工作中始终贯穿法治思维和法治方式，用法治保障社会矛盾对象的权利和约束政府的权力；要切实实现社会矛盾化解的程序化，切忌为了效率而走捷径、搞跨越，更不能本末倒置。第三，构建社会矛盾化解联动机制。要重点构建社会矛盾预警机制、社会矛盾社区调解机制、社会矛盾人民调解机制、社会矛盾行政调解机制和社会矛盾司法调解机制，形成社会矛盾调解联动的大格局。

（三）有助于完善身份制度

身份制度限制了社会成员的自由流动，固化了社会阶层结构，阻滞了社会经济发展。因此，要推行身份制度改革，实现身份制度的开放化，激发社会活力。第一，推行城乡户籍制度改革，实现城乡公共服务均等化。地方各级政府要贯彻落实中央政府的精神，切实保证城乡统一的户口登记制度有效落实；要加大对农村地区财政投入力度，增加对农村基础设施、社会保障、社会救助、社会福利、公共教育等领域的公共服务供给数量和质量，实现城乡居民公共服务的均等化。第二，推动用工制度改革，维护劳动者权益。要切实执行《劳动合同法》中关于同工同酬规定，保护劳动者的权益；要强化体制内工作的绩效考核，实行优胜劣汰，形成能进能出、能上能下的开放性身份制度。第三，畅通社会流动机制，培育现代化社会阶层结构。要通过强化政策倾斜，加大对弱势群体的帮扶力度，强化自致因素在社会流动中的作用，形成公开、公平、公正的社会竞争机制；要强化制度创新，打破社会流动的制度性壁垒，构建科学的社会流动机制，最终形成"中间大、两头小"的橄榄型社会阶层结构。

（四）有助于改善民生制度

造成民生制度不公正的原因是多方面的，既有制度供给主体单一，又有制度本身有欠公正，也有制度执行不力，因此，必须多管齐下去推动各项民生工作，努力实现民生制度的公正化。第一，要改革社会管理体制，形成多主体参与民生建设的格局，通过服务数量上的增加奠定民生制度公平性的物质基础。要强化政府自身在民生工作上的责任，加大投入力度，增加民生制度供给数量；要引入市场机制，通过特许经营、招标采购、合作经营等形式委托市场提供民生服务，满足民众对民生服务多元化、个体化的需求；要着力培育社会组织，鼓励和支持社会组织参与民生服务供给；要鼓励社区居民发扬互帮互助、守望相助的精神，积极参与各项民生工作。第二，加强制度创新，构建更加公正的民生制度体系。要把"创新、协调、绿色、开放、共享"的新发展理念贯穿在各项民生制度的构建过程中；要本着公正性的原则，对教育制度、就业制度、户籍制度、医保制度、收入分配制度、住房制度等各领域不合理的民生制度进行改革。第三，强化民生制度的执行和监督，实现公正制度执行效果的公正性。各级政府部门要本着"为民负责"的原则，齐心协力推进各项民生工作，把民生制度保障和改善民生的功能最大程度地发挥出来；要加强监督和问责，形成民生制度执行的长效监督和问责机制。

（作者：黄开腾，原文发表于《青海师范大学学报》（哲学社会科学版）2018年第6期）

第三章 简政放权背景下民族自治县政府事权承接问题研究
——以广东省乳源瑶族自治县为个案

一 研究缘由

"简政放权"改革是国家近几年来持续推动的重大行政管理体制改革举措，主要针对行政审批制度这一政府职能转变的关键环节进行改革。行政审批制度作为我国行政管理体制的重要组成部分，是政府行使职能的有力支撑，同时也是公共管理领域关注的重要研究内容。随着中国特色社会主义进入新时代，对于破除阻碍社会经济发展体制机制障碍，创新行政审批制度，健全和完善行政管理体制的需求越来越紧迫。

2013年新一届政府上任后做的第一件大事就是推进"简政放权"改革；2015年李克强总理在国务院召开的全国推进"放管服"改革电视电话会议上，针对当前改革进入新阶段提出要简政放权、放管结合、优化服务，不断提高政府效能的要求，首次提出"放管服"概念；党的十八届三中全会通过《中共中央关于全面深化改革若干重大问题的决定》，通过政府机构重组、职能划分、权责明晰推动政府治理能力现代化；党的十九大报告指出要"深化机构和行政体制改革，加快转变政府职能，继续深化简政放权，建设人民满意的服务型政府"；党的十九届四中全会通过对国家制度和国家治理问题进行研究，提出要"继续全面深化改革，推进国家治理体系和治理能力现代化"。

上述重要会议的召开和相关政策的出台彰显了本届政府对简政放权改革的重视程度。习近平总书记指出："当前很多重大改革已经进入推进落实的关键时期，改革任务越是繁重，越要把稳方向、突出实效、全力攻坚,坚定不移推动落实重大改革举措。"① 作为全面深化改革的"先手棋"和转变政府职能的"当头炮",想要继续朝着纵深又快又稳地推进"简政放权"改革,就必须加强对事权承接这个改革核心环节的研究。

广东省积极响应国家政策号召,大力推动"简政放权"改革,充分梳理各级政府事权并逐级下放,通过公布政府权责清单、推进项目审批制度改革、建设一体化政府服务平台等举措来落实权力下放。作为广东地方行政层级中的县级政府,民族自治县是广东省"简政放权"改革的重要组成部分,也是事权下放后的承接单位和基层治理主体,服务对象直接面向基层的广大群众、企业、社会团体,其事权承接质量的好坏直接关系到基层社会治理体制创新的成效,也是提升改革质量的关键所在。民族自治县经济发展较慢,县域经济不发达,且受民族风俗习惯、地理环境等因素影响,导致改革过程中问题较多,是改革的"短板"所在。因此,笔者选取广东省乳源瑶族自治县(以下简称乳源县)为研究对象,对其在"简政放权"改革过程中的事权承接工作进行分析,从中发现问题,提出政策建议,以推动广东民族自治县乃至全国其他相似地区事权承接工作的进程,有效发挥民族自治县在地方基层社会治理格局中的行政主导作用。

二 国内外研究现状

(一)国外研究

国外涉及事权承接的研究多是从政府管制、政府职能的角度出发进行探讨。20世纪70年代中后期,美国、英国等西方国家及日本等发达国家由于受到高通胀、低增长的双重压力,使得当局开始反思政府过度干预的弊端,这些国家纷纷开始放松在电信、金融、能源等行业的管制,并通过转变政府职能、引入绩效考核机制,促使政府部门优化服务,提高办事效率。基于这样的社会背景,国外学者进行了相关研究,主要提出以下三种观点。1. 政府的主要职能是服务。以罗伯特·B. 登哈特(Robert B.

---

① 《习近平主持召开中央全面深化改革委员会第七次会议》,中国政府网(http://www.gov.cn),2019年3月19日。

Denhardt)和珍妮·V.登哈特（Jenny V. Denhardt）为代表的新公共服务理论认为政府应该是公民意愿的表达者和实现者，政府的职能不再是掌舵，而是为人民提供一个能够协商自治的环境，公共行政应该以公共协商对话以及公共利益为基础，强调对政府服务效率和生产力方面的需求，再以此为指导理念对政府职能进行变革。①

2. 政府要精简机构，下放事权。以布坎南（James M. Buchanan, Jr.）为代表的公共选择理论提出应该使用法律的手段对政府的无限权力进行监督，政府可以适当学习企业的扁平化结构，对政府机构和事权进行精简下放，实现政府"瘦身"，组织结构以工作为中心，不再以部门职能为中心，从而减少管理层级，缩减办事程序，节约行政成本；更加信任市场和社会组织，将社会能承接的公共服务事务进行转移，政府更多的是作为监管者和服务者。②

3. 政府应该向企业学习，进行流程再造。以奥斯本（David Osborne）、盖布勒（Ted Gaebler）为代表的政府流程再造理论提出对政府现有的工作流程进行企业化变革，引入企业管理的方式对政府部门工作流程进行改造，促使公共权力机关转型来提升政府部门协作性，政府成立专门的指导机构通过简化事项审批流程进一步放松政府管制，并加强对政府绩效的监管，通过绩效考核来监管政府部门的服务质量，以完善办事流程，提升部门行政效率。③

总的来说，国外学者认为要让市场和社会通过自我调节来实现公共服务，政府更多的是作为服务者和监管者去行使权力，并主要沿着政府的角色定位、政府的管理方式、政府的绩效考核三条主线，对政府管制和政府职能进行研究。④ 因为国情不同，国外研究中没有直接对民族地区"放管服"的研究，但是对政府管制和政府职能的研究成果丰硕，这些研究为笔者开展对简政放权背景下民族地区政府事权承接的研究提供了有益的借

---

① Janet V. Denhardt, Robert B. Denhardt. *The New Public Service*. Taylor and Francis, 2016: 7.

② James M. Buchanan, Jr. Liberty. *Market and State: Political Economy in the 1980s*. New York University Press, 1991: 19.

③ David Osborne. Ted Gaebler. *Reinventing Government: How the Entrepreneurial Spirit is Transforming the Public Sector*. New York. Plume, 1993: 259.

④ David Osborne. Peter Plastrik. *Banishing Bureaucracy: The Five Strategies For Reinventing Government*. New York. Plume, 1991: 211.

鉴和启示。

（二）国内研究

通过在中国知网（CNKI）平台上进行高级搜索，检索时间设定为 2010 年—今，以"政府事权承接"为主题进行文献搜索，共 7 篇文献，其中期刊论文 3 篇，硕士学位论文 4 篇；以"民族自治县政府"为主题进行文献搜索，共 119 篇文献，其中期刊论文 40 篇，博士学位论文 24 篇，硕士学位论文 54 篇，会议论文 1 篇；以"简政放权""政府事权"为书名进行图书搜索，共有专著 217 部。对上述检索到的文献进行梳理归纳，其主要研究如下。

1. 简政放权中事权承接研究

在权力下放的过程里中央和地方的关系得到了再一次的调整，地方政府来提供地方公共产品，无疑是党和国家对发展中的经济社会再认识的结果，因此将部分权力下放给地方政府承接和行使，在法律、制度、理论上都有其科学合理性①，那么在权力下放的过程中，事权承接是最重要的环节，做好下放事权的承接工作，才能保证简政放权改革的顺利进行。当前国内对于简政放权中事权承接的研究主要基于以下两个方面。

（1）理论层面

部分学者从规范视角对简政放权中的事权承接进行研究。有学者提出当前国情下简政放权面临着几组矛盾，其中特别提到要处理好"下放与承接"之间的问题，认为简政放权绝不能一放了之，要做到"管放"结合，加强顶层设计和各主体之间的配合②，这样才能够打破当下的事权行使当中的权责混淆的局面，推动简政放权朝着纵深发展。还有一部分学者在简政放权的推进过程中发现，当前阶段工作的重点难点就在如何落实，也就是如何做好承接工作，特别是行政审批机构的存在，让部分审批权力

---

① 葛方林：《论国家经济社会权力下放地方政府的理论基础》，《理论月刊》2016 年第 3 期。

② 李爱玲：《深化简政放权要处理好几对关系》，《前线》2015 年第 11 期。

下放受到影响，极大地阻碍了改革的推进①，因此在事权承接的过程中除了政府自身的监管，引入外部力量就显得尤为重要了，如加强第三方评估，鼓励公众参与等。事权承接是简政放权政策本身的一个重要组成部分，推进简政放权必然离不开事权承接这一环节，是在理论层面对事权承接重要性的一个肯定。

（2）实践层面

事权承接工作在地方政府简政放权改革实践中究竟应该处于什么位置呢？学界也进行了讨论，这部分的研究主要是从两个角度论述。一个是从制度设计的角度，认为地方政府简政放权改革中的主要工作是"接、放、管"，承接是排在首位的，进而提出一系列的保障机制，来完善地方政府的事权承接工作。②另一个是基于现实问题进行研究，通过对各地实际情况的考察调研，对地方政府在改革进程中遇到的问题分析，得出承接问题是当前简政放权改革亟待解决的问题，给出的政策建议也往往是具有地域性和针对性的，通过对地方政府等简政放权效果进行调研，得出当前改革存在上下级政府关系不协调问题，对地方政府特别是县乡二级政府应加强职能转变、重塑政府间关系等。③在各地简政放权改革实践的基础上得出事权承接对于改革的重要性，为重视事权承接工作奠定了深厚的现实基础。

2. 政府事权承接能力的研究

在简政放权改革的大背景下，越来越多的行政审批事项和事权下放让作为承接方的下级政府承接能力受到了极大挑战，基于此，学界对事权下放后的政府承接能力进行了研究，主要集中在以下两个方面。

（1）基层政府事权承接能力

有学者通过设置检验标准对政府事权承接能力进行研究，提出当前我国事权下放在数量上取得了一定成果，需要设立地方政府"接管"权力的方式和是否规范行使这两个有效性标准，对地方政府承接能力进行检验

---

① 张晓、岳盈盈：《简政放权重在落实——基于山东省某市行政审批效能的实证研究》，《中国行政管理》2014年第10期。

② 石亚军：《地方政府职能转变重在接准、放实、管好》，《中共中央党校学报》2014年第1期。

③ 国家行政学院博士后管理委员办公室：《简政放权与政府职能转变》，国家行政学院出版社2016年版，第21页。

并做出评判。① 中央的事权下放给地方政府，地方政府作为中央事权下放的承接者需要对自身职能进一步厘清，进而向着事权下放的二级平台转变，为基层政府的事权承接提供服务。

县级政府作为简政放权实质上基层的承接单位，直接面向的是基层审批机构和广大人民群众，服务对象面向基层的群众、企业、社会团体，承接质量好坏直接关系到整个简政放权的改革成效。据此学者们对基层政府事权承接问题也展开了研究，提出事权虽然下放，但是相关业务人员却没有跟下来，需要基层政府自己从头开始培养，导致基层政府财政吃紧，而且下放的事权不彻底，下放后监管不到位，都是当前基层政府面临的承接难问题；并提出从提升基层政府干部治理能力，完善基层治理体系来提升政府承接能力。② 也有学者以"放管服"内涵分析为依据，探讨基层政府的事权承接能力，对放管服改革进行全面剖析，结合对改革市县的实地调研，总结事权下放后取得的成效和存在的问题，提出如何提升政府事权承接能力的建议。③

（2）民族地区政府事权承接能力

有学者对民族地区基层政府的承接能力做了研究，指出由于民族地区特殊的区情和比较落后的政府建设能力影响，在自治区政府层面上事权下放存在一定的滞碍，进而直接影响了市县政府的承接工作，导致越向下政府的事权承接能力就越弱。通过分析主客观因素，提出由于涉及利益的重新调整、市县区政府尚未在主观上取得一致意见、在部分专业领域缺乏专业技术和人才的支撑等方面的原因致使事权下放后政府的承接不顺畅，并针对性的提出了"人、财、事、权"四个方面的建议，加强民族地区法制型和服务型政府的建设。④

---

① 孙正翠：《地方政府承接下放审批项目的有效性》，《重庆社会科学》2015 年第 9 期。

② 程林：《地方政府承接事权的成效、困境与对策研究——以"放管服"改革背景下的四市为例》，《安徽行政学院学报》2019 年第 3 期；贺玲、薛成有：《公共服务事项下放后基层承接能力研究——以成都市龙泉驿区为例》，《行政与法》2019 年第 2 期。

③ 付宇程：《我国简政放权改革中基层政府的事权承接困境及相关域外经验》，《中国社会科学院研究生院学报》2019 年第 4 期；毕瑞峰、段龙飞：《"放管服"改革背景下的地方政府事权承接研究——基于广东省中山市镇区的调查分析》，《中国行政管理》2018 年第 8 期。

④ 王彦智：《"放管服"改革中提高西藏（地）市县（区）政府承接能力的思考》，《西藏民族大学学报》（哲学社会科学版）2017 年第 5 期。

3. 事权承接对基层政府执行力提升的研究

政府是否有公信力由政府执行力强度决定，政府执行力的强度直接关系到政策是否能够顺利推行，达到政策的预期目标。通过进行机构改革，精简政府编制并下放事权来提升政府执行力是推进全面深化改革的方式之一，在这一过程中因为原有的政府结构被打乱，如何确保行政权力上下衔接稳定是一大难题，特别是作为政策实质上最后一级执行者的县级政府更是如此。基于此，学者们对如何做好下放事权承接工作以提升基层政府执行力进行了研究。

（1）基于提升基层政府执行力角度

学者们在这方面的研究，是把承接事权作为有效提升政府执行力的一个环节进行研究的。如在提升基层政府执行力的路径上，有学者提出要理顺当前各层级政府的事权，协调好各部门的职能，确保事权落实到位；也有学者从问责角度出发探讨权责匹配中做好事权承接的重要性，认为提升地方政府的执行力要坚持问责制度，这一制度的前提无疑是要先有匹配的事权，在此基础上才能权责对应执行追责。[①] 对于民族地区政府执行力的提升，相关研究也表明，虽然因为历史原因等导致民族地区基层政府在制度建设、经济发展上较为滞后，从而对政府执行力产生了影响，但是当前政府内部权力结构不稳定，上下级事权不清晰也是一个重要原因。[②] 以上研究从具体环节上指出事权承接对政府执行力提升的积极作用，虽然只是将承接事权作为执行环节研究，但也从侧面对本研究主题提供了借鉴。

（2）基于简政放权的角度

在全面深化改革的大背景下，从"扩权强区""放管服"改革等相关政策的角度来探讨基层政府执行力的研究，这部分研究对事权承接的重视程度则显得更高，且主要以实证研究为主，通过对选取的县区进行研究，发现下放的事权在镇区政府一级由于种种原因承接和使用都存在问题，从而让政府执行力受到阻碍。事权承接作为简政放权的主要方式，对于基层政府执行力的提升起到了关键作用，但是分权改革的过程当中依然存在事权在承接后行使难的问题，进而影响到政府执行的效度，可以利用"行

---

① 厉以宁、程志强：《中国道路与简政放权》，商务印书馆2016年版，第113页。
② 张建英：《论少数民族地区的政府执行力》，《西南民族大学学报》（人文社会科学版）2013年第9期。

政问责制度"为主加大监管监督力度。①

4. 研究简评

对于政府事权承接能力的研究，相关研究将视角对准基层，重视基层政府的事权承接能力，发现的问题更加关键也更有深度；同时在发现的问题上都存在一定的共性，都强调了在承接过程中加强权责匹配、人员素质、后期监管的重要性，但这部分研究也存在一定的不足。首先，主要以实证研究为主，研究对象是广东、成都等经济发达的省份和城市，为范围更广的基层政府提供政策建议的普适性较难。其次，研究的问题和政策建议主要是从政府的角度来探讨，没有充分考虑其他多元治理主体的影响。如基层群众、企业、社会组织等，这也是相关研究相似度较高的原因之一。最后，对民族地区政府事权承接能力研究不具有针对性，其中民族特性并没有凸显，政策建议等容易与非民族地区相混淆，无法为增强民族地区政府事权承接提供更大参考。

对于简政放权中事权承接的研究，通过在理论与实践两部分的论证，学者们都提出事权承接是做好简政放权改革的重点难点所在，随着改革进入深水期，如何推动改革朝着更深层次前行，将视角对准基层，做好各级政府特别是县一级政府的事权承接工作无疑是方法之一。国内外相关研究也为本研究提供了有益的启示和理论支撑。但是无论在理论层面还是实践层面，从研究成果上来看，学者们对民族地区事权承接的研究相对缺乏。

同时，现有研究提出了做好事权承接对政府执行力提升具有重要作用，当前研究的重点应该转向怎么做好基层政府的事权承接工作，来为新常态下的政府执行力提供理论层面的支持。对于事权承接在基层政府执行力中起到的作用，国内外相关研究论述都已比较清晰，但是由于改革在民族地区的实践成果并不丰富，所以民族地区政府在简政放权中政府执行力提升这方面的研究有待进一步加强。

当前学界对于简政放权下民族自治县政府事权承接工作的研究相对较少，尚未在理论层面搭建一个有效提升基层政府事权承接能力的运行框架。基于此，笔者选取广东省乳源县政府为个案，通过对民族自治县政府事权承接工作的分析研究，为解决当前事权承接工作问题提供更多政策建议。

---

① 郭明、孔雯：《简政放权与还权赋能：经济发达镇创新公共服务供给体系问题探讨——以顺德区"简政强镇"改革实践为例》，《理论导刊》2017年第1期。

三 概念界定与理论基础

(一) 概念界定

1. 简政放权

简政放权这一概念在 20 世纪 80 年代伴随着我国经济体制全面变革开始出现在政府文件中,在历届政府改革中出现在行政体制、金融体系、税务体制等不同领域,并以不同的侧重点出现。较早时期学者们对于简政放权的定义是将企业经营管理权更多交还给企业,政府适当压缩在审批等环节的影响力,以提高企业的活力。随着改革的深入,有学者提出简政放权是政府在科学调研的基础上,进行机构改革,将权力向下级政府、市场和社会进行下放,政府将角色定位成市场和社会的监管者。[①]

笔者所研究的简政放权是指政府内部的权力下放,放权对象主要是下一级政府,通过进行政府机构改革、减少项目审批数量和程序等放权举措,来减少对微观事务的控制,增强本级政府的宏观管理能力,降低行政成本,提升行政效率和服务水平。

2. "放管服"

"放管服"是国务院在 2015 年首次提出的,在国务院对"放管服"的定义中,"放"指继续深化以行政审批制度为重点的简政放权,"管"指加强事中事后监管,推进监管体制创新,"服"指优化政府服务,提升服务水平。也有学者提出放管服是一个动态概念,前期重点在放权,中期重点在监管,后期重点在服务,每个时期的工作侧重点都有所不同,需要在重点领域和环节有所侧重。[②] 总而言之,"放管服",就是简政放权、放管结合、优化服务的合称。

"放管服"是"简政放权"改革发展的新阶段。"简政放权"改革在发展过程中面临放权不彻底、监管有缺失、营商环境差等新问题,要求及

---

① 胡宗仁:《政府职能转变视角下的简政放权探析》,《江苏行政学院学报》2015 年第 3 期。

② 沈荣华:《十八大以来我国"放管服"改革的成效、特点与走向》,《行政管理改革》2017 年第 9 期。

时更新改革举措和指导方针。在此背景下改革朝着追求放权质量转变，由全国统一按照国务院的标准"照单放权"，转变为各地方根据实际情况，因地制宜制定量化精准、考核严格的改革任务目标，创新和加强政府部门的监管能力，更好地为市场和社会服务，即通过简政放权，放管结合，优化服务进一步推动改革发展。

3. 事权承接

有学者提出政府事权指政府在经济社会事务的管理职能，为民众提供公共物品的职责；也有学者认为政府事权是政府提供公共服务的支出责任。[①] 在"简政放权"改革中，事权即指一级政府在处理公共事务时所行使的公共管理权力及责任，事权承接主要是下级政府或下级职能部门承接并行使原属于上级政府或上级职能部门的行政管理权力。

事权承接是"简政放权"改革的关键环节。随着改革逐渐深入，放权过程中出现的"形式下放"、承接方式单一、下级政府承接资源不足等情况屡屡出现，严重影响了基层改革成效。李克强总理在每年全国深化"放管服"改革电视电话会议上都强调"接得住"的重要性，充分彰显了做好事权承接对"简政放权"改革的关键作用，也是改革在进入"攻坚克难期"后的一个重要突破口。

4. 行政审批

当前学界对于行政审批的定义主要有以下几种。

一是根据国务院 2001 年印发的《关于贯彻行政审批制度改革的五项原则需要把握的几个问题》中国家对行政审批的解释，认为行政审批是指行政审批机关根据自然人、法人或者其他组织依法提出的申请，经依法审查，准予其从事特定活动、认可其资格资质、确认特定民事关系或者特定民事权利能力和行为能力的行为。二是从法学的角度出发，根据《中华人民共和国行政许可法》，指出行政许可和行政审批是同一概念，认为行政审批是行政机关根据申请，经审查允许申请者从事指定活动的行为。三是认为行政审批的概念包含审批、仲裁等行政许可和处罚、强制等非行政许可，是二者的统称。[②] 本研究所涉及的行政审批概念，主要指第

---

① 岳红举、王雪蕊：《中央与地方政府间事权与支出责任划分的制度化路径》，《财经科学》2019 年第 7 期。

② 张步峰：《基于实定法解释的"行政审批"概念分析》，《法学杂志》2013 年第 11 期。

三种。

(二) 理论基础

1. 整体性治理理论

整体性治理是在20世纪90年代提出来的，当时西方政府在改革中呈现碎片化状态，导致部门间沟通协调不足、目标出现冲突、问题相互转移推诿、资源重复浪费等问题，导致公众无法享受服务。在这种情况下，佩里·希克斯（Perry Hicks）提出了构建跨部门合作的整体型政府概念，并在《迈向整体性治理：新的改革议程》一书中将整体型政府转变为整体性治理，指出整体性治理的四个特征，一是以公民需求和问题解决为导向，二是强调合作性整合，三是重视信任、责任感、制度化，四是注重协调目标与手段的关系。帕特里克·邓利维（Patrick Dunleavy）进一步提出在信息化时代背景下，整体性决策方式是数字时代的治理核心，政府可以在智能设备的协助下更加舒畅运行，应该运用信息化技术手段推动政府结构朝着扁平化发展。

国内对整体性治理理论的研究中，竺乾威率先介绍了整体性治理理论的主要思想，指出整体性治理理论起源于新公共管理的实践，通过政府机构及部门的整体性协作，来解决政府改革中产生的协调困难等碎片化问题，虽然是对新公共管理理论的修正，但是更符合新公共服务理论的逻辑。[①] 随后在政府改革的实践中，更多的学者开始引入整体性治理理论的逻辑来加以分析，在事权承接过程中，涉及政府间及政府内部多重关系，协调沟通好下放事权的数量、配套资源、承接部门极为重要，如果以部门为单位进行承接，信息不对称、目标冲突、资源浪费、推诿责任等问题难以解决。在基层资源有限的情况下，以整体性治理理论为指导，利用信息技术为支持加强沟通协调，处理好政府间和部门间的横向纵向关系，通过部门合作来增强承接能力，以政府为单位对事权进行整体承接，更好地承接和行使事权。

2. 政府流程再造理论

政府流程再造理论是西方国家在20世纪80年代所提出的，主要是解决新的社会发展背景下传统科层制无法适应时代要求，财政危机严重、政

---

① 竺乾威：《从新公共管理到整体性治理》，《中国行政管理》2008年第10期。

府行政效率低下、行政成本超支加剧的问题，再造过程不是对公共管理体制简单的优化，而是进行了彻底的变革。其主要代表人物奥斯本（David Osborne）在《改革政府：企业家精神如何改革公共部门》一书中提出了政府流程再造的概念，政府再造是对官僚体制根本性的变革，以企业管理体制代替传统官僚体制，但不以谋取利益为导向，主要以企业管理中的效率为目标，通过对政府部门的组织目标、绩效、文化进行企业化变革，达到组织架构和办事流程的转型，提升政府的效率。具体而言，政府流程再造理论就是以企业管理理念代替传统的政府管理思维，通过高效、创新、竞争和群众导向来配置资源。

我国学者对政府流程再造理论主要持两种观点。一是认为当前我国政府角色定位的转变需要以政府流程再造理论贯穿其中，通过以行政审批的流程再造为突破点，进一步推动政府职能精细化，从而带动其他领域的变革。二是认为中国政府流程再造有突破性和渐进性两种改革方式，当前国情下改革不能太过激进，选取渐进性的流程再造更合适。[①] 总的来说，在简政放权改革的背景下，学者们比较倾向选择政府流程再造理论对改革加以完善，对事权在取消、下放、整合承接的每个环节进行指导。

四　乳源县政府事权承接现状

（一）乳源县环境状况

乳源县位于广东省北部、韶关市区西部，是广东省民族自治县之一，被誉为"世界过山瑶之乡"。乳源县总面积约为2299平方公里，全县共9个镇，截至2017年年底，全县户籍人口约22万人，其中乡村人口约15万人，瑶族人口2.44万人。

乳源县旅游资源丰富。全县拥有旅游景区10多个，包括南岭国家森林公园、广东大峡谷、丽宫国际温泉度假区、云门山度假区等多个国家级景区；拥有白云天园林宾馆、丽宫国际度假酒店等近10家三星级以上酒店，每年观光度假、休闲旅游的游客达数百万；社会经济发展迅速，是广

---

① 李靖华：《行政服务中心流程再造的影响因素：浙江实证》，《管理科学》2008年第2期。

东省战略性新兴产业基地,有中国产学研合作创新示范基地等多家知名企业和合作平台;民族特色鲜明,乳源县的少数民族一般以整个宗族姓氏聚集组成,平均分布在海拔500米以上的大瑶山深处,甚至有些村寨安居在海拔高达千米的地方,村寨的规模有大有小,大的约有百户左右,小的仅有两三户。乳源县过山瑶在长期的发展中形成了与南粤文化相适应的独特风俗习惯,集中体现在语言、服饰、婚葬等各方面。

同时,乳源县还是广东省国家级贫困县之一,为了加快扶贫攻坚的步伐,早日实现脱贫目标,在广东省扶贫办、韶关市扶贫办的支持下,乳源县党委政府将当前一段时间的工作重点主要投入脱贫工作当中。乳源县的独特地理环境和人文环境,对当地经济政治发展都有着一定程度上的影响。

(二) 乳源县政府事权承接工作的主要举措

在"简政放权"改革背景下,乳源县政府为顺利承接下放的事权,是"下了大力气,花了真功夫"的,通过统筹协调、结构重组、流程优化、制度创新、监管约束等举措对乳源县政府事权运作流程进行改革,明晰事权承接行使的部门归属,强化组织载体、提升工作效率、改善制度环境、规范事权运转,确保上级下放的事权"平稳落地"。

1. 统筹协调:明晰承接事权行使的部门归属

乳源县县委县政府高度重视下放事权的承接工作,通过组建推进职能转变协调小组,党委班子成员分工来领导各专题组、功能组督促指导和统筹落实各项下放事权的"落地工作"。

一方面,乳源县通过明确改革重点来调整工作方法,抓紧建立起民族自治县政府"简政放权"工作推进机制。依据《乳源县人民政府关于印发乳源县2015年推进简政放权放管结合转变政府职能工作方案的通知》,制定出各专题组具体工作计划,明确改革时间、改革路线,将任务落实到部门和人。同时由县公共服务中心搭建各部门承接经验交流平台,对于改革中遇到的问题、经验及时沟通协调,并由公共服务中心汇总成书面总结交协调小组和各部门负责人参考审阅。

另一方面,县编办牵头各部门梳理下放事权清单、明确归属。县编办通过对比现有部门职能和下放事权的基础上,以业务所属优先的原则针对下放事权进行程序设计、审核并最终归属到职能部门,并协同县委县政府督查室定期开展各项下放事权承接落实情况的督查工作，同时在利用国家、省市政府机构改革的时机，制定"三定方案"来将下放事权纳入部门的行政职能中去，在此基础上各部门密切沟通合作，顺利承接。

2. 结构重组：强化事权承接的组织载体

一是政府机构重组。乳源县政府从 2015 年至今进行过两次大的政府机构改革，并在此期间根据党的十九届三中全会通过的《深化党和国家机构改革方案》为基本原则，按照广东省、韶关市二级政府公布的机构改革方案要求，对县委县政府各机关部门进行调整，确定机构、职能、编制数量的"三定方案"，并于 2019 年 3 月组建完成最新的县党委政府机构框架。根据乳源县 2019 年公布的政府机构改革方案，全县共设置 33 个党政机构，其中党委机关 9 个，包括 1 个纪检监察机关和 8 个党委工作机关，政府工作部门 24 个。此次机构改革，主要从健全党委对全县重大工作的领导机制、加强职能部门的统一归口协调功能、根据上级政府要求新组建和优化职责的机构三个方面进行。在此过程中，县编办将"简政放权"改革中上级政府下放的事权统一纳入定部门职责的工作中来，确定部门权责清单，最终交由县委审议通过并面向社会公开。经过这次改革，实现了全县政府结构更趋于扁平化的设置和管理，充分体现了服务型政府的建设要求。

二是部门职责细化。各职能部门是下放事权的承接终结点，也是执行起始点，部门执行情况决定着承接质量。因此乳源县不仅从政府机构变革角度做好事权承接工作，还调整了部门结构，细化内部分工，更好地消化下放事权。以乳源县住房和城乡建设管理局为例，在 2018 年机构改革中去掉了"城乡规划局"的规划二字，依据"三定方案"确定了本部门职责，并在此基础上搭建局机关框架，确定了包括办公室、城乡规划股、城市建设管理股、建筑管理股、村镇建设管理股、人防办等六个内设机构；根据县三定方案中住房和城乡建设管理局职能进行内部分工，撤销原本负责本部门所有行政审批制度改革相关工作的行政审批股，由办公室负责梳理住建局所有的行政审批事项清单、行政审批流程的确定、社会关于住建局行政审批事项的问询、协调上级部门与局内设各机构行政审批事项等工作，有条理地厘清职能，更好地承接并使用好下放事权。

3. 流程优化：提升承接事权行使的工作效率

乳源县政府为更好地承接下放事权，对政府部门机构进行改革、改进公共服务方式、制定办事标准化流程，进一步减少了群众办事的时间，实现事项只"跑一次"就办理完结的服务目标。

4. 制度创新：改善承接事权行使的制度环境

制度是保障政府有序履行职能的前提和基础，为了保障下放事权的顺利使用，必须对相关领域的制度进行变革，使其与政府职能相匹配，形成支持流程再造的制度环境。为此，乳源县深入推进全县多领域制度变革，特别是与下放事权密切相关的行政审批制度和投资审批制度，为承接事权创造良好的制度环境。

5. 监管约束：规范承接事权的有效行使

乳源县积极落实国家和省市关于改革后加强事中事后监管的要求，在国家和省市指定的监管标准基础上，推出符合本地实际和民族特色的监管方式。畅通社会监管举报渠道，为加强民意沟通和社会监督，及时针对事权承接过程中存在的问题进行纠偏，县委县政府开设网上监督举报网站和热线电话，公布各部门负责人员联系方式，回应广大群众、企业关于改革问题的关注热点，通过随机抽查、举报奖励等方法充分发动社会监督力量，并创新执法体制，强化行政执法信息化建设，尽可能提高行政执法规范化水平，建立跨部门执法监管约束机制，来理顺和加强下放事权的监管职责，形成一个政府自纠、行业检查、社会监督的新型监管模式。

五 乳源县政府事权承接存在的问题及原因

乳源县自推进"简政放权"改革以来，在"简政放权、放管结合、优化服务"理念指导下，通过一系列改革举措，进一步提升了县政府处理综合化、复杂化问题的能力，充分体现了改革的效力，有力地促进了县经济社会整体发展。但是随着改革朝着纵深发展，在事权承接过程中依然面临着体制机制、执行主体、权责关系、社会力量等因素的阻碍，制约了县政府治理事权承接能力。

（一）乳源县政府事权承接中的问题

1. 事权承接工作整体进展较慢

事权承接工作持续时间较长，进展较慢。乳源县事权承接工作伴随着《关于印发乳源县2015年推进简政放权放管结合转变政府职能工作方案的通知》（乳府〔2015〕40号）的下发同步进行的，2015—2019年，韶关市政府集中进行了两批次的事权下放工作。在这期间，随着国家"脱贫攻坚战"的打响，县政府的工作重点在脱贫事业和经济建设上面，事权承接工作的排名不高，随着"简政放权"改革的其他举措一起进行，承接战线拉得比较长，根据乳源县编办重点领域信息公开专栏公布信息，在2016年韶关市第一批下放的事权，乳源县至今都未完成100%承接。2018年第二批下放事权再次集中进行下放，数量上也有所增加，极大考验着瑶族自治县的事权承接工作效率。

2. 人员配置和编制数量不足

首先是部门人手不足问题。通过调研，发现乳源县部门间和部门内部存在因工作量差异而导致的人力资源配置不合理问题，人员短缺成为了各部门普遍存在的问题。如调研对象县住建局H所说："我们股在整个局都算是最忙的了，但是一共才5个人，还只有我是在编的，我们既要出去搞巡逻搞执法，回来还要坐在办公室里写报告，虽然把每个人都分了工，马姐专门负责写报告之类的文字工作，但是她忙不过来啊，我们回来还是要帮着写。下放的那些事项，上面就是说这件事归你做，但这几年都没新招人，忙不过来你去诉苦吧，他就临时去其他部门找个人过来顶一下。"（Z-HYH201910）[①] 其次是专业人员短缺问题，下放事权涉及专业事项如村级污水处理设施建设，标准高、任务重、专业性较强，需要的相关工作人员存在极大缺口，也严重影响了政府承接能力。

同时编制数量缺口也很大，编制与部门职能不匹配现象突出。如县住建局在2015年至今先后承担了上级政府和职能部门关于渔民上岸、农村危房改造、农村垃圾收运体系建设、污水处理设施建设的事项，但并没有按照编随事走的原则增加局内编制，导致现有编制人均业务量持续增加。根据统计，乳源县各部门编制数量普遍较少，如县文化广电旅游体育局，仅有8个机关行政编制，县住建局有15个机关行政编制，执法类部门编制数量多一点，如县应急管理局有20个机关行政编制，其中6个为执法类专项编制，县市场监督管理局有37个编制，部分下放事权特别是执法类事权，依据相关法律法规，必须由具有相关执法证件的政府执行人员才

---

① 文中编码为访谈代码。Z代表访谈部门，HYH代表受访者姓名，201910代表访谈年月。文中资料来源为2019年10月，课题组成员对乳源县住建局H所做访谈。

能行使，但考执法证件的前提又必须是在编人员，因此也极大地限制了政府事权承接能力。

3. 部门职责有待理顺

部分部门承担工作量较重，负担偏大。事权下放后，有些部门在机构改革中职权范围有不同程度的扩大，有些部门业务压力剧增，例如县人社局，面对新负责的职能，光是档案管理工作就应接不暇，面临档案查漏补缺工作量巨大，干部档案整理工作量大，流动人员人事档案管理服务信息化任务艰巨等问题。县民政局也面临同样的问题，根据县民政局访谈对象Z所说："现在社会救助专职人员兼职多，特别是乡镇，我们部门的工作量大时还特别杂，社会救助专职人员待遇低，还要加班加点地干重活，那能不消极吗？这就会出现工作不主动、完成各项上报材料不及时的问题。"（M-ZYY201910）①

部门间职能冲突交叉情况依然存在。以县住建局为例，近年来各级政府都在加强生态环保管理部署，如城乡二级污水处理设施建设等业务，不仅仅有住建局参与，农办和环保局也参与进来，各自负责一部分，但是彼此缺乏沟通，在现场施工和后方组织的经验上各有侧重，导致事项推进不顺畅。

4. 财权事项占比较低，财政压力大

《民族区域自治法》规定："上级财政通过一般性财政转移支付、专项财政转移支付、民族优惠政策财政转移支付以及国家确定的其他方式，增加对民族自治地方的资金投入，用于加快民族自治地方经济发展和社会进步，逐步缩小与发达地区的差距。"② 通过整合韶关市前后两批下放事权目录和乳源县编办信息公开目录来看，下放的事权只有一项是财权事项，这样乳源县就面临事权增加但财权反而缩小的局面，极大增加了乳源县的财政负担。

下放的事权分为行政许可和行政处罚两类，行政许可事项更多的是增加公共服务中心和各职能部门行政审批股室的工作量，相应的经费消耗较少。但是占比相当的行政处罚类事项涉及强制、处罚、巡逻等执法类业

---

① 资料来源：2019年10月，课题组成员对乳源县民政局Z所做访谈。

② 参见《中华人民共和国民族区域自治法》（2001年2月28日第九届全国人大常委会第二十次会议修正）第四章第六十二条。

务，除了需要相对应的事权管理权限之外，更多的需要经费支持，来扩充人员、车辆、装备等支持，如访谈对象县市场监督管理局 W 所说："我们是定期要巡查全县城的药店的，以前哪些需要巡查我们都有固定路线了的，现在要求我们还要巡逻其他的，那我们一天肯定走不完了，而且相应设备都没有，还是要去委托第三方机构或者去市里才能检测。"（S-WWD201910）①

自取消农业税及相关税费后，现有的税收分成比例县一级政府占比较少，乳源县又是国家级贫困县，随着事项转移到县职能部门，各部门纷纷开始申请相应配套经费，县政府财政难以一一回应。同时为实现脱贫目标，乳源县在基础设施、民生、乡村建设、生态文明等各方面都在加大投入，因此日益加大的财政支出压力也成为限制承接能力的因素之一。

5. 市县业务协同程度尚需提高

一是关联性事权下放协同性不足。下放事项往往不是独立的，是相关联的几个事项配套实施的，单一事项的事权下放会导致事权行使过程中存在疏漏甚至无法行使。按照韶关市 2016 年发布的《韶关市人民政府办公室关于印发韶关市第一批下放职权事项目录（2016 年）的通知》所规定："今后下放职权，首先由下放部门或承接的县（市、区）政府、单位书面提出申请，并列明下放理由、法律依据、相关配套措施等报市政府，待市政府批准并以市政府名义公布后再予以实施。未经市政府批准自行下放的，承接部门可不予承接。"

县区政府部门想要申请事权下放，必须跟市里相关部门提出申请方可，然后再由市政府下发给市直各职能部门研判，最终决定是否下放。有些关联性事项，市县职能部门对下放的态度不同，这个部门觉得需要下放，那个部门又觉得不需要下放，直接导致原本配套的事权下放得七零八落。如访谈对象县工信局 T 所说："下放项目中有一项是对辖区享受税收优惠政策企业核查，以前是市局核查，现在下放到了我们局，但是核查需要司法局、税务局等部门一块前往才合法，但是市税务部门没有下放这样的审批权力，导致我们这项权力基本没法承接，只能自己前去核查然后上报市局，可能市局会跟市里的税务部门再交接吧。"（G-TB201909）② 关

---

① 资料来源：2019 年 10 月，课题组成员对乳源县市场监督管理局 W 所做访谈。
② 资料来源：2019 年 9 月，课题组成员对乳源县工信局 T 所做访谈。

联性事权未协商就下放增加了市县二级政府部门的工作量,流程没有简化反而更加复杂。

二是市县服务平台数据共享不畅通。(1)存在技术阻碍。市县政府的服务系统由不同公司承包开发,导致标准不统一,部门间业务数据传输容易因技术问题出现故障。下放的事权既是跨部门、又是跨层级,服务系统不统一导致系统开放程度和服务信息融合性差,信息化建设的便利性没有实现,反而成为了阻碍。(2)衔接不顺畅。虽然下放事权由市府和县府两级政府主要负责协调,各承接和下放部门具体承办,但是因为部门工作差异,不同的部门在下放和承接事项上面的工作进展不同,导致在事权下放调整后,市县部分部门尚未能实现数据互通,难以发挥线上政务服务平台的资源整合功能。如访谈对象县政数局 C 所说:"依申请类事项涉及民众日常办事,这部分事项也是各部门日常审批都处理习惯了的,是最早一批在线上大厅录入的事项,但是非依申请类事项据我了解就没那么快了,现在有些事项还要部门审批系统进行审核,再由部门逐一录入咱们大厅的数据信息里来,时效性肯定慢了嘛,主要是也增加了失误率。"(Z-CX201909)①

(二)乳源县政府事权承接中出现问题的原因分析

1. 保障机制不健全

制度机制是对行政机构职责、结构、活动和各行政机构关系进行规范的惯例,保证政府服务质量、行政效率的关键所在,体制机制不健全,往往会导致行政机构职责行使出现偏差。乳源县承接事权工作中,面临着统筹协调机制、法律和监管机制、绩效考核机制不健全等问题。

(1)法律机制不健全

一是改革受相关法律法规阻碍。行政体制的改革意味着要对有着法律条文依据的完整行政制度"开刀",即使是在国务院主持下的"简政放权"改革也依然如此,在改革过程中,原有受法律保护和支持的行政行为难以更改,程序之复杂、手续之烦琐消耗掉了更多的行政资源,现有法律法规反而成为改革需要革新的对象。如访谈对象县编办 T 所说:"很多我们县里部门想要的这个事项它之所以下不来,一是因为我们确实承接不

---

① 资料来源:2019 年 9 月,课题组成员对乳源县政数局 C 所做访谈。

了,不具备这个条件;二是因为在咱们国家法律规定了你县级政府有哪些权力,不是说市里能下放就下放的,那不就违法了嘛。"(B-TWW201909)① 李克强总理在 2014 年提出"市场法无禁止皆可为,政府法无授权不可为",进一步约束了政府公权力的行使范围,面对地方政府特别是基层政府急需却无权的事项,如何对相关法律法规进行修改,使其更好地适应新时期基层政府职能是当前需要解决的问题。二是依法行政的观念尚未完全树立。目前我国关于政府行政审批事项仅有《行政许可法》一部法律依据,对于下放事权的流程、标准、验收暂无法律依据,这就需要更多的行政力量进行推动,影响因素增多导致承接工作复杂性提高,往往是上级政府和县级政府在各部门负责人和相关分管领导在场情况下开会协商解决,解决办法总是在变化,无法形成有效的经验总结和流程机制。

(2) 统筹协调机制不健全

改革不是一帆风顺的,中间必然存在波澜,所以统筹协调能力是推行改革必然要具备的能力。我国"简政放权"改革也是从一开始单纯的"放权"逐渐过渡成为"简政放权放管结合优化服务",这中间缺少不了党和政府的顶层设计能力以及对各方利益协调机制的建立。但是在调研中我们发现,在乳源县的事权承接工作中,虽然县委县政府高度重视,并通过乳源县全面深化改革领导小组居中统筹,又成立县编办牵头的改革协调小组负责具体协调工作,但在实际工作中依然存在部分疏漏。

一是县委县政府的统筹精力被不断分散。县级政府作为我国基层的一级政府,权小责大、事务众多,作为民族地区的贫困县,县领导不仅将精力集中于经济发展,更迫于现实压力注目于脱贫攻坚、民族稳定,在有限的行政资源中自然要有所侧重,对于"简政放权"改革工作的关注相对较少,导致缺乏对改革的整体把握和科学配置。二是协调机制不够畅通。如前所述,乳源县在事权承接工作中出现的事权下放不彻底、部门职责未理顺、市县业务不协同而产生的事权承接效率低下问题,正是编办牵头的协调机制运作不顺畅问题。其主要原因在于县编办的职能所限,面对千头万绪的下放事项和错综复杂的部门关系,只能进行简单的事项梳理,无法有效承担起协调工作。

---

① 资料来源:2019 年 9 月,笔者对乳源县编办 T 所做访谈。

（3）绩效考核机制不健全

通过对政府管理行为的绩效进行评估，来研判政府部门行使权力是否规范，行政效率是否提高，服务质量是否达标，这是有效规范行政行为的重要措施。乳源县在承接下放事权工作上，绩效考核机制不健全，通过绩效考核来提高乳源县事权承接的能力有限。

一是没有设立科学合理的考核指标。在实际工作中，乳源县的绩效考核标准偏向量化的、客观的标准，在一定程度上忽视了人力成本、时间成本等主观上的投入，对各部门在承接工作中所做的准备工作吸纳得不够，唯"结果论""数据论"，打消了部分部门的承接积极性。二是对考核结果运用程度不够，运用方式较为单一。如访谈对象人社局L所述："考核是经常有的，每月考核、年中考核、年终考核，领导重视的事务甚至都是每天总结的，但是你考核完就填填表，做得慢做得不好罚点奖金，有的时候真的是事太多忙不过来，只要不辞退我，说实在的该罚点也只能认了，算是休息休息吧。"（R-LX2019010）① 对如何运用考核结果以促进部门和人员有效工作缺乏更多手段，单纯认为考核结果是对部门和人员进行奖惩的依据，没有认识到利用绩效考核发现事权承接工作中不足的重要性。

2. 政府系统内部权责关系尚未完全理顺

整体性政府的组织结构要求政府系统内部权责明确，避免出现追逐利益、推诿责任的情况。而"简政放权"改革中最大的着力点就是"放权"，这就不可避免地触及一些部门的既得利益。在"抓住审批就是掌握权力"的观念下，对事权下放、承接工作产生消极抵触情绪，故意模糊权责关系，存在放责不放权、放权不彻底的现象，进而产生配套权力不下放，部门协调不畅通等问题。

（1）与上级政府权责关系未厘清

"简政放权"改革要求下放事权，是为了重新定位政府角色，转变职能，建设服务型政府，减少政府对市场的干预，达到方便群众和企业办事，彻底激发市场活力的目的。但是在实际操作中，相关事权的职能没有全部下放，这种"明放暗不放""放权不放责"的下放情况，将事权给"一刀两断"，不仅对下级政府承接部门造成了困扰，也增加了群众和企业的办事成本。正如访谈对象乳源县县人社局L所说："我们在

---

① 资料来源：2019年10月，笔者对乳源县人社局L所做访谈。

局里和公共服务中心的办事审批大部分是能够自己做决定的，但有些市里给我们审批的项目，最后还得去市里跟市人社相关部门报备，在那边盖章以后才能拿回来给办事的群众或者企业，这才算是审批完了。"（R-LX201909）① 以前群众或企业办理此类业务只需要带齐材料，到市相关部门办理并等待审核即可，现在则要去县里相关部门递交材料，再去市里审核。这类事项加重了县职能部门和办事群众的负担，没有达到事权下放的初衷。

一级政府的行政资源是有限的，在我国行政体系内往往是先确定一级政府的事项范围，再配套相应的行政资源。那么在事权下放背景下，下放事权必然要下放相应的编制、财权等与之相配套的权力。然而实际情况却是在事权下放过程中，相关权力并未一同下放。根据访谈对象县市场监督管理局W所述："其实我们现在巡逻时应该补几辆车的，不然这么多需要去的地方怎么走得完，光县城就走了一天，但是现在公车这么紧张，我们一申请上面就说市局没给钱。"（S-WWD201909）② "财不随事转"的现象普遍出现在各部门事权承接工作中，特别是"非依申请"类执法事项，需要的行政资源较多，部门只能将问题向县政府反映，再由县政府向市政府协调小组反馈，催促相应部门进行配套权力下放。这极大地降低了行政效率，并延长了下放事项"悬空"时间。

（2）自治县政府内部权责未厘清

承接过程中，乳源县内部职责关系未厘清，特别是各职能部门与公共服务中心间的关系未理顺，各职能部门对公共服务中心的放权不彻底。整体性治理理论认为过度分权导致政府间沟通不畅，在放权过程中，各职能部门为了追求自身利益而丧失了凝聚力，反而导致整体利益的缩小，同时利益获取更加困难。乳源县内部职责关系的混乱导致工作量增加、出错率上升。

截至2018年12月，乳源县县级服务事项进驻公共服务中心比例达98%，但是能在公共服务中心审批完成的比例只有64%。根据乳源县政府对各职能部门的要求，必须将本部门审批业务纳入公共服务中心和县公共服务"一门式一网式"平台中来。但是少数入驻部门对公共服务中心工

---

① 资料来源：2019年9月，笔者对乳源县人社局L所做访谈。
② 资料来源：2019年9月，笔者对乳源县市场监督管理局W所做访谈。

作重视程度不够，放权不彻底，只是将部分业务交给服务中心的综合窗口办理。更多的则是将公共服务中心作为一个"邮箱"，定期取出相关审批业务的申报材料，而不是将部门审批权力彻底下放给公共服务中心。因此无法实现部门业务在服务中心就能办理完结的目标。如乳源县县公安局、公路局、供电局、税务局等垂直管理部门没有将内部审批系统与县审批服务平台对接，需要对相关数据实行重新录入、交换，增加了工作量和出错率。

3. 机构编制数量约束

一级政府的机构编制数量是财政拨款的依据。2013 年，李克强总理在地方政府职能转变和机构改革工作电视电话会议上定下"严控地方政府机构编制总量，确保财政供养人员只减不增"的政府编制发展总基调，党的十九大也再次重申"要统筹使用各类编制资源，形成科学合理的管理体制"。在这种大氛围下，中央及各级编办都严守底线，甚至还在现有编制数量基础上进行压缩。

乳源县在 2011 年印发了《关于印发中共乳源县委县政府主要职责内设机构和人员编制规定》，确定了县委县政府各部门机构编制数量，随后都没有大变过，只在人员退休后再补上编制缺口。2019 年乳源县根据《广东省关于市县机构改革的总体意见》和《乳源县机构改革方案》，再次对部门机构编制数量进行调整。总的来说本次调整规模较小，对于机构改革中涉改和新组建的部门进行了调整。如县住房和城乡建设管理局接收了县人防办的部分职能，并新设立了一个乡村建设管理股，只是增加了正股级领导职位数量，其余编制数量未变。新成立市场监督管理局和应急管理局等部门，都是合并的部门编制整合后形成了最终的部门编制方案，实质上是在原部门编制数量上面做"加减法"，并没有因为新增事权而增加相应编制。如访谈对象县编办 T 所说："无论下不下放事权，各个部门都在跟我们要编制，编制永远不够用的啦。下放下来的事权上级部门不配套编制，领导们也不增加编制，这都是有理由的，现在国家严控编制数量大家都知道嘛，所以有问题就要各个部门去克服喽。"（B-TWW201910）①但是编制跟执法权息息相关，有些执法权需要在编人员才能行使，同时在群众和企业眼中，有编制往往意味着是正式政府公职人员，执法权威更容易

---

① 资料来源：2019 年 10 月，笔者对乳源县编办 T 所做访谈。

树立起来。

4. 执行主体建设不完善

打造服务型政府离不开政府工作人员的参与，各级政府工作人员必须树立"公民本位""社会本位"的思想，本着快捷、高效、便民的原则服务好办事群众。根据实地调研发现，乳源县包括各级政府部门领导和一线工作人员在内的"事权承接"执行主体，在改革过程中存在思想观念陈旧、服务意识较低、综合素质较差等问题，也限制了民族自治县政府事权承接能力。

（1）思想观念未转变

当前改革过程中政府工作人员普遍存在思想观念陈旧，转变不彻底的问题。一是对"事权承接"工作认识程度不够。事权下放过程中涉及的部门众多，工作流程复杂，业务范围超出日常熟悉程度，这就要求乳源县政府各级领导及基层办事员都要对承接事权的内容、方式、要求有足够认识。但是在调研过程中，发现部分一线办事员及个别领导同志对事权承接工作存在抵触情绪，将这部分工作形式化来应付上级检查，没有主动研究承接工作，没有主动变革创新工作方式方法。二是服务意识没有完全树立。除县行政服务中心的服务意识在政府各种文件要求下，一线办事员的服务态度良好外，各职能部门办事工作人员服务意识未完全树立，依旧以高高在上的"官僚"态度对待办事群众和企业。根据访谈对象群众 L 所述："我去××局办理证明，他们让我去旁边椅子上面等着，一等就是半个小时才来人，办事的时候态度也不好，那个人还边抽烟边跟我说话，最后让我把材料放下明天再过来拿证明就行了，结果第二天去他说领导昨天有事没能审阅，让我下午再去。"（A-LJB201910）[①] 基层政府的服务意识决定着服务型政府建设程度，若是不能纠正部分基层工作人员的服务态度，任由"官僚之风"发展，就会严重影响事权承接工作和整个改革成效。三是对承接工作的积极性不够。作为政府服务事项变革，无论是取消、下放还是新增事项，政府公共服务目录都产生了新的变化，办事群众和企业必然会咨询相关内容，这就要求行政主体对改革的相关工作了如指掌。但是在实际工作中，大多数部门都没有去积极应对，未主动对变更的事项进行宣传和释疑。

---

① 资料来源：2019 年 10 月，笔者对办事群众 L 所做访谈。

(2) 综合素质有待提升

当前乳源县政府公职人员综合素质参差不齐，也是阻碍事权承接工作成效的原因之一。一是文化水平高低不一，导致业务能力存在差异。经调研发现，乳源县行政人员的文化结构呈现为金字塔型，本专科构成了塔身，研究生以上学历构成了塔尖。虽然近几年县组织和人事部门招人已经提高了学历门槛，但是过去积累的专科学历人员数量较多，由于文化水平所限，其对新增事项的理解较慢，进而影响了事权承接的效度。二是技术型人才短缺。乳源县虽然地处经济强省广东，但经济发展水平却远远落后于全省平均水平，是国家级贫困县，这种情况对技术型人才的吸引程度较低，无法满足下放事权对专业人才的需求。根据访谈对象县政府办公室 S 所说："人才引进都需要县里的领导出面，对急需的专业型人才许下承诺，补贴力度大人家才愿意来。剩下的就是每年补充的省考招考进来的，这部分还大多数都是乳源县本地人，没办法，毕竟咱不像佛山、顺德那样可以用钱什么的吸引人家。"（Z-SQR201910）[①] 三是接受继续教育的比例低。当今中国正处于转型期，社会发展变化快，很多以前适用的办事方式方法都已经落伍，随着下放事权纳入部门职责范围被承接和行使，更是需要公职人员及时"充电"。但是在调研中大多数调研对象承认未进行过继续教育，部分接受过继续教育的访谈对象，其教育形式只是效率低下的针对某项业务的集体学习培训班，有关下放事权的相关业务都是在实践中慢慢摸索，这也对下放事权承接的质量产生了阻碍。

5. 社会组织力量薄弱

市场是无形之手，政府是有形之手，政府职能的转变就是要多使用无形之手，减少有形之手的使用。2013 年李克强总理呼吁各级政府"将符合市场化规则供应的公共服务交由自身条件良好，信誉程度较高的非营利组织、社会机构或者企业承担"[②]，"法无禁止皆可为"，随后国务院出台《国务院办公厅关于政府向社会力量购买服务的指导意见》。各级政府增加的事权，可以将部分社会组织能够承担的事项进行转移给社会组织。民族自治县政府行政资源有限，面对下放的事权更加需要社会组织来分担承

---

① 资料来源：2019 年 10 月，笔者对乳源县政府办 S 所做访谈。

② 李克强主持召开国务院常务会议，中国政府网 www.gov.cn/guowuyuan/2013-07/31/content_2591067.htm。

接压力。但是民族自治县社会力量薄弱，存在社会组织规模小、自身建设不完善等问题，使得民族自治县的社会组织难以参与到事权承接工作中来。

一是社会组织数量少，规模小。乳源县有111家社会组织，其中社会团体67个，民办非企业44个，仅占全市社会组织总数的5.72%。① 其中民办非企业以民办学校为主，由于自身性质所限，无法参与到事权承接工作中来，剩下的60余个社会团体，受自身发展所限，规模较小，也没办法承担起政府转移的事项。如访谈对象乳源县救援辅助志愿者协会会长Y所述："我们县里上规模的社会团体数量太少了，每次去市里进行交流都是我们几个大一点的协会出面，其余的根本没发展起来。"（J-YYL201909）② 受数量、规模所限，乳源县政府无法在社会组织当中寻求到足够的支持来承担下放事权。

二是社会组织自身建设不完善。首先，内设机构不健全。乳源县的社会组织大多为小型社会组织，人数较少，因此内部机构大多简单地分为两部分，处理文件事务的办公室和组织活动的执行部门；甚至有些社会组织只有一个值班室，组织活动再临时成立部门负责行动，结束后就解散。其次，专职人员较少。乳源县的社会组织成员基本上都是志愿者，组织的管理层中专职人员也只占到1/3，组织活动时参与人员的数量受志愿者报名数量所限，起伏波动较大，无法保证活动的质量。最后，组织经费有限。当前乳源县的社会组织资金来源以政府补贴为主，组织自筹为辅，但是政府补贴资金有限，无法满足组织日常运转所需，其他渠道筹集的资金也有限，导致社会组织无法积极开展各项活动、完善组织建设和扩大影响力。由于社会组织自身的建设不完善，导致乳源县社会组织发展受阻。根据访谈对象乳源县义工协会副会长M所述："我们县本来社会组织就不多，发展得又不好，民政局上面登记的社会组织啊，现在大约三分之一是活跃组织，三分之一是半死不活，三分之一是僵尸组织。"（Y-MZY201910）③

乳源县社会组织数量少、规模小、自身建设不完善，导致在事权承接

---

① 数据来源：广东社会组织信息网 https://main.gdnpo.gov.cn/home/index/indexStatistics/ 2020-03/01。
② 资料来源：2019年9月，笔者对乳源县救援辅助志愿者协会Y所做访谈。
③ 资料来源：2019年10月，笔者对乳源县义工协会M所做访谈。

过程中乳源县政府只能独自面对下放事权，无法将部分能向社会转移的事权分担出去，使得政府承接工作中的行政成本上升。乳源县想通过社会组织来提升承接能力的方案难以实施。

六　民族自治县政府事权承接能力提升路径

根据上述分析，民族自治县政府事权承接工作依然面临着重重困难，影响着政府承接下放事权工作，进而阻碍民族自治县服务型政府建设和治理能力提升。在民族自治县政府行政资源有限的前提下，要有效破解承接难题，关键在于提升政府事权承接能力，进一步增强事权承接的工作质量和工作效率，从而让下放事权"平稳落地"。首先，应该健全相关保障机制，这是承接能力提升的前提；其次，理顺政府权责关系，这是承接能力提升的基础；再次，加强民族自治县执行主体建设，这是能力提升的载体和依托；最后，推动民族自治县社会组织的发展，这是能力提升的有效抓手。具体而言，就是从以下几个方面提升民族自治县政府事权承接能力。

（一）健全事权承接相关保障机制

1. 完善相关法律机制

民族自治县政府应充分发挥《自治条例》中对自治权规定的"法律变通执行权"的能动性，对上级国家机关的政策、决定不符合本地实际的进行变通执行。同时，我国民族自治县政府可以依法申请颁布《单行条例》，在民族地区拥有法律效力。在《单行条例》中，可以针对事权承接的相关法律法规进行完善补充，加大对事权承接工作的法律支持力度。

首先，完善已下放事项的相关法律法规支撑。制定配套法律法规是依法行政的前提，已下放事权的行使需要更加具体的法律法规进行规范，可以广泛吸纳一线工作人员、办事群众和企业对相关事项的意见和要求，发挥民族自治地方立法权的灵活性，针对已下放事项中法律法规不匹配、配套法律法规缺失等现象进行修改，制定符合地方实际的法律条例。其次，后续下放事权坚持立法在先，放权在后的原则。完善的法律法规保障是事权有效行使的最牢靠根基，未下放事权也应该遵循先立法后放权的原则。在经过放权方、承接方共同协商后对事项的内容、程序、时限、承接方法、配套权力以合理法律条文约束，没有法律依据的事项坚决不下放、承接、行使。

民族自治县《自治条例》中的法律制定可能无法面面俱到，但是相关法律框架必须搭建，以便日后根据承接工作中实践情况加以补充完善。

2. 健全统筹协调机制

下放事权的承接工作涉及多部门、多领域、多主体，是一个系统性的工程，同时作为工作方式方法上的创新性改革，不可避免地要消耗掉一部分行政资源来进行尝试，需要建设一个更加畅通高效的统筹协调机制居中把握全局。因此，民族自治县承接下放事权需要进一步健全统筹协调机制，来节约行政成本，统筹下放事权的承接使用，发挥《民族区域自治法》中规定的自治县政府自主权力，整合全县的行政资源进行调配，加大对事权承接工作的关注力度和行政资源的倾斜。

首先，加强调研论证。顶层设计的重要性毋庸置疑，特别是在我国国情下中央、地方党政机关权威性极高，涉及行政体制方面的改革自上而下式往往更加高效。这就需要民族自治县领导部门做好前期调研工作，通过征求各方意见、组织第三方进行调查、专家组评议、报上级部门审批等一系列工作来严格把关，对本级政府的事权承接能力进行精确评估，并以实际工作需求和承接能力为基础，接收能力范围内的事项，确保下放事权能"平稳落地"。其次，提升协调部门工作能力。除县级全面深化改革领导委员会外，对于县编办牵头负责具体工作的协调小组，应该赋予其充分的督查、处罚权力，明确协调小组成员单位具体负责协调的工作内容，同时落实协调小组责任。通过增加权力、落实责任，让协调小组的职责扩大，既能分担县分管领导的工作压力，也能通过明确责任避免协调小组继续做"和事佬"，减少互相推诿责任现象。

3. 建立绩效评估机制

关注绩效评估结果是当前政府工作人员提升服务质量的动力之一。目前民族自治县政府对事权承接工作绩效考核的价值取向存在偏差，没有遵循服务型政府建设的"以人为本，优化服务"的基本理念，依然奉行"唯GDP""唯上""唯数据"等落后扭曲的评估价值观念，这样就会产生错误的评估结果。因此，民族自治县需要对事权承接工作建立科学合理的绩效评估机制。

首先，转变评估观念。将下放事项被承接后群众的满意度、流程优化程度、服务效果、办结率等都纳入考核范围，树立群众导向、服务导向的评估观念。其次，优化评估体系。建立多元评估主体，不能将评估的话语权"垄断"于一家之手，引入第三方评估主体，变内部评估为外部评估，以开放性评估促进评估结果公正公开。再次，落实评估责任。下放事权的承接责任具体到部门和人，那么评估对象也要具体到人，并结合评估结果，及时对评估客体进行奖惩。最后，进行绩效追责，将绩效考核结果纳入问责机制中，对绩效成绩不合格的部门及个人及时追责。

4. 优化信息反馈机制

对相关信息及时收集反馈是确保事权承接工作"不跑偏"的又一保障。及时收集民意舆情、一线办事员的意见，定期微调承接流程，让事权运行更流畅，让民众感到政府足够重视自己的意见，是政府流程再造中反馈机制的主要功能。民族自治县政府当前的意见反馈机制面临存在感弱、机制不健全、政府回应慢等问题，因此，必须优化意见反馈机制。

首先，强化内部信息反馈机制。定期向承接部门和一线办事人员听取和征集意见，对下放事权中办理数量少、承接部门适应度差、专业技术要求高的事项，可以考虑仍由市直部门行使；对办理量多、承接部门适应度高、专业技术要求低的事项，建议县直部门保留；对于办理量大、承接部门适应度高、专业技术存在一定要求的事项，可以联合上级职能部门进行承接部门的业务培训。其次，加强外部信息反馈机制。一是要畅通反馈渠道。县级政府基本上面临的都是群众反馈的优化办事流程、提供更便利公共服务的反馈意见，做好线上、线下反馈都"有路可走，有门能进"。二是要确定回应主体，加快回应速度。针对群众反馈事项问题，相关事项主体责任部门应该在规定期限内对群众意见做出答复，同时在保证速度的情况下兼顾答复质量。

5. 强化事中事后监管机制

政府放权不是"一放了之"，而是要在权力下放后，定期督查监管承接工作。监管的核心还是要"以人为本"，查看下放事权的承接使用是否真正方便群众办事，重点监管事权承接质量及运行效率，以维持并提升服务质量，这就需要强化监管机制。

首先，创新监管方式。民族自治县政府根据下放事权的性质、紧急程度和承接部门的工作量制定科学合理的检查频率，完善"双随机，一公开"监管模式建设，实行跨部门"随机检查"、多部门"联合检查"，实现对下放事项监管范围的"全覆盖"。其次，提高监管科技化程度。通过大数据、区块链等新技术，建立起对承接部门事权行使效率的智能化监管，通过动态监管确保事项运行"全天候公开"。最后，增加监管主体。充分发挥社会力量的监督作用，对各部门服务情况进行不定期摸查，推动各行业协会牵头的社会团体自查自纠，有效规范行业内的"害群之马"，以防侵蚀承接部门；并将监管工作中适合社会组织承接的技术性工作转移到社会组织，节约监管成本，提高监管效率，实现以监管促承接，进而提升县级政府的承接能力。

（二）进一步理顺政府系统内部权责关系

1. 厘清和上级政府的权责关系

我国上下级政府间的职权往往存在对应关系，这也是事权下放的前提和基础。国务院实施《民族区域自治法》若干规定中明确："上级财政支持民族自治地方财政，保证民族自治地方的国家机关正常运转、财政供养人员工资按时足额发放、基础教育正常经费支出"[①]，因此，民族自治县政府无论是做好事权承接工作还是本职工作，都需要厘清和上级政府间的事权特别是财权事项的范围，确保上下级政府间权力交接顺畅、职责关系明确。

首先，划定市县两级政府的权力清单范围。按照"法无禁止即可行"的原则，凡是法律没有明确规定禁止的事项，可按照县级政府的实际需要进行下放，在此基础上实时更新市县政府的"权力清单""权责清单"，明确事项权责。其次，及时向社会公开权责清单。权力清单制定后应面向社会进行公示，既能明确政府职责，也能让办事群众更加清楚了解办理相关事项应该去哪一级政府。同时政府应作出承诺，市政府承诺及时或协同下放事项配套相关权力，县政府承诺下放事项的"落地时限"，在规定时间内行使下放事项的职能。最后，做好财权事项科学合理的分离。通过地方性法律法规明确财权归属，并由县级政府财务部门对当前财权事项的财务状况进行审计，厘清市县政府在涉及财权事项中审批、服务、处罚、监管等环节上的权限，保障县政府承接事权后的财政权力，减少上级政府对

---

① 参见《国务院实施〈中华人民共和国民族区域自治法〉若干规定》（2005年5月11日国务院第89次常务会议通过）第九条。

相关事项财政资金的截留挪用，为县政府承接工作提供足够的财政资源。

2. 明晰自治县政府内部权责关系

在条块分割的地方政府体制下，横向上的政府部门职能关系必然会产生交叉，按照博弈论观点，出现职能冲突、交叉、模糊等问题的原因在于利益的博弈，这不利于政府作为整体承接事权。

首先，合理界定部门职能。需要以整体性治理理论为指导，结合机构改革重新整合民族自治县各部门职能，明确各职能部门的权力和责任。以此为基础，根据政府部门自身职能和承接下放事项后工作量，科学合理地调整政府部门的人员配置，并在严控部门编制总量的情况下合理调整人员配置。其次，细化部门办事程序。对部门及其下属机构的权力边界进行界定划分，通过部门职能目录的形式，确定好各部门事项的实施法律依据、实施流程、办结时限，进一步细化承接事权的使用程序、步骤，避免出现职能重叠交叉的现象，也让公众全面了解县政府各部门的职权和责任。最后，搭建民族自治县部门职能协调平台。对于下放事权按照对口原则进行分门别类纳入部门权责清单，部分无法按照对口原则进行梳理的事项，则由协调小组进行协调；对于各部门"趋之若鹜"的财权事项、执法事项等下放的权力事项，要根据县工作实际需要进行党委会表决；对于各部门"避之不及"的需要大量人力、财力、物力的事项，按照主责关系确立牵头部门。

（三）加强民族自治县执行主体建设

1. 重视培养少数民族干部

《民族区域自治法》中规定民族自治地方的干部当中，应该有一定比例的少数民族干部[①]。而民族自治县的人才工作重视程度不够、人才教育相对落后、人才培训质量不高，导致在事权承接工作方面承接人才不足，这就要求民族自治县重视对少数民族干部和工作人员的培养工作，加大培养力度。

首先，民族自治县政府应该加大对人才工作的重视力度。政府财政预算和公共资源应该向民族地区人才工作适当倾斜，对符合基本条件的少数民族干部和工作人员的选拔标准适当降低，并在待遇上适当提高，

---

① 参见《中华人民共和国民族区域自治法》（2001年2月28日第九届全国人大常委会第二十次会议修正）第二章第十八条。

尊重少数民族人才的宗教信仰和风俗习惯。其次，加大对民族教育的投入。把发展民族教育放在政府工作的首位，按照《民族区域自治法》中的要求，"民族自治地方的自治机关自主地发展民族教育，扫除文盲，举办各类学校，普及九年义务教育"①，提高民族院校教师的待遇，做好对全县少数民族群众的教育宣传工作，并从幼儿园抓起，完善民族自治县中小学、大专院校的基础教育设施的建设，为培育民族人才提供硬件支持。最后，做好现有民族干部和工作人员的培训工作。对当前在民族自治县任职的少数民族干部特别是青年干部，应给他们多提供进修、培训机会，加强创新思维训练，使其养成终身学习的习惯，成为事权承接工作的主力军。

2. 加大人才引进力度

《民族区域自治法》中规定，上级国家机关"应当引导和鼓励经济发达地区的企业管理人员和技术人员到民族自治地方的企业工作。"② 面对事权承接后人才不足的情况，民族自治县应加大人才引进力度，充分发挥专项财政资金和政策的作用，通过多种方式引进承接事权相关的专业型和管理型人才。

首先，加大人才需求信息的宣传力度。通过政府官网，自媒体平台，国内外知名专家学者人才数据库等渠道，将民族自治县需要的人才信息广而告之，让更多有志于在民族地区做出事业的专家学者及时了解民族自治县的相关需求，加快双方合作进程。其次，拓宽人才引进思路。除了以传统的资金、待遇吸引人才之外，还应该创新人才引进思路，如设置双向选择的"实习期"，约定工作一年为期限，如不满意可以无条件离职，民族自治县政府应充分把握这一年的时间，让引进人才了解本地情况，多关心其工作和生活，联系感情，最终使人才留下。最后，改革户籍制度。放宽应届毕业生和外地人才的落户标准，早日实现人才的户口落地，并在此期间保障引进人才在参加公职考试、子女入学等方面与民族自治县居民享有同等待遇。

---

① 参见《中华人民共和国民族区域自治法》（2001年2月28日第九届全国人大常委会第二十次会议修正）第三章第三十七条。

② 参见《中华人民共和国民族区域自治法》（2001年2月28日第九届全国人大常委会第二十次会议修正）第六章第五十八条。

3. 提升现职人员综合素质

承接好下放事项目的是更好地行使事权,服务好办事群众。现有承接工作人员必须重视承接工作,端正服务态度,提高服务质量,这就需要对现职人员加强考核、优化配置。

首先,建立科学的考核制度。制订个性化考核方案,将公务员、事业编、年薪制人员都囊括进来,针对不同类别的政府工作人员特别是本级政府独立管理的年薪制人员,量身定制考核方案;完善考核指标,事权下放后工作人员无论是工作范围还是工作方式都有变动,原有指标也不再适用,同时基层工作量大面宽,部分工作难以量化,需要对考核指标进行动态调整,确保指标的公正性;合理运用考核结果,将考核结果与用人制度挂钩,充分发挥考核结果的激励作用,调动政府工作人员的积极性,用待遇留人、制度留人、事业留人、环境留人,减少人才流失,组建起一支团结、专业、稳定的基层事权承接队伍,为提升政府承接能力提供人才支撑。其次,合理配置人员,优化人员结构。建立动态调配人员制度,针对事项的完成度进行人力资源的合理分配,防止出现工作量差距加大、频繁借调人手等现象,加强人事管理制度建设,使其更具适应性、灵活性和回应性。

(四) 推动自治县社会组织发展

民族自治县政府行政资源有限,必须充分利用社会力量来分担承接压力,将社会组织能够承担的事权向社会组织转移,让社会组织成为名副其实的"第三部门"。这就需要自治县政府积极培育辖区内社会组织的发展,特别是适合协助政府部门承接使用下放事权的相关社会组织。通过培育工作来扶持县域内社会组织发展,解决社会组织遇到的问题,进一步激发社会组织活力,增强社会组织承接下放事权的能力,缓解自治县政府承接压力。

1. 提高重视程度

民族自治县政府要正视社会组织在社会治理中的作用,将自治县的社会组织发展提上工作日程。首先,转变思想观念。民族自治县政府应该积极探索如何发挥社会组织在事权承接工作中的作用,主动与县域内的社会组织建立联系,并搭建起与之合作对话的平台,通过座谈会等方式主动邀请社会组织代表对承接下放事权的方式方法畅所欲言,探讨合作的可能。

其次，做好立法保障。民族自治县政府可以针对已出台的跟社会组织相关的法律法规，在社会组织资质、管理结构、资金来源等事关社会组织发展的核心环节方面，提出有民族特色、区域特色的意见加以修改完善。并在《单行条例》中对社会组织与现行法律不适配的地方依据本地实际进行适当变通，为民族地区社会组织参与事权承接工作提供法律支撑。同时选派民政部门工作人员进入新成立的社会组织加以指导，帮助其适应相关法规，避免社会组织在运营过程中碰触法律底线，提高民族地区基层社会组织存活率。最后，及时更新管理方式。对民族自治县政府管理社会组织的方式和手段要不断更新，与时俱进。比如，政府购买社会组织服务方面，从政策支持和实施细节都要完善，对政府购买服务的相关政策、实施目录、招标流程、购买种类，管理办法、监管方式等都要及时更新，依据《政府采购法》和《自治条例》，参考其他民族自治地方的管理举措，提炼总结出符合自治县实际的购买机制。

2. 加大扶持力度

民族自治县基层社会组织受发展环境和发展资源的制约，难以发展壮大成为政府事权下放的得力帮手。对此，民族自治县政府可以充分利用《民族区域自治法》中规定的上级国家机关对民族自治县的财政和政策扶持[1]，向上级政府寻求财政资金、相关政策支持。在此基础上结合本县的行政资源，加大对县域内社会组织的扶持力度，激发辖区内社会组织参与事权承接工作的积极性。

首先，加强政策扶持。国家和上级政府对民族地区的帮扶措施，通过制定科学合理、可操作的社会组织发展政策和管理法规，充分尊重社会组织在民族风俗方面的习惯，进一步保障社会组织应该享有的权利，为基层社会组织发展提供良好的政策环境。其次，加大资金保障。民族自治县政府应该加大对社会组织的资金保障，增加民族地区基层社会组织专项扶持资金的投入。同时，在政府承接下放事权时，可以最大限度地向有能力协助的社会组织进行转移，在节约行政成本，减缓工作压力的同时，也能通过支付酬金来增加社会组织收入，帮助社会组织发展。最后，支持社会组织人才引进工作。可由自治县政府出台有关民族地区基层社会组织工作人

---

[1] 参见《中华人民共和国民族区域自治法》（2001年2月28日第九届全国人大常委会第二十次会议修正）第六章第六十四条。

员就业和社会保障方面的政策，提高社会组织服务人员的工资、福利、养老等待遇水平，进一步吸引优秀人才特别是专业型人才加入社会服务的队伍中，保障专业性事权的顺利转移承接。

3. 增强组织保障

民族自治县党委政府要加强对辖区内社会组织的党建工作，积极推进基层社会组织的党组织建设，通过党建工作为民族地区基层社会组织提供强有力的组织保障，引领基层社会组织进一步完善自身建设，从而增强社会组织承接政府转移的事权能力，更好地协助政府部门承接使用下放事权。

首先，加大党组织建设力度。凡是能够协助政府部门承接事权工作的社会组织，具备建立党组织条件的，都可以采取相应措施帮助建立支部；不具备条件的，可以派驻党建组织员、联络员，在开展工作的同时发展党员，做好党支部的筹备工作。其次，设立党建考核标准。在基层社会组织登记、审核、评估过程中加入党建指标，并在购买服务时将党建指标作为优先参考因素，鼓励并引导民族社会组织建立党建组织机制。再次，选择合适的党组织负责人。选配基层社会组织的党组织负责人时，可考虑有丰富的基层党务工作经验、了解社会组织基本章程的党员同志，最好是从政府和事业单位离退休的少数民族党员干部，能协调好社会组织、少数民族群众、政府三方的利益诉求。最后，加大交流培训力度。多组织辖区内其他党组织与社会组织党支部间的学习交流活动，增强其组织归属感。在内部除了加强对组织成员处理转移事权的业务培训外，也要加强有关党的理论知识和理想信念教育，通过"三严三实""不忘初心、牢记使命"等主题教育和党建活动，不断增强组织成员在履行转移事权方面的服务意识。

（作者：侯保疆、周明磊）

第四章　少数民族地区精准扶贫实践与优化策略
——以广东清远连山壮族瑶族自治县为例

一　精准扶贫的提出及研究现状

2014年9月，中央民族工作会议特别指出，"打好扶贫攻坚战，民族地区是主战场"。在经历了1949—1978年救济式扶贫、1978—1985年改革经济体制方式减贫、1986—1993年开发式扶贫、1994—2000年攻坚式扶贫、2000—2010年基本贫困消除、2011—2013年同步小康扶贫等阶段后①，目前我国少数民族地区大多数的贫困状况有了一定改善，但由于受地理环境情况不佳、社会资源禀赋不足和经济社会发展缓慢等因素的影响，仍然存在着贫困面积大和贫困程度深的问题。为加快全面建成小康社会的步伐，中央提出了"精准扶贫"这一新理念、新举措和新做法。那么，"精准扶贫"政策在民族地区实施状况如何？成效如何？存在哪些问题？如何进一步优化？这些都是在精准扶贫工作中亟须研究和探讨的问题。

自2015年正式提出"精准扶贫"以来，不断有学者就其在少数民族地区的实施状况进行研究和探讨。如张瑞敏和田静结合对恩施州建始县长梁乡三宝村的考察②，针对目前民族地区精准扶贫实践中在精准识别、精准帮扶、精准管理等方面存在的问题，从完善精准识别工作机制、构建有

---

①　郑瑞强、曹国庆：《基于大数据思维的精准扶贫机制研究》，《贵州社会科学》2015年第8期。

②　张瑞敏、田静：《少数民族地区精准扶贫实践的难点与对策——以恩施州建始县长梁乡三宝村为例》，《海南师范大学学报》（社会科学版）2016年第5期。

效精准帮扶模式、建立动态精准管理模式和关注精准脱贫等提出了改善建议；黄水源全面介绍了少数民族集中区——贵州省精准扶贫工作的主要做法和成效[①]，着重对目前精准扶贫实践中所暴露出的扶贫对象不精准、扶贫项目的选择不当、扶贫主体积极性欠缺、帮扶实际效果差、资源整合不足和扶贫思路偏颇等问题进行了反思；葛志军和邢成举在对宁夏银川两个村庄调查后发现[②]，目前精准扶贫中存在着识别时农户参与不足、帮扶手段单一、资金分配不合理和有限、政策死板和驻村扶贫成效不明显等问题，而农民群体自身的特征、精准扶贫的内在悖论、维稳工作的重要性、结构性贫困现象、扶贫干部心态不稳和扶贫资金渠道单一等都是造成这些问题的成因，在后续工作中可从提高扶贫干部积极性、处理好项目的统筹关系和政策的灵活性三方面予以破解；贺东航和牛宗岭在进行精准扶贫成效的区域差别时发现[③]，作为少数民族地区的恩施州龙凤镇在实施精准扶贫时，所遭遇到的工作时限短、工作量大和人财物不足等问题，对精准扶贫的实际效果产生了一定影响；李鹍对恩施州龙凤镇所实施的七项"到户到人"制度进行了介绍[④]，认为其"精准识别到户到人""分类动态管理到户到人""结对帮扶到户到人""产业扶持到户到人""搬迁改造到户到人""教育与就业培训到户到人""供养救助到户到人"的做法成绩斐然，且对其他地区的精准扶贫提供了有益参考。刘承礼从政府治理角度对甘肃省在实践"六个精准"（对象、目标、内容、方式、考评和保障）中政府部门职责、融资方式、执行和监督的经验做法进行了介绍[⑤]，认为政府运行机制和扶贫干部是影响其运行成效的关键。

从总体上看，目前的文献研究都聚焦于我国中西部少数民族地区精准

[①] 黄水源：《贵州实施农村精准扶贫 创建国家扶贫开发攻坚示范区研究——贵州精准扶贫的成效和意义》，《贵州社会主义学院学报》2016年第3期。

[②] 葛志军、邢成举：《精准扶贫：内涵、实践困境及其原因阐释——基于宁夏银川两个村庄的调查》，《贵州社会科学》2015年第5期。

[③] 贺东航、牛宗岭：《精准扶贫成效的区域比较研究》，《中共福建省委党校学报》2015年第11期。

[④] 李鹍：《精准扶贫：恩施市龙凤镇的政策背景、实施现状与对策建议》，《清江论坛》2014年第4期。

[⑤] 刘承礼：《精准扶贫重构地方治理结构——以甘肃省精准扶贫"1+17"方案为例》，《行政管理改革》2016年第5期。

扶贫实施的状况，对地处东部少数民族地区的关注不多；研究多以省级或镇村作为对象，单独以县域作为分析对象的研究不太常见；研究中对各地实施精准扶贫概况进行了描述，但在深度和生动性方面有待加强。笔者以广东省连山壮族瑶族自治县为分析对象，在全面介绍其精准扶贫做法和成效的基础上，剖析存在的问题，提出进一步改进优化政策的参考意见。

二 连山县经济社会发展概况

连山壮族瑶族自治县位于广东省西北部，与广西和湖南交界。全县总面积1265平方公里，境内峰峦林立，地势高峻，总面积的86.6%为山地，古有"九山半水半分田"之称，下辖吉田、太保、禾洞、永和、福堂、小三江、上帅共7个镇和三个农林场，47个行政村，4个居委会。2014年全县年末常住人口9.34万人，少数民族人口7.33万人，其中壮族5.51万人，瑶族1.79万人，少数民族人口占78.15%，是全国唯一的集壮、瑶两个少数民族聚居的少数民族县。受地理位置不佳和生态环境脆弱等因素的共同影响，该县整体的社会经济发展水平比较滞后，是广东省扶贫重点开发县。

在经济发展方面，该县经济总量较小，发展水平低。据统计，该县2014年的地区生产总值（GDP）为27.52亿元，较上一年增长了5.3%，公共财政收入1.32亿元；人均GDP为29540元，人均财政收入为1416.89元，而广东省当年的人均GDP为63469元，人均财政收入为7575.9元，两项数据只相当于广东省的46.4%和18.7%，差距十分明显。

在城乡居民生活方面，该县城乡居民收入普遍不高，增长较慢。据统计，该县2014年城镇常住居民人均可支配收入及增速为16701元和6.4%，农村常住居民人均可支配收入及增速为9079元和8.2%，而同期广东省的数据是32148元和8.8%、12246元和10.6%，城乡居民收入分别相差了15447元和3167元，增速都相差了2.4%。

在公共服务均等化方面，该县教育、医疗和文化等公共事业发展比较落后。据统计，该县2014年共有小学、普通中学、中等职业教育学校和技工学校等学校14所，共有医院、卫生院等医疗机构97个，共有文化馆、图书馆和博物馆等文化机构3个，远远不能满足当地居民的教育、文化和卫生需求。①

三 连山县精准扶贫主要做法和成效

"十二五"期间,连山县通过实施两轮扶贫"双到"("规划到户责任到人")工作,大幅减少了贫困人口、推进了村集体经济发展和提升了基本公共服务水平。在总结前期宝贵经验基础上,连山县将政策文件精神与本地实际相结合,探索出了一套特色鲜明的精准扶贫做法,并取得了一定成效。

(一)扶贫对象瞄准方式复合化

贫困人口的瞄准是开展精准扶贫的基础性工作,从根本上决定着精准扶贫的成败。由于受到我国居民收入统计机制尚未完善及部分居民工作生活流动性频度高等因素的影响,我国传统扶贫开发中所采用的只以收入作为识别贫困人口标准的方法往往不能达到预期效果,从而造成"盖小楼拿扶贫款"和"应扶未扶"现象的出现,产生了消极的社会影响。同时,这种只以经济收入结果为标准的贫困人口识别方式,忽视了对致贫成因的考察,致使扶贫开发后续工作缺乏必要信息,进而影响到扶贫开发的长期成效。

为有效破解上述传统扶贫开发中单一维度识别所产生的问题,连山县除以广东省所规定的年人均收入低于4000元作为贫困户认定标准外,还采用了综合考察农户的生活、生产、社会资源和资产等情况的多维度认定方式,从而真正实现了对扶贫对象的精准识别。具体来说,就是在拟定扶贫户名单时,通过"四看"(看房、看粮、看劳动力强不强、看家里有没有读书郎),"五优先"(五保户和低保户优先、无房户和危房户优先、重大疾病和残疾户优先、因病返贫和因灾返贫户优先、因教和因老致贫户优先),"六进"(家庭主要劳动力死亡、孩子未成年的农户要进;不符合五保条件的孤寡农户和单亲家庭要进;家庭主要劳动力长期有病、不能从事基本劳动的农户要进;家庭人口丧失劳动能力的残疾人口占家庭人口一半以上的农户要进;住房不避风雨的农户要进;因自然灾害、突发事件造成

---

① 连山年鉴编纂委员会:《连山年鉴》,广东人民出版社2015年版。

家庭特别困难的农户要进），"七不进"（近三年内有标准住房或在城镇购买商品房的农户不能进；子女有赡养能力但不履行赡养义务的农户不能进；家庭拥有小汽车或大型农机具的农户不能进；直系亲属有吃财政饭的农户不能进；长期雇用他人从事生产经营活动的农户不能进；对举报或质疑不能作出合理解释的农户不能进；有劳动能力但好吃懒做、摸牌赌博导致贫困的农户不能进）等方式，筛选出真正的贫困户。

与此同时，在识别中对贫困户致贫原因进行分析和调查，为精准帮扶工作打下了扎实基础。据统计，在通过"四看""五优先""六进""七不进"的识别后，该县共核定出分散贫困人口为1327户，3887人。其中有劳动能力的768户，3165人；没有劳动能力的低保户和五保户559户，722人。致贫原因比例：因病占42.86%、因资金缺乏占11.29%、因残占10.78%、因劳动力缺乏占10.32%、因子女就学占5.27%、因自身发展动力不足占4.63%、因缺技能占2.16%、五保户占10.9%。全县贫困发生率为3.88%。

（二）扶贫手段差异化

因地制宜对贫困人口开展帮扶是精准扶贫的主要内容，是精准扶贫工作的核心。在传统扶贫开发中，对贫困户及贫困村的帮扶一般以给予经济或物资上的援助为主。然而，这种一刀切的"补血式"帮扶做法虽然在短时间内可以让贫困人口及贫困村暂时脱贫，但由于缺乏"造血"机能，不能从根本上解决贫困问题，从而导致了"年年扶贫年年贫"现象出现。

为摆脱传统扶贫开发中"补血式"帮扶产生的种种弊端，从根本上实现贫困人口脱贫成效的持久化，连山县以"提高贫困户自我发展能力"为中心，根据致贫原因对贫困户进行分类，因贫施策，有针对性地开展了差异化扶贫措施。具体来说，对于五保户、没有劳动能力的低保人口、因缺乏劳力及自身发展动力不足和残疾贫困户，分别采取国家救济、政策性补贴、社会捐赠、政府"兜底"、将扶贫专项资金折算入股扶贫龙头发展产业小水电和光伏电站等实业的方式，确保按期实现脱贫目标；对因学致贫的和因病致贫的暂时性贫困户，分别制定了《连山壮族瑶族自治县精准扶贫精准脱贫教育助学补助办法》和《连山壮族瑶族自治县贫困户意外伤害保险和疾病住院补充保险》，按照读小学和初中每年补助3500元、读高中和中专职校每年补助5000元、读大学每年补助10000元的标准解决他们的上学难问题，通过购买大病保险，扩大新农合医疗报销范围和提高报销比例，进行扶持；对于有劳动能力的贫困户，通过提供三年"双免"（免担保、免贴息）50000元小额贷款、提供专业化的技能培训以及让他们挂靠龙头企业或种养合作社或家庭农场等方式，逐步提高他们的自我发展能力。

与此同时，为切实提高贫困村集体收入，连山县结合各村资源优势，采取"一村一品"的差异化开发方式，成效显著。如小三江镇登阳村种植佛手，上帅镇东南村种植南药，福堂镇梅洞村种植大肉姜、永丰村种植沙田柚，吉田镇沙田村种植淮山药，禾洞镇禾联村种植油茶、莲藕，太保镇山口村种植有机稻、上坪村养殖禾花鱼，永和镇向阳村养殖竹鼠、永联村种植黑皮冬瓜等。目前，全县37个省定贫困村集体经济收入已全部超过5万元，福堂镇的永丰村、永和镇的上草村增加到18万元以上，平均每个村集体经济收入将达9万元。

（三）扶贫管理精细化

扶贫过程中，对贫困人口、扶贫主体和扶贫资金的全方位、立体化精准化管理是实现精准扶贫关键要素。在传统扶贫模式中，由于制度建设不健全，不公开、不透明的贫困人口日常管理方式往往导致"人情扶贫"和"关系扶贫"等现象发生，职责不清、分工不明的扶贫主体管理机制导致扶贫资源浪费和扶贫投入不足现象的同时发生，造成了资金投向呈"仙女散花"现象，甚至出现腐败。

为尽可能杜绝以上不良现象的出现，连山县通过建章立制和完善工作机制等措施，进一步强化了对贫困人口的日常公开化管理，大大地提高了扶贫工作的透明度和公平性。具体来说，在贫困人口的日常管理中，制定实施了《新时期精准扶贫相对贫困人口认定标准和程序公示》，在贫困户初步名单形成后，由驻村干部、村"两委"干部、村民小组组长组成核查小组进行核查，除认真核对他们的收入情况外，还通过看、比等方法，考察他们的衣食住行，子女教育、医疗保障情况，评估他们的生产生活状况，逐户入户；之后召开村委会村民代表大会公布核查结果，并交由村民代表进行民主评议，评议出相对贫困户的名单；对评选出的相对贫困户名单，在村委会公开栏和村民小组公示7天；群众无异议后，在《贫困户申请书》出具初审意见，造册汇总报镇政府审核，镇政府审核后，经镇党政一把手签名确认后，上报县扶贫办，县扶贫办在县政府网络和镇村进行公告；在公示期间，省、市、县督查组及县直各帮扶单位分别对所公示相对贫困户进行多轮核查，县人大代表、政协委员组成的督查组进行专门的核查，组织公安、房产登记、工商等部门进行数据比对，进行多次筛查核定；同时还通过组织各镇开展"回头看"进行查漏补缺，确保"不漏一人""不漏一户"，高度精准。同时，将精准扶贫对象的户、人基本信息，动态情况录入系统，实行一户一档台账管理，为落实"一户一档""一户一策"的措施提供准确的数据档案，实施贫困户退出、进入动态管理，确保扶贫过程信息的真实、准确、可靠。

此外，连山县以"明确事权"为基点，着重从扶贫工作机制和扶贫队伍建设两方面进行了改革创新，极大地提高了扶贫工作整体效率。在理顺扶贫工作机制中，首先成立了由县四套班子成员为组长的各镇扶贫开发协调领导小组，从而在宏观上实现了对县域扶贫资源和力量的统筹管理；其次以层层签订责任书的方式，使各镇及县直属部门人人都有扶贫责任，确保扶贫工作能落到实处；最后制定了《连山壮族瑶族自治县新时期精准扶贫精准脱贫三年攻坚的实施意见》，将基础设施建设、社会保障、医疗保险和医疗救助保障、人居环境改善、产业发展、教育文化和劳动力就业等多项扶贫工作责任落实到具体职能部门，真正实现了事权的明确划分，保障了工作的顺利开展。在扶贫队伍建设中，首先是加强业务学习，除按规定选派业务骨干参加各类扶贫业务会议和培训外，还专门组织扶贫干部到连州、佛冈、清新、阳山等参观产业发展的情况，重点到阳山、罗定等参观光伏发电的情况；其次是充实干部队伍，在成立了县帮扶工作班子后，从各帮扶单位抽调了20名干部组成了7个县驻镇帮扶工作组，并抽调了2名年轻、有能力、素质高的人员充实到县扶贫办业务队伍；最后是制定了各项专门管理制度，一是建立健全驻镇干部管理办法，对驻镇干部的职责、考勤、宣传及督查等方面的要求实现制度化，二是联合县相关部门制定"整治扶贫领域贪腐的联动机制"和"扶贫志愿者长效服务机制"，三是制定扶贫资金的管理办法，规范资金的统筹、拨付、使用，使扶贫资金发挥最大的效益。

（四）扶贫考核全面化

扶贫考核是对扶贫成效的检验，是实现精准扶贫的重要保障，其是否客观、科学和全面，会对贫困户真正实现稳定脱贫、贫困村稳定发展和帮扶项目作用发挥产生直接影响。由于受传统政府绩效考核模式惯性影响，对扶贫工作成绩的考核往往只是由上级部门在某个时间点对某些经济性指标进行书面考察为主，而这种内容单一、过程封闭和间断性的粗放式考核方式不仅无法实现对扶贫主体的约束和激励，更无法实现扶贫脱贫的长期成效。

为切实巩固扶贫成效，连山县结合本地实际情况在对原乡镇考核体系进行调整的基础上，建立了覆盖扶贫全程、考核形式全面的考核方式。一是在政府系统内部的考核体系中提高了减贫指标的权重，重点考察扶贫工作责任清单完成的成效，并对各镇党政主要领导、分管领导、县直帮扶单位的主要领导、村书记（主任）进行定期考核，对扶贫工作推进缓慢、成效不明显的单位和个人进行通报，对未完成年度任务乡镇的主要领导进行约谈，对不作为甚至弄虚作假的要进行追责；二是建立全方位逐级督查制度，对扶贫项目立项实施、资金拨付、验收监管、绩效评估等环节进行监督检查，并聘请第三方机构就群众扶贫满意度进行调查；三是考评督促组对各镇开展定期不定期专项督查，综合运用"问、听、查、看"（问驻村工作队、村干部工作情况，听贫困户反映意见，查阅扶贫村、贫困户的信息及电脑相关资料，看扶贫项目和村容村貌）的方式对扶贫工作进行全面考察，确保精准扶贫脱贫目标的实现。

四　连山县精准扶贫中存在的问题

（一）对贫困的认识有待深化

自英国学者布什、郎特里于1901年首次正式将贫困作为研究对象以来，学界对贫困的认识日趋深刻。目前，"贫困"不仅是指低于既定收入和消费标准的生活状态，更是指缺乏享有教育、医疗、社会保障、住房和就业等基本公共服务，进而致使其无法获得某些最低限度需要的能力问题。与此同时，贫困作为一种社会现象，与社会的发展密切相关，同样也具有动态性。然而，目前在连山县的精准扶贫中，尽管参考了生活、生产、社会资源和资本等状况，但是其核心标准依旧是收入情况。这种主要以收入作为认定标准的方式存在以下几方面问题：一是对贫困户享有公共服务状况的考察相对不足，没能全面掌握到"致贫"的成因，部分贫困户抵抗风险仍旧低下，常年无法脱贫的现象仍然存在；二是贫困线的设置完全以上级规定为准，没有对不同村镇生活、生产成本和最低生活需求标准的差异予以考虑，进而产生了部分贫困户接受资助后仍旧生活困难，而有的贫困户却有剩余的情况；三是由于农户的收入情况会受到自然和市场供求状况的影响，变化幅度较大且比较频繁，而对贫困户的识别认定往往是以一年为周期，原贫困户脱贫了，但新贫困户又出现了，产生了"年年扶贫，年年贫"的现象。

（二）"重经济"的开发式扶贫手段可持续性不强

虽然连山县根据各贫困户致贫原因的差异和各贫困村的实际情况，采取了不同的帮扶措施，但从总体上看，传统的开发式扶贫仍处于主要位置。这种追求经济收入增长的扶贫方式，虽然可能在短期解决贫困户、贫困村的增收困难问题，但缺少必要的公共服务举措保障，其可持续发展面临着一定问题和风险。如在促进贫困村村集体发展特色农业方面，县里农业科技人员相对不足，缺少对新品种、新产品和防治病虫害的实际种养经验，因而出现了特色农产品产量少、品质不佳的情况，与此同时，由于公共交通、道路和区域品牌建设相对薄弱，出产的农产品滞销时有发生；如在通过将扶贫资金纳入县村公共事业发展方面，由于小水电的经济效益受自然环境影响较大，再加上可能遭遇的政策风险，贫困户从中分红数额存在较大的不确定性；又如在通过财政兜底保障贫困户生活生产方面，由于当地经济发展水平低，县财政自给情况不佳，扶贫资金压力较大。

（三）扶贫成效不平衡现象突出

为强化对贫困户和贫困村的帮扶力度，连山县延续了"双到"式扶贫模式的做法，即由上级部门（单位）向贫困村派驻专职的扶贫工作人员及上级部门（单位）与贫困户结成帮扶对子的方式来提高扶贫工作的精准程度。尽管这种"对门到户"的扶贫方式有助于提高贫困户（村）的获得感，但成效不平衡问题比较突出。一方面是帮扶主体的实力和自身资源状况影响着扶贫成效。从总体上看，省直单位帮扶村（户）和经济发达地区政府帮扶村（户）无论是在扶贫脱贫规划制定，还是在资金投入及人力帮扶等方面所取得的成效都要好于市县级单位。调研中，一位县政府某部门工作人员表示，自己也有帮扶对象，但是自己的能力和社会资源实在有限，现在也只能做到逢年过节给个红包，要说帮忙拓展贫困户的增收渠道或资助其开办相关产业实在是不行。另一方面是不同民族聚集区区域扶贫成效也不尽相同。一般来说，由于受民族特殊文化的影响，少数民族人口比重较大及纯少数民族人口聚集的村镇对扶贫信息和政策的吸收、接纳和处理能力普遍不足，一些少数民族贫困户"我要脱贫"的意识还不够强，缺乏主观能动性，存在不同程度的"等、靠、要"依赖思想。如某次扶贫单位为某贫困村免费提供了经济作物树苗，让村民卸车搬送到村委院子后，部分村民竟然还向扶贫单位索要搬运费。

（四）社会参与普遍不足

为推动精准扶贫工作顺利开展，连山县在制定颁布政策的同时，还通过不断调整运作机制、加强队伍建设和改进工作办法等方式大大提升了政府在识别、帮扶、日常管理和考核等环节中的主导地位。然而，纵观整个扶贫过程，却鲜见社会力量的参与。如在识别中，一般来说，作为较了解宗族家庭状况的村寨宗族长（长老）有时却没能在民主评议会上发表意见，会出现漏报、错报的情况；在具体帮扶过程中，大多是根据上级部门（单位）既定的目标、计划、项目和方案进行，而作为最了解当地情况的本地村民很少能够参与并发表意见，由此出现了一旦达到任务时限，政府力量退出后，相关扶贫项目或产业衰败，返贫现象出现；而以政府内部部门为主体的日常管理和考核机制，由于独立第三方介入的不足和管理制度的不健全，不免会发生违规使用扶贫专项资金、人情打分和关系考评等现象。

五 优化精准扶贫的政策建议

（一）对贫困进行多维度测量

根据目前国际上对贫困的分析探讨和多维度测量的经验做法，有必要结合当地实际建立一整套贫困户的测量和指标体系，从而真正实现精准识别的系统化和科学化。具体来说，首先就是确定测量维度的内容，可以将贫困识别对象的家庭人口数、总收入、总资产、居住房屋状况、受教育情况和健康状况等作为考察内容；再邀请政府相关部门人员、专家和村民代表对各维度（指标）权重进行打分，并以统计的方式确定出临界值；最后，通过科学方法测算出具体权重体系，由此实现对贫困户状况的全面了解。

（二）实现民族地区特色经济可持续发展

为确保扶贫脱贫目标的实现，经济发展仍然是根本。要有效杜绝目前各项扶贫工程中普遍存在的"内容雷同""恶性竞争""人走项目黄"状况，各村寨可以结合自身实际，紧紧围绕"民族文化"和"生态休闲"这两大主题开发出特色鲜明的经济发展产品。具体来说，在"民族文化"方面，除进行常规的民族文化旅游景区开发外，还可以将极具民族特色的手工艺品、传统美食和民族服饰予以品牌化包装、宣传和推广，并加快相关产业产品的规模化和标准化生产建设步伐；另一方面，充分利用边远山区特有的生态资源优势，根据市场需求开发建设一批集生态农业和休闲旅游为一体的特色村寨，从而实现保护环境和增产增收的"双赢"。

（三）重视公共服务均等化建设

随着我国社会经济的进步，扶贫工作重心也正逐步从满足贫困人口的基本生活物质需要转变为增强贫困人口抵抗风险能力和自我发展能力。已有理论和实践证明，基本公共服务均等化水平的提升不仅有利于减小贫富差距，更对贫困人口真正走出贫困产生着潜移默化的作用[①]。就民族地区来说，在公共服务均等化建设中，首先，应将公共交通放在突出位置，即通过完善道路村镇公路网络建设，加快贫困村镇与外界的信息和物资交流，为特色经济的可持续发展提供必要支持；其次，是加大对医疗卫生的投入，即在不断提高医疗保险覆盖面和报销额度的同时，增加对当地医疗设备和医护人员队伍建设的资助补贴力度，减少"因病致贫"现象的出现；最后，完善公共教育和就业体系，即以提升贫困人口的科学文化水平和就业质量，从根本上实现其自我发展能力的形成和提高。

（四）鼓励社会力量参与

"治理"理论认为，在政府处理公共事务中，只有与社会、市场、公

---

① 牛华、李学峰：《西部贫困县基本公共服务与扶贫开发联动关系探析》，《内蒙古师范大学学报》（哲学社会科学版）2013年第6期。

民形成良好的合作、协商伙伴关系，才能实现真正的"善治"，进而推动公共问题的最终解决。这一观点对于扶贫来说同样适用。在扶贫攻坚中，社会力量的参与不仅可以减轻政府的负担，而且能提高扶助措施的针对性，拓展扶助的深度。具体来说，在确定扶助名单、设计开发项目和规划公共设施建设等涉及贫困人口切身利益时，应充分了解其意见和需求；在帮扶过程中，应充分利用民族宗族资源，通过非官方形式和手段促进贫困户脱贫；与此同时，多鼓励民营公司、科研机构、高校、社会工作组织运用自身在资金、技术、人力资源和社会服务等方面的经验和优势因地制宜开展专项对口扶贫；最后，聘请独立的专职评估机构，从经济发展、满意度和可持续性等方面对扶贫成效进行定期、不定期衡量，从而保证扶贫效益产生长久影响。

（作者：阳程文、侯保疆，原文发表于《凯里学院学报》2018 年第 2 期）

第五章 少数民族自治县电商扶贫研究
——以广东连山县为个案

一 电商扶贫的内涵及意义

电商扶贫是电子商务扶贫开发，就是将互联网时代日益主流化的电子商务纳入扶贫开发工作体系，作用于帮扶对象，创新扶贫开发方式，改进扶贫开发绩效的理念与实践。根据国务院发布的《中国农村扶贫开发纲要（2011—2020年）》，到2020年，国家要稳定实现扶贫对象不愁吃、不愁穿，贫困地区农民人均纯收入增长幅度高于全国平均水平，扭转发展差距扩大趋势。近年来快速发展的电子商务，成为越来越多的地方政府扶贫工作的新思路。而电商扶贫最主要的手段就是发展贫困地区的电子商务，根本目标是提高贫困家庭的实际收入，本质属性正是让贫困地区对接电商大市场。

从2015年开始，中央出台了一系列关于鼓励农村电子商务发展的政策，这在很大程度上加快了农村电商前进的步伐，为其发展扫除了许多障碍。2015年国务院办公厅提出要"积极发展农村电子商务，加强互联网与农业农村融合发展，引入产业链、价值链、供应链等现代管理理念和方式，研究制定促进农村电子商务发展的意见，出台支持政策措施"。2015年11月29日国务院提出了实施电商扶贫工程，作为精准扶贫十大工程之一。要求完善电信普遍服务补偿机制，加快推进宽带网络覆盖贫困村，加大"互联网+"扶贫力度。2016年国务院提出了"互联网+流通"行动计划的意见，其中强调了"深入推进农村电子商务，坚持市场运作，充分发挥各类市场主体参与农村电子商务发展的动力和创造力"。党中央、国务院空前重视"三农""农村电商"问题，进一步加大对农业的支持力度，为发展中国农村电子商务创造了有利条件。

电商正在贫困县域迅速发展壮大，2014 年 832 个国家级贫困县仅在阿里零售平台上的消费已达 1009.05 亿元，销售 119.30 亿元，电商促进了贫困地区农民的节支增收，也促进了青年返乡创业，还改变着农村的生产生活面貌。

二 连山电商扶贫现状：电商服务体系基本建立

连山壮族瑶族自治县隶属广东省清远市，地处广东省西北隅，总面积 1265 平方公里，山地面积占 86.6%，河流、耕地共占 13.4%，有"九山半水半分田"之称。2015 年年末全县总人口 12 万，少数民族人口 77728 人，占总人口 63.88%，其中壮族 58071 人，瑶族 19330 人。由于历史和地理原因，连山县的经济社会发展水平滞后于全省、全国平均水平，是广东省十六个重点扶贫开发县之一。①

历届县委县政府都高度重视扶贫开发工作。2010—2015 年，按照省市工作部署，通过产业化带动、基础建设拉动、劳务输出和移民搬迁等方式，积极推进扶贫开发规划到户责任到人工作。累计投入帮扶资金 7680 万元，扶持发展经济项目 11122 个。全县贫困户 908 户、贫困人口 3773 人全部实现脱贫。贫困人口年人均纯收入达到 10500 元，村集体经济收入均达到 11 万元，均全面超越脱贫线，实现了双脱贫的目标。但是连山县县域经济十分薄弱，工业少，收入单一，稳定增收的主业不多，长效的帮扶项目匮乏等不利因素都可能诱发脱贫户返贫和新贫困户产生等问题，也制约着县总体经济社会进一步发展。

国务院扶贫办于 2014 年将"电商扶贫"正式纳入扶贫的政策体系，并作为"精准扶贫十大工程"之一开始实施。按照中央和省市工作部署和要求，连山县委县政府对发展农村电商非常重视，将推进农村电子商务工作列为 2015 年全县重点工作之一。首先，成立农村电子商务工作领导小组专项负责。2015 年 7 月 7 日出台的《关于印发连山壮族瑶族自治县农村电子商务实施方案的通知》，成立县长担任组长的连山农村电子商务工作领导小组，具体工作由县供销联社牵头，建立农村电子

---

① 数据来自 2016 年 3 月 2 日在连山壮族瑶族自治县第十届人民代表大会第六次会议上的政府工作报告。

商务中心开展运作。其次，拨付资金支持体系建设。在县财政紧张的情况下，专门拨付 100 万元，扶持县电子商务中心的建立，设立农村淘宝服务站发展奖励机制，推动电商服务体系的发展。再次，电商服务体系初步建立。截至 2016 年 10 月，已经建立农村淘宝服务站 15 个，淘助手服务点 16 个，基本实现一村一店，1—10 月通过服务站达成的交易金额约 700 万元。①

三 电商扶贫发展中的困难：上行资源有限，下行需求不足

在政府的推动下，连山农村电商在经历了一年多的快速发展后，一些局限性因素逐渐显露出来。

首先，本地农产品通过电商网络销售到外地的交易量难以提升。事实上，这也是一个全国性的问题，在阿里研究院发布的 2015 年全国 779 个淘宝村中，只有极少数的淘宝村以经营本地化的农产品为主，大部分县域也尚未成功实现本地特色农产品的上行销售。原因主要是，一方面，农产品本身往往体量大，同质性强，附加值低，可替代性强。另一方面，农产品运输往往具有一定的生鲜保质要求，冷链运输成本高，要求高。从连山目前实际情况看，由于"九山半水半分田"的地理原因，本地特色农产品资源也比较有限。除林木、有机稻的生产销售由专门的大宗物流渠道单独运营外，在县电商中心运营销售的主要是蜂蜜。2015 年 1—7 月底，网上销售农产品 100 万元左右，其中蜂蜜占了 40%。因此，基于以上分析，连山农产品网上销售局限性较强，发展后劲不足。

其次，贫困边远地区需求不足，网络购物局限性大。由于地处偏远，居住分散，目前只有小件快递可以保证到村电商服务站，大宗物流基本只到县城，像冰箱、洗衣机等较大商品往往需要到县城取货。另外，连山属于贫困县，农民人均年收入在 1 万元左右，网络购物总需求有限。因此，在经历了政府推动的快速发展时期后，农村电商发展出现停滞的迹象。

---

① 数据来自 2016 年 11 月连山县供销联社农村电子商务工作进展情况汇报。

四 建议与对策

（一）拓展农村电商平台功能，推进网络扶贫生态建设

电商扶贫仅仅局限在农产品进城和工业品下乡，显然是不够的。在2015年5月国务院印发的"电商国八条"中明确要求电商要与其他产业深度融合，要成为"四化同步"的关键性因素。2016年11月中央网信办、国家发展改革委、国务院扶贫办联合印发《网络扶贫行动计划》，要求实施"网络覆盖工程、农村电商工程、网络扶智工程、信息服务工程、网络公益工程"五大工程，到2020年，网络扶贫取得显著成效，建立起网络扶贫信息服务体系，实现网络覆盖、信息覆盖、服务覆盖。宽带网络覆盖90%以上的贫困村，电商服务通达乡镇，带动贫困地区特色产业效益明显，网络教育、网络文化、互联网医疗帮助提高贫困地区群众的身体素质、文化素质和就业能力，有效阻止因病致贫、因病返贫，切实打开孩子通过网络学习成长、青壮年通过网络就业创业改变命运的通道，显著增强贫困地区的内生动力，为脱贫摘帽和可持续发展打下坚实基础。可见，电商扶贫将进一步扩展，未来将被要求能提供综合服务、创业孵化及公益文化等功能。

2017年"中央一号文件"首次将"推进农村电商发展"单独提出，实际上是将农村电子商务发展、"互联网+农业"作为推动供给侧改革的新产业业态。而与发展乡村休闲旅游、发展现代食品产业、培育宜居宜业特色村镇共同列入"壮大新产业新业态、拓展农业产业链价值链"部分，则是从农村产业发展体系角度对于农村电商发展工作的新机遇：农村电子商务将进一步成为改善农产品供给、提升农村产业链条、优化农村产业结构、培育农村新型产业业态的重点工作。这既是对各级政府及市场主体对推进农村电商发展工作的肯定，也是农村电子商务未来的发展方向。

因而，有必要进一步拓宽电商扶贫的视野，从更宽广的层次去推进。首先，要提升农村电商在贫困地区的战略定位。将之作为系统推进贫困地区经济社会发展的关键性因素，真正将电商作为发展新动力、新基础设施、新常态下的新型经济业态来深刻思谋，增强谋划的科学性、系统性。其次，要在打造农村电商生态上下功夫。电商扶贫必须多部门协调，多领

域联动，多要素聚集，形成完备的生态系统，包括"一把手"推动、大量项目资金的推动、优势资源的系统开发、电商主体的培育、电商服务体系的建设等。目前所做的事情，无论建电商园区也好，建孵化基地也好，建人才培养基地也好，均像是"栽梧桐树"，要引来金凤凰，为大力招商引资，引进一批农产品电商企业入驻奠定基础。

（二）尊重群众主动性，激发群众创造力

长期的宣传报道，让我们对贫困地区的发展现状产生了偏差性的认识，长期的单向扶助、公益补助，并没有让当地群众成为真正的脱贫主动者。相反，苏北睢宁县沙集镇经济落后（2011年睢宁县人均GDP位列江苏全省50个县市区的47位），没有可依赖的矿产、能源等自然资源，也没有家具加工传统，过去多年一直以废旧塑料回收加工为主业。2006年起，在三个年轻人的带动下，沙集镇居民开始通过淘宝网销售板式家具，商业模式在农村快速复制，截至2013年，全沙集镇已经有2000多家网店，形成了包括板材供应、家具加工、IT、物流、包装等在内的完整的家具产业链，年网络销售额达20亿元。网商的发展给当地的经济社会带来了可喜的深刻变化，探索出了一条农民回乡自主创业致富的新路径。

总的来看，"沙集模式"是这样一种农村电子商务模式：农户自发地使用市场化的电子商务交易平台变身为网商，直接对接市场；网销细胞裂变式复制扩张，带动制造及其他配套产业发展，各种市场元素不断跟进，生成以公司为主体、多物种并存共生的新商业生态；这个新生态又促进了农户网商的进一步创新乃至农民本身的全面发展。"农户+网络+公司"相互作用、滚动发展，形成信息网络时代农民的创业致富新路。

所以，无论是电商扶贫中的政府部门还是企业，都要认认真真地走群众路线，细心听取当地群众的真实想法、主要诉求，在把他们变成电商扶贫的主力军上下功夫。只要贫困地区的农民主动参与到电商扶贫，这项事业就一定能大踏步前进。①

---

① 魏延安：《四大力量推动下的电商扶贫探索》，http://www.aliresearch.com/blog/article/detail/id/21021.html。

（三）发挥政府主导作用，打造特色县域电商

对电子商务基础薄弱的地区来说，初期采取政府主导、"自上而下"的方式来发展电子商务，是一条可行的路径。例如甘肃的成县，在县委书记李祥的带领下，从四大班子领导到乡村干部，全县以新媒体为载体，以淘宝店铺为终端，开展了一场轰轰烈烈的成县核桃宣传与推销，县委书记李祥由此被称为"核桃书记"，以一记单品迅速传播了成县电商，从而带动其他农特产品销售，也带动县域电商全面起步。浙江的遂昌，在县域电商方面具有开拓性意义。其最大的亮点是，在农产品标准化程度低、市场信任难的情况下，以政府的背书来整合推动，由县政府倡导成立的电商协会，完成了内部的自律、信息的对接、对外的宣传和标准的制定等工作，加上政府的优惠政策和基础建设支持，让遂昌农产品抱团出征，赢得市场。吉林通榆县政府组建了"通榆农产品电子商务发展中心"，同杭州一家电商服务商合作，在天猫上建立了"三千禾旗舰店"，作为通榆农产品的直销窗口。旗舰店同当地的农村合作社签订采购或包销协议，实行"统一品牌、统一包装、统一标准、统一质量"，将通榆农产品进行品牌化网络销售。为了扩大通榆农产品的影响力，旗舰店上线当日，通榆县县委书记、县长还联合发出了一封"致淘宝网民的公开信"，信中写道："代表我县优质杂粮杂豆的'三千禾'品牌网店，将给您送去更加纯粹的原产地特色农产品。同时，通榆有富有特色的旅游资源，希望各界朋友前来观光。"县领导为农产品代言，很好地起到了吸引眼球的作用。以上案例表明，县域是发展农产品电子商务的最佳区域抓手，比乡镇更具规模效应，比省级更接地气，贴近农业生产者，行动效率高。发展特色县域电商大有可为。

从实际情况看，连山虽无名山大川，但具有发展乡村养生旅游的基础和条件。第一，连山具有区位优势。"二广"高速公路连山段于2014年年底建成通车，连山已融入珠三角2小时经济圈；国、省、县、乡各级公路升级改造已完成，村村通公路目标已经实现。第二，连山自然生态环境良好。作为农业县，连山仅有的工业主要是小水电和农林加工。有机稻、有机茶、春橘等农产品产业化初具规模，连山大米是国家地理标志保护产品。全县建成1个省级、5个市级、1个县级自然保护区；生态公益林面积达到71万亩。2015年全县森林覆盖率86%，稳居广东省第一。第三，

连山长期坚持宜居宜游的建设目标，城乡面貌显著改观。围绕宜居县城建设，连山开展了环城生态景观改造、绿道网、河岸休闲景观带给排水网改造工作，建成了以生活垃圾无害化填埋场为中心的垃圾收集体系。全县还推出了1个美丽小镇、36个美丽乡村、5个少数民族特色村寨。第四，连山旅游业已具备一定基础。已开发旅游资源有大旭山、鹰扬关、金子山等景区，"雾山梯田"等乡村游逐步兴起，"七月香"壮家戏水节等民族节庆活动吸引了八方游客。全县接待游客数量由2010年的16万人次增至2015年的52万人次。

乡村养生旅游方兴未艾，为连山旅游带来新的契机。据统计，我国总人口中60岁及以上人口所占的比例高达13.26%，预计到2020年将达17%。广东省社会科学院、广东省省情调查研究中心联合发布的《广东省人口与人力资源发展研究报告》显示，当前，广东省人口年龄结构老龄化程度日趋严重，2015年末，全省常住人口中，65岁及以上人口为920.28万人，占8.48%。以老年系数（65岁及以上老年人口比重）为观察指标，2012年广东省常住人口老年系数已达到7.07%，正式步入国际老年型社会，之后老年化系数快速上升。报告预计到2020年，广东省老年人口规模将达到1060万人，老年系数为9.1%；到2026年，老年人口规模将达到1297万人，老年系数为10.57%。随着"老龄社会"的到来，与银发市场相关的养生养老需求也呈现快速增长趋势。闲暇时间充足、经济收入富余、子女孝敬使老年人的消费观念悄悄地发生着变化，他们开始追求自我生活的品质。因此，都市老年人群体成为养生旅游的主力军。

根据建设"生态文明、经济发展、民族和谐、宜居宜游"幸福美丽连山的县"十三五"总目标，"互联网+旅游"模式完全可以成为连山县域电商发展的突破口。在线下，着力推进美丽乡村建设，村民宜居宜业是乡村旅游的前提。只有本地乡村社区可持续发展才可以保持良好的生态环境、朴素的文化传统和绿色农产品。这些都是乡村生态旅游、乡村民俗文化旅游和农产品与乡村旅游一体的关键因素。而在线上，互联网新媒体将让这些乡村旅游的特色服务和产品直接触达目标客户。引导新媒体开展网上巡礼和巡展活动，加大贫困地区旅游景点和特色旅游线路的公益宣传力度。分步骤开展美丽乡村网上行活动，推介贫困地区特色农产品、手工艺品和名胜产品。例如云南永胜县小村的彝族文化生态园和浙江遂昌车前村的民俗民宿旅游，均建立在乡村社区真实的人和真正的生活基础上，经过互联网新媒体的宣传打造，取得了较好的效果。

（四）联合网商银行，建立普惠金融联盟

充分发挥互联网金融普惠、覆盖面广、创新能力强的特点，鼓励信誉好、实力强的互联网金融平台和互联网金融信息服务企业，成立互联网普惠金融联盟。组织推荐符合贫困地区发展特点的普惠金融特色产品，探索建立示范点，利用金融舆论引导阵地，加强示范点网上宣传。及时总结推广示范点的做法和经验，拓展群众投资理财渠道，助力贫困地区群众生产生活。阿里巴巴旗下的蚂蚁金服，针对农户推出了信贷产品旺农贷。这项借贷业务无抵押、无担保，由村淘站点的合伙人作为重要推荐人，就可以实现最高达50万元的纯信用贷款，期限分为6个月、12个月、24个月三档，可采取每月还息、一次性还本或等额本金还款。在阿里巴巴现有的6000多个村淘点中，该项服务的覆盖率已达10%。截至2016年5月底，蚂蚁金服已经为800多个国家级贫困县的约340万用户提供超过200亿元资金扶持。下一步，蚂蚁金服还将同地方政府在贫困户档案体系共享、扶贫贷款、扶贫保险、产业扶贫项目建设等方面进行合作，在地方政府的支持下做到"扶贫对象精准、项目安排精准、资金使用精准"，最终达到"脱贫成效精准"的最终目的。

总之，深入贯彻习近平总书记系列重要讲话精神特别是关于扶贫开发重要指示精神，牢固树立创新、协调、绿色、开放、共享发展理念，创新机制，用好电商扶贫这一超常规手段，发挥互联网在助推脱贫攻坚中的作用，必能打赢精准扶贫、精准脱贫的攻坚战。

（作者：张　照）

第六章 保险助力精准扶贫研究

精准扶贫是减贫新形势下我国扶贫开发的基本方略，是对以往减贫理论的传承和创新，开辟了我国农村贫困治理的新路径。实现我国"2020年完成脱贫攻坚，确保农村贫困人口全部脱贫"的战略目标，需要社会各界协同合作、共同努力。金融作为经济发展的血液，是扶贫开发、脱贫减贫的重要保障机制，在扶贫开发中发挥着重要作用。金融精准扶贫作为精准扶贫的重要方式之一，通过向贫困地区提供金融资源支持，促进贫困地区经济增长、贫困户增收。2016年以来，中国人民银行、保监会等部门对金融机构提出了服务精准扶贫的要求：精准对接融资需求，推进普惠金融发展，发挥各类金融机构主体作用，完善精准扶贫保障措施，构建金融助力精准扶贫的联动机制。保险业是金融业的重要支柱，助力精准扶贫既是贯彻落实国家战略、履行社会责任的必然要求，也是整个行业拓展发展空间、增强发展后劲的现实需要。从作用机制、比较优势及功能价值等方面来看，保险业助力精准扶贫大有可为。笔者拟对保险支持精准扶贫的若干重要问题进行探讨，进而提出对策建议。

一 保险助力精准扶贫的作用机制

（一）从保险本源看，扶危济困、互助共济的保险理念与扶贫开发紧密契合

自有人类社会开始，人类就一直与大自然进行抗争，自然灾害和意外事故是对早期人类社会最大的威胁。在与各种灾害抗争的过程中，早期人类社会逐步萌生了朴素的保险思想，创造了原始形态的保险方法。保险是古代劳动群众的一项发明，按照损失共同分摊的方式，由多数单位和个人共同出资建立保险基金，少数成员一旦遭受损失，全体缴费的人共同分担，实现了

"我为人人，人人为我"。无论是中国古代的"分舟运米"，还是古代埃及的金字塔石匠的互助基金，抑或中世纪欧洲基尔特行会会员生老病死残之救济，都体现了扶危济困、互助共济的保险理念。为群众提供风险保障，对群众因灾、因病、因意外事故导致的损失给予经济补偿，是保险得以存在发展的根本，也是其核心价值所在。我国正在持续推进的扶贫开发是对贫困地区、贫困人口的扶助，某种程度上也是一种救济、协同共治，保险理念与其高度吻合。由此来说，保险机制在扶贫攻坚过程中是能够发挥作用的。

（二）从致贫原因看，保险能够有效防止因灾、因病致贫和返贫

导致贫困、制约脱贫的原因有很多，宏观上包括地理位置、气候条件、资源禀赋等。具体到不同家庭、不同个体等微观层面，贫困的原因更为复杂多样。因为生一场大病、遭遇自然灾害、子女外出求学、商品市场行情出现重大变化致贫或返贫，这几类情况较为突出。还有些家庭是因为缺乏劳动力、生产资金，或者是没有掌握一门养家糊口的技术，导致发展能力和发展条件严重不足。据统计，2000—2015年，我国农村返贫率通常在20%以上，有些年份甚至达到60%以上，具体原因包括重病、自然灾害、意外事故、子女就学等。2015年，广东农村贫困发生率为4.55%，主要致贫原因前三位分别是疾病（36.2%）、缺劳动力（23.3%）和意外事故致残（19.9%）。实现真正脱贫，必须打破"扶贫—脱贫—返贫—再扶贫"的怪圈，建立一个能够持续产生作用的长效机制。对于因为自然灾害、重大疾病、子女就学、身体残疾等原因致贫的人群，以及劳动能力丧失的贫困人群，需要完善基本公共服务，健全社会保障制度，以此促进稳定脱贫。保险是专门的风险管理工具，是防范化解风险的有效机制，也是一种准公共服务产品，能够向因灾、因病、因意外事故遭受损失的被保险人提供经济补偿，在支持扶贫方面具有独特的效果。

（三）从扶贫投入看，保险是扩大扶贫资源供给的重要途径

在早期，扶贫主要是政府单方面投入资金、实施项目，集中力量办大事的效果很明显。但是，扶贫开发越是深入和展开，贫困户脱贫的难度就越大，扶贫的资金、项目需求越来越多，单纯靠政府投入资源难以持续，这就需要社会力量的广泛参与。为此，要组织动员并整合全社会各方力

量，把政府帮扶、行业帮扶、社会组织帮扶、企业帮扶等集中起来，将扶贫开发项目与一些重大政策、工程及项目的安排相衔接，将扶贫开发融入贫困地区基础设施建设、特色产业发展等重点领域，使之既惠及贫困地区，又惠及贫困家庭和贫困人口。① 以往的扶贫开发，保险机制运用较少，保险行业的资源也没有充分调动起来。保险业深度参与扶贫开发，可以有效增加资金、智力方面的资源投入，提高公共服务效率，支持产业发展，推动人才培养，促进基础设施建设，从多个方面助力扶贫开发。

二　保险助力精准扶贫的比较优势

（一）机制优势

要完成2020年全部脱贫的目标，必须更新扶贫理念、转变扶贫思路，核心是要实现扶贫精准化、精细化。为此，要创新扶贫机制，不能单纯依靠贫困地区的经济增长，而是要对准贫困人口这一目标人群，直接进行扶贫干预。保险是天然的扶贫工具，与其他金融手段相比，保险的优势在于：一是保险不仅是市场化的机制，而且具有公平、公正、公开的特点，参保的贫困人口受灾或患病后，保险公司严格按照保险合同进行赔付，实现"点对点"滴灌投放和定向补偿，符合精准扶贫的要求；二是保险运用大数法则，在更大范围内分散风险，实现资金使用效应的最大化，有利于促进扶贫资源的优化配置；三是除了对因灾、因病进行补偿外，保险还具有增信功能，能够提高贫困户的信用等级，帮助贫困户在没有抵押物的情况下获得银行贷款。

（二）服务优势

保险业在助力精准扶贫中具有诸多服务优势。比如在产品方面，履约保证保险和信用保险可以为贫困户融资提供增信支持，帮助贫困户发展产业；针对贫困地区的农业保险可以承保自然灾害风险，为贫困户发展特色产业提供风险保障；农产品价格保险主要针对市场风险开发设计，可以减少贫困户因价格波动导致的损失。在机构、人员方面，以广东为例，目前每个县乡都有保险机构，截至2016年末，广东各级保险分支机构5813

---

① 胡键、谢思佳：《更注重用发展解决贫困问题》，《南方日报》2013年4月29日。

家,保险从业人员 69.6 万人。保险业机构网点分布较广,保险队伍集中了一大批有社会责任感的从业人员,在一些乡村也有兼职人员,能够为贫困人口提供及时、便利的服务。在专业能力方面,保险是专门从事风险管理的行业,在健康管理、灾害预防、灾后救助、社会治理、风险精算、大数据积累等方面专业优势明显,有助于提升贫困地区的风险前、中、后各个环节的管理能力,优化扶贫资源配置使用,撬动更多金融资本、社会资本参与扶贫脱贫,形成更大合力。

(三) 资金优势

精准扶贫要将贫困县、贫困村、贫困户纳入统筹考虑,综合采取各种帮扶举措。对于贫困县,重点是修路、引进重点项目、培育特色产业,完善基础设施,增强县域经济实力;对于贫困村,重点是按照新农村建设的要求,增强集体经济活力,完善村公共服务,改善村容村貌,优化生活环境;对于贫困户,重点是提高其自我发展能力,比如提供就业岗位、帮助其掌握致富技能、提供信贷支持、发展特色种养业等。推进精准扶贫,需要大量资金投入。在当前地方债务管理越来越严格的背景下,必须吸引更多的社会资金参与扶贫开发,保险资金是重要的资金来源之一。保险除了基本的经济补偿功能外,还具有资金融通功能。相对于银行信贷、信托资金,保险资金具有期限长、成本低、使用灵活等特点。[①] 目前,我国保险资金运用余额已超过 13 万亿元。保险资金长期投资的特点和优势,与贫困地区基础设施、重点产业和民生工程建设的资金需求是比较契合的。

三 保险助力精准扶贫的功能价值

(一) 保险机制的保障功能有助于促进贫困地区风险管控能力的提升

贫困地区自然条件差,贫困人群健康管理意识弱,因自然灾害、重大疾病导致贫困或返贫现象时有发生。在贫困人群遭遇较大自然灾害后,以

---

① 李颖:《社会扶贫资源整合的类型及其适应性》,《探索》2015 年第 5 期。

往主要通过政府救济、社会捐助等方式来给予扶持，然而受到政府预算、募捐效率等因素影响，这样的扶助安排存在不确定性。保险是一种事前安排、补偿确定的风险管理方式，投保人（政府、贫困人口等）事先缴纳少量保费，一旦发生合同约定的保险事故，作为受益人的贫困户就可以获得保险合同事先确定的赔偿金，从而使贫困户应对风险的能力有效提升。① 在贫困户疾病风险管理方面，优化政府应对因病致贫风险的方式，是在基本医疗保险全覆盖的基础上，逐步完善贫困地区人群的商业健康保险。从全国范围看，目前还没有形成全面覆盖贫困人口生产生活的风险分散机制，自然灾害、重大疾病发生后，受灾、患病贫困人口的损失还得不到充分补偿。如果能够运用保险机制，拿出一部分扶贫资金为贫困人口购买意外伤害、重大疾病、商业医疗、农业、巨灾等保险，那么在贫困地区遭受自然灾害、疾病、意外事故等风险侵袭的时候，贫困地区人口就能够及时得到再生产、生活自救等补偿资金，从而提升抵御风险、恢复生产发展的能力。

（二）保险机制的利益调节功能有助于完善贫困治理方式

政府发放扶贫款这一扶助模式的作用是有限的，而且容易养成贫困户、贫困地区"等、靠、要"的依赖思想。在扶贫中引入保险机制，借助市场手段管控资金运用风险，能够减轻政府压力和负担，也有助于提升贫困人口的自救、自我发展能力。② 保险行业可以集中有限资金，重点帮助贫困群体和弱势群体，逐步缩小贫富差距，改善人与人的利益分配关系，弥补社会保障制度分配的缺陷，促进社会公平。运用保险机制协助政府治理贫困问题，既可以丰富和完善贫困治理机制的方式，也可以创新政府支持公共服务的手段。③ 比如，当前因意外风险致贫、返贫的现象仍然比较多，而社会保障网又没有覆盖意外风险，引入意外保险产品可以在一定程度上有效化解这一难题。

---

① 廖新年：《商业保险支持农村扶贫开发初探》，《保险职业学院学报》2012年第3期。
② 刘兵、王爽：《发挥保险优势，助力精准扶贫》，《大众日报》2016年10月19日。
③ 刘海兵：《和谐境域下我国基本公共服务均等化的实现理路》，《长春工业大学学报》（社会科学版）2009年第5期。

(三) 保险机制的融资功能有助于向贫困地区"输血"并增强"造血"功能

一方面，保险可为融资增信。受收入水平、资产构成单一、缺乏合格抵押物等因素影响，农村贫困人口普遍面临融资难的问题，发展特色农产品、投资办厂面临资金瓶颈。贫困地区之所以难以脱贫，一个重要原因是不具备持续吸引金融及其他要素资源的能力。银行担心投放到贫困地区的信贷资金无法偿还而成为坏账。保险机制具有阻隔风险、补偿风险损失的功能，可以将违约风险分散转移，减少银行的贷款顾虑和担忧，提高贫困户的信用等级，降低贫困地区融资成本，推动贫困地区信贷持续增长，为扶贫开发注入动力。[①] 另一方面，保险可为贫困地区直接提供资金支持。比如，2016 年 8 月成立的中国保险业产业扶贫投资基金，充分发挥保险资金长期投资的独特优势，重点投向"老、少、边、山、穷"等需要扶持的地区，投资领域包括特色资源开发、产业园区建设、新型城镇化发展等，促进贫困地区产业发展，提高贫困地区自身的"造血"能力。

(四) 保险机制的杠杆功能有助于放大扶贫资金的使用效应

近年来，保险业积极运用大病保险、政策性农业保险、巨灾保险等保险手段和机制参与扶贫开发，取得了明显成效，形成了一些值得推广的经验。例如，在大病保险方面，商业保险公司承担大病保险公共服务，使参保群众的医疗保障水平普遍提高，抵御疾病尤其是大病风险的能力增强，切实减轻了重病大病家庭的经济负担，避免了部分家庭陷入灾难性支出的困境。又如巨灾保险，在现行财政预算额度不变的情况下，放大了财政支出的效应，协助各级政府建立科学化、制度化的应急应灾财政资金保障体系。[②] 政府不需要增加更多投入，只需要从原来用于灾害救助的资金中拿出一部分，投保巨灾保险，通过保险的杠杆作用放大救助资金投入的作用。以广东的巨灾指数保险为例，2016 年在省内 10 个欠发达地市试点实施，财政投入的资金使用效应放大了将近

---

① 刘小徽、陈文辉：《保险扶贫工作取得阶段性成效》，《金融时报》2016 年 10 月 21 日。

② 杨云龙、王浩、何文虎：《我国金融精准扶贫模式的比较研究——基于"四元结构"理论假说》，《南方金融》2016 年第 11 期。

10倍。

四　引导保险业参与精准扶贫的对策建议

综上所述，保险机制在精准扶贫中具有独特的优势，有关部门应当充分认识到保险扶贫的作用和意义，做好顶层设计和规划安排，采取有效措施引导保险业参与精准扶贫，把保险公司纳入扶贫开发的重要主体，支持其开展保险扶贫相关业务。具体建议：一是引入保险资金参与扶贫开发，在有条件、有需求的省份，可考虑设立保险产业扶贫投资基金，解决贫困地区基础设施建设缺资金、融资难的问题。二是鼓励保险公司开发针对贫困地区需求的特色保险产品，比如小额人身保险、气象指数保险、农产品价格指数保险、借款人意外伤害保险等，并完善这几类保险产品的税收支持政策。三是加大财政支持力度，给予扶贫保险业务一定的保费补贴、经营费用补贴，或者由扶贫开发部门统一为贫困人口投保，保险公司按照"保本微利"的原则经营管理，确保商业可持续性。[①] 四是建立由政府扶贫部门、银行业金融机构、保险公司参加的扶贫合作机制，大力发展贫困地区小额信贷保证保险业务，为贫困人口融资增信、提供较为稳定的生产资金支持。五是推广甘肃等省的做法，在全国范围内创建若干"保险业精准扶贫示范县"，集中政府、保险业和社会等多方面力量，打造保险业精准扶贫亮点工程，积累典型经验，形成以点带面的效果。

（作者：李玉华，原文发表于《南方金融》2017年第8期）

[①] 万荃：《发挥优势　勇担责任》，《金融时报》2014年6月6日。

第七章 民族地区公共服务体系现状透视与宏观思考
——以广东连山壮族瑶族自治县为个案

全面建设小康社会背景下，为加快社会整体进步和发展步伐，国务院于2012年7月11日发布《国家基本公共服务体系"十二五"规划》，其中特别强调，要通过加大财政投入和公共资源配置力度，促进包含民族地区在内的困难区域基本公共服务均等化。那么，目前民族地区公共服务体系的建设现状如何，其公共服务均等化面临哪些困境，如何破解，这些都是亟须研究的热点问题。笔者以广东连山壮族瑶族自治县为个案进行考察分析。

一 文献回顾

自2005年公共服务均等化概念提出以来，学界对民族地区公共服务均等化状况的研究取得不少有价值的成果。在中国知网上，以"民族地区公共服务均等化"为主题词精确搜索文献库，截至2016年年底，共有57篇研究论文。从总体上看，目前学界就该问题的研究主要集中于以下几个方面。

（1）关于民族地区提高公共服务均等化的意义。李鸿指出，民族地区公共服务均等化的实现，有助于缩小地区间基本公共服务的差距；[1] 弯海川则认为，公共服务均等化不仅可以改善民生，更可以促进各民族共同团结奋斗、共同繁荣发展。[2]

---

[1] 李鸿：《民族地区基本公共服务均等化的实现途径》，《大连民族学院学报》2008年第6期。

[2] 弯海川：《加快推进西部地区基本公共服务均等化的思考》，《经济研究参考》2010年第31期。

（2）关于民族地区公共服务建设及均等化状况的研究。张丽娴等从公共文化、义务教育、社会保障和公共卫生四方面对我国西部民族地区基本公共服务情况进行统计分析后发现，目前我国民族地区的公共服务均等化水平整体落后于全国平均水平；① 高鑫通过构建基本公共服务均等化评价指标体系，运用因子分析法对包括民族地区在内的31个地区的基本公共服务均等化水平进行量化分析表明，我国整体的均等化水平较低，而民族地区更低；② 陈全功等以一个加权计算式框架衡量了各区域公共服务均等化水平，结果显示，民族地区的基本公共服务"均等化"水平低于全国和东部地区，最大的差距体现在基本医疗和基础教育上，其次是财政支出和基础道路设施。③

（3）影响民族地区公共服务均等化因素的研究。张冰利用Topsis法，选取广西12个市2006年人均GDP、人均一般预算收入等反映公共服务能力方面的数据进行评价和排序后发现，财力的非均等化仍然是实现民族地区公共服务均等化的最大障碍；④ 陈会方以广西公共卫生供给为例，发现目前民族地区公共服务供给的数量和质量严重不足，并认为制度、政府治理和区域经济发展不平衡是造成目前状况的原因；⑤ 梁立新在重点分析民族地区公共文化均等化发展的困境后发现，地区经济发展的滞后性、民族地区特有的散居习性和不同民族群众不同的需求是制约其发展的因素；⑥ 郭喜在分析民族地区现行财政政策、税收政策和教育政策后，指出财政体制不完善、公共服务供给总量的不足和结构失衡及监督的缺失都影

---

① 张丽娴、孙振凯：《中国西部民族地区基本公共服务均等化简析》，《社科纵横》2014年第2期。

② 高鑫：《民族地区基本公共服务均等化的量化分析》，《内蒙古财经大学学报》2015年第3期。

③ 陈全功、程蹊：《民族地区的基本公共服务均等化：涵义、现状水平的衡量》，《中南民族大学学报》（人文社会科学版）2008年第5期。

④ 张冰：《民族地区基层政府公共服务能力均等化评价——基于广西12个市的Topsis分析》，《湖北社会科学》2009年第11期。

⑤ 陈会方、许虹：《民族地区基本公共服务均等化问题特征与政府治理变迁——以广西公共卫生服务供给为例》，《学习与探索》2014年第7期。

⑥ 梁立新：《民族地区基本公共文化服务均等化问题研究》，《哈尔滨师范大学社会科学学报》2014年第5期。

响着均等化的发展。①

(4) 提升民族地区公共服务均等化的路径研究。刘梅在全面分析现有研究文献的基础上,从民族地区财政收支结构角度分析了民族地区的公共服务均等化情况后认为,可从授予地方税收权力、转移支付和发挥市场作用三方面提升公共服务均等化水平;②杨朝继通过构造西部民族地区公共服务均等化评价指标体系对公共服务的投入、产出均等化水平及效率进行估算后认为,可从改进提高财政资金使用效率提高公共服务均等化水平;③于海洋从民族特殊性角度阐述了多元化在推进公共服务均等化中对供给服务类型、供给过程和供给操作方法的作用;④张冰则认为,应从调整府际关系、构建"服务型财政"、注意基本公共服务供需的匹配等方面有序推进基本公共服务均等化。⑤

从总体上看,学界对民族地区公共服务均等化问题的研究视角多维,取得不少有价值的研究成果,但仍存在以下几点不足:一是在现状分析时,大多关注省级层面公共服务均等化的比较,鲜见对县级民族地区状况的研究;二是研究多聚焦于经济社会相对落后的中西部民族地区,对东部少数民族地区的关注不够;三是研究范式同质性强,对民族地区的具体做法和现实困境论述较少,缺乏个案透视。因此,笔者以广东连山壮族瑶族自治县为考察分析对象,在全面梳理连山县推进公共服务均等化做法和取得的成效基础上,分析其遭遇的困境,从宏观上提出政策建议。

二 连山县推进公共服务均等化的做法和成效

连山壮族瑶族自治县位于广东省西北部,与广西和湖南交界。全县总

---

① 郭喜、黄恒学:《基本公共服务均等化的民族地区公共产品供给》,《山西大学学报》(哲学社会科学版) 2011 年第 1 期。

② 刘梅:《民族地区基本公共服务均等化的实现路径:基于财政收支结构的分析》,《西南民族大学学报》(人文社科版) 2010 年第 6 期。

③ 杨朝继:《西部民族地区公共服务均等化分析》,《生产力研究》2015 年第 12 期。

④ 于海洋:《民族地区基本公共服务均等化的多元解读》,《中央民族大学学报》(哲学社会科学版) 2013 年第 3 期。

⑤ 张冰:《民族地区基层政府公共服务能力均等化评价——基于广西 12 个市的 Topsis 分析》,《湖北社会科学》2009 年第 11 期。

面积1265平方公里,境内峰峦林立,地势高峻,总面积的86.6%为山地,古有"九山半水半分田"之称,下辖吉田、太保、禾洞、永和、福堂、小三江、上帅共7个镇和三个农林场,47个行政村,4个居委会。2014年全县年末常住人口9.34万人,少数民族人口7.3万人,其中壮族5.51万人,瑶族1.79万人,少数民族人口占78.15%,是全国唯一的集壮、瑶两个少数民族聚居的少数民族县。受地理位置偏远和生态环境脆弱等因素的共同影响,该县整体社会经济发展水平较滞后,是广东省扶贫重点开发县。近年来,连山县通过加大投入、增加供给、提升质量和突出民族特色等方式推进公共服务均等化建设步伐。

(一)加大对公共服务领域的财政投入

推进公共服务均等化,稳定充实的财政投入是基本保障。根据国发〔2012〕29号文件和《广东省基本公共服务均等化规划纲要》等政策要求,为确保公共服务设施建设和服务顺利开展,连山县首先加大了对公共服务领域的财政投入力度。

据统计,该县在公共服务领域的财政投入总额,从2010年的22863万元,增加到了2015年的73987万元,5年间增至3.23倍。其中,对公共交通的投入增幅最大,高达33.18倍;其次为公共卫生,6.84倍,再次为就业保障,4.04倍;公共教育、公共文体、社会保障、住房保障和医疗保障的增幅分别为2.54倍、3.59倍、2.41倍、2.5倍和2.44倍。① 各项公共服务历年投入额度和增长情况参见表7-1。

表7-1　连山县公共服务均等化财政投入情况表(2010—2015年)　　单位:万元

年份	公共教育		公共卫生		公共交通		公共文体	
	投入总额	增加幅度	投入总额	增加幅度	投入总额	增加幅度	投入总额	增加幅度
2015	21627	25.53%	9326	38.64%	10719	326.03%	3390	33.41%
2014	17228	18.95%	6727	194.01%	2516	1.99%	2541	69.85%
2013	14483	13.06%	2288	-8.30%	2467	123.06%	1496	142.07%
2012	12810	13.92%	2495	5.14%	1106	199.73%	618	12.98%

---

① 本课题组成员于2016年11月16—18日到广东连山壮族瑶族自治县实地调研所得。

续表

年份	公共教育		公共卫生		公共交通		公共文体	
	投入总额	增加幅度	投入总额	增加幅度	投入总额	增加幅度	投入总额	增加幅度
2011	11245	32.23%	2373	74.10%	369	14.24%	547	-41.99%
2010	8504	—	1363	—	323	—	943	—

年份	社会保障		住房保障		医疗保障		就业保障	
	投入总额	增加幅度	投入总额	增加幅度	投入总额	增加幅度	投入总额	增加幅度
2015	19391	75.95%	2745	19.97%	5507	14.42%	1282	389.31%
2014	11021	11.22%	2288	-2.80%	4813	17.79%	262	-39.35%
2013	9909	30.47%	2354	271.88%	4086	11.21%	432	3500.00%
2012	7595	9.93%	633	0.80%	3674	0.00%	12	-96.10%
2011	6909	-14.25%	628	-42.91%	3674	62.85%	308	-2.84%
2010	8057	—	1100	—	2256	—	317	—

数据来源：据连山县财政局提供资料处理而得。

（二）增加公共服务（设施）供给数量

为切实提高人民群众对公共服务的获得感，有效缓解民族地区公共服务（设施）供需矛盾，连山县先后出台了各项推进公共服务均等化的政策和措施，大幅度增加了公共服务（设施）的供给。

在公共教育方面，为了满足连山县对基础教育的需求，2014年新建了一所名为"新连山小学"的寄宿制小学，该小学规模为24个教学班，可以提供900个学位；在公共卫生方面，该县的卫生技术人员从2010年的363人增加到了2014年的461人，增长了27%；在公共交通方面，在实现了公路村村通的基础上，路网结构持续优化，目前通车总里程合计1071.5公里；在公共文体方面，陆续建成了县文化馆、图书馆、博物馆、文化站、文化室等公共文化设施，共建成了47间行政村农家书屋，完成了乡镇级农民健身工程建设；在社会保障方面，随着城乡居民养老保险的顺利实施，该县参加基本养老保险的人数从2010年1.13万人增加到了2014年的5.11万人，翻了约4.5倍；在住房保障方面，该县结合贫困山区少数民族群众生活实际，重点改善了困难群众居住条件，其间全县建成了177套保障性住房，完成了2694户农村低收入住房改造建设任务，全面完成"两不具备"贫困村庄移民搬迁安置工作,建成10个移民村(安置点);在医疗保障方面,该县参加基本医疗保险的人数迅猛增加,从2010年的1.88万人增加到了2014年的10.95万人,增长了近10倍;在就业保障方面,每年举办不少于10场各类招聘会,大力鼓励创新创业,为求职人员有针对性地开展了育婴师、金柚种植、春橘种植、甜玉米种植和水稻种植等技能培训,社会反应较好。①

(三)优化公共服务供给方式

一般来说,公共服务均等化目标的实现,一方面有赖于公共服务供给数量的持续增加,另一方面也要取决于公共服务供给方式不断调整。为此,连山县综合运用了引入优质公共服务资源、加大财政支持力度和吸纳社会力量参与等方式不断优化公共服务供给方式。

在公共教育方面,连山县于2014年开始与广州市从化区建立起了教育帮扶关系,每年与从化区教育局、中小学进行对口交流、学习,借鉴了对方先进的教学经验和做法,大大提升了教学质量;在公共卫生方面,通过与清远市人民医院签订《清远市人民医院托管连山壮族瑶族自治县人民医院框架协议》的方式使自身服务管理、人才建设水平有所提升的同时,逐步提高了县域内就诊率,大大便利了群众就医;在公共交通方面,在实现了公路村村通的基础上,持续优化路网结构,二广高速公路连山段建成通车,景区公路和县乡公路不断升级改造,使山区群众出行更加便利;在公共文体方面,每年春节、元宵和中秋等传统节日,举办游园会、猜灯谜、广场电影公映和炸火狮等活动,县图书馆、博物馆和各村农家书屋免费向公众开发,通过举办长跑、趣味活动比赛、业余足球联赛和乒乓球赛等大大提升了公众参加体育活动的兴趣和热情;在社会保障方面,各项社保待遇都实现了通过国有银行社会化发放,对城乡低收入群体的帮扶力度有所提高,其中城镇和农村居民每月每人保障标准从300元和200元提高到了370元和230元,对五保户和城镇三无人员等弱势群体的医疗费用救助率达到了100%;在住房保障方面,进一步完善了移民搬迁后新建成社区的公共服务设施,并以实物配租的方式解决了部分城镇困难居民的住房问题;在医疗保障方面,进一步提高了基本医疗保险报销比例和限

---

① 连山年鉴编纂委员会:《连山年鉴》(2015),广东人民出版社2015年版。

额，增加了重大疾病报销种类，并与广东优质医疗资源地区实现了异地就医结算，减轻了公众的就医负担；在就业培训方面，结合本地实际重点对贫困人口开展了专项培训，全年共组织各类种养扶贫培训班 25 期，参加人数达 2657 人次，特别是加强对全县 9 个省重点帮扶村有劳动能力的贫困户开展农技和非农技培训，使受训群众掌握一至两门种养技术或手工加工技术，提高劳动能力和就业竞争力。①

（四）突出公共服务民族特色

作为少数民族地区，为进一步传承发扬民族文化，连山县将民族元素与常规公共服务均等化建设相结合，产生了良好的效果。

如在对国家级非遗项目《瑶族小长鼓舞》的保护和传承中，对传承人进行集中培训授课，并组织全县各个学校的艺术老师进行 4 期小长鼓舞培训，同时，长期对连山县佛山小学、高中、职校、民中等学校学生进行小长鼓舞教学，并对三水瑶区的瑶族小长鼓舞、瑶族八音、瑶歌等民间艺术进行辅导和物资帮助；对热爱歌唱的壮族同胞进行人员发展、集中培训，特别是小三江壮族歌墟每月逢 7 日、17 日、27 日进行集中对歌和练习，传承与发展壮族歌曲；积极组织动员少数民族群众参加各级各类少数民族体育比赛；定期举办"七月香"壮家戏水暨壮瑶民族民间文化艺术节、四月初八"牛王诞"、"2014 年连山瑶族盘王节"等民俗节庆活动；积极开展非物质文化遗产的保护及整理工作，开展"非遗"文化宣传进校园、进社区活动；此外，在移民新村、美丽乡村、特色村寨建设中修建了一大批民族特色鲜明的房屋、道路和社区，在提升居民居住环境质量的同时，大大提高了其民族认同感和满意度。②

三 连山县推进公共服务均等化面临的困境

（一）公共服务均等化水平不高

近年来，尽管连山县公共服务建设得到了加强，但由于起点低、基础

---

① 本课题组成员于 2016 年 11 月 16—18 日到广东连山壮族瑶族自治县实地调研所得。
② 本课题组成员于 2016 年 11 月 16—18 日到广东连山壮族瑶族自治县实地调研所得。

差、地理环境不佳等原因，公共服务均等化水平总体不高。

为测量了解连山县公共服务均等化水平，笔者采取最简单、最常用的平均值对比法，即根据可对比、可获取、可量化的基本原则，将该县公共教育、公共卫生、公共交通、公共文体和社会保障等公共服务的人均指标数值与同期全国和广东省情况进行横向比较。在对相关统计数据及资料处理后，可分别得到全国、广东省和连山县 2014 年公共教育、公共交通、公共文体、公共卫生和社会保障等公共服务的均等化的状况参见表 7-2。从表 7-2 可知，连山县除因地处山区而在每万人公路通车里程方面大幅高于全国和广东水平外，每万人学校数量、每万人藏书量、每万人卫生人员数和基本养老覆盖率等都低于全国和广东平均值，说明其公共教育、公共卫生和社会保障均等化水平相对较低。

表 7-2　2014 年全国、广东省、连山县部分公共服务均等化情况表

测量指标	公共教育	公共交通	公共文体	公共卫生	社会保障
	每万人学校数	每万人公路通车里程	每万人藏书量	每万人卫生人员数	基本养老保险覆盖率
连山	1.68	107.71	0.59	38.6	42.05%
广东省	2.87	19.78	0.59	54.4	67.88%
全国	3.74	32.64	1.73	55.6	61.58%

数据来源：根据《中国统计年鉴（2015）》《广东统计年鉴（2015）》《连山年鉴（2015）》数据处理而得。

（二）公共财政状况不佳

由于连山县经济发展水平低、底子薄，公共财政自给率长期处于低位，财政收入与支出失衡情况严重，这从根本上制约着公共服务均等化的可持续发展。

据统计，从 2010—2015 年，连山县的财政不仅没能完全自给，并且自给率在不断下降；六年间，财政收入尽管从 10080 万元增加到了 13896 万元，增长了 37.86%，但同期的财政支出却从 45306 万元增加到了 171205 万元，增长了 277.89%，由此，财政自给率从 0.2225 下降到了 0.0812。严峻的财政状况，对公共服务均等化的长期投入产生着直接影响。详情参见表 7-3。

表 7-3　　　　　连山县 2010—2015 年公共财政情况表　　　　单位：万元

	财政收入	增长幅度	财政支出	增长幅度	财政自给率
2010	10080		45306		0.2225
2011	10432	3.49%	47749	5.39%	0.2185
2012	11288	8.21%	50061	4.84%	0.2255
2013	12205	8.12%	61398	22.65%	0.1988
2014	13189	8.06%	88601	44.31%	0.1489
2015	13896	5.36%	171205	93.23%	0.0812

数据来源：根据《清远统计年鉴（2015）》数据处理而得。

（三）公共服务领域的财政投入不稳定

虽然连山县对公共服务领域的建设投入总量在持续增加，但是在财政支出中各项公共服务所占比重波动较大，总投入比重也不稳定，从而影响到了公共服务均等化水平的进一步提升。

从统计数据上看，2010—2015 年间，连山县对公共服务的财政投入呈现出倒 U 型，且有下滑趋势，即在财政支出中的总比重从 2010 年的 50.46% 下降到了 2015 年的 43.22%，其中 2013 年的峰值为 61.1%。在具体公共服务中，对公共教育的投入比重最大，年均占财政支出的 20.6%，但 2012 年的最大值 25.59% 与 2015 年的 12.63% 相差了 12.96%；对就业保障的投入比重最小，年均仅为 0.52%，且在 2012 年的投入仅为 0.02%。具体公共服务投入比重变化情况参见图 7-1。

（四）公共服务软件建设薄弱

一般来说，公共服务是指"由政府、公共组织或经过公共授权的组织提供的具有共同消费性质的公共物品和服务，具有公共物品的属性"[①]。这清晰地表明，公共服务由软硬件两部分构成，即其不仅是由政府等公共组织提供的硬件设备，也包括以提供劳动的形式满足公众需要的各项活动，更是指两者有机的结合。

在连山县推进公共服务均等化进程中，尽管公共服务均等化水平有所

---

① 李素平：《推进政府购买公共服务的三个基本问题》，《中国机构改革与管理》2014 年第 9 期。

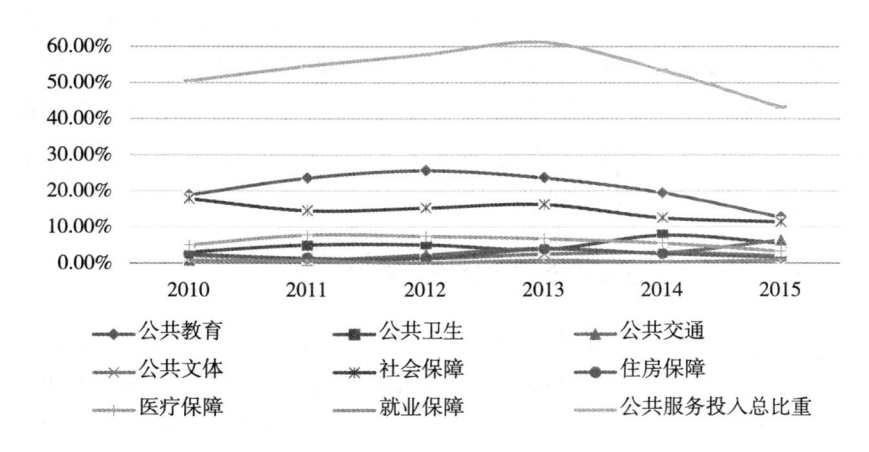

图 7-1　2010—2015 年连山县公共服务投入比重变化图

提高，但是与发达地区相比较，仍然落差较大，且软件建设薄弱问题比较突出。在公共教育中，虽然向公众提供的学位数量有所增加，学校设施仪器完备，但是师资情况仍然不太乐观，致使教育质量提升程度有限，如在 2014 年的高考中，本科上线率仅为 11.19%，大大低于省市平均水平；在公共卫生和医疗领域，尽管已基本完成了村镇卫生院的建设，但是由于医疗人员待遇不高，导致医疗人才流失现象严重，出现了有先进设备但没人会使用的现象，全县医疗水平偏低，疑难杂症无法在本县予以处理；在社会保障方面，各种补贴、报销比例在提升的同时，经办服务却发展不足，很多业务需要群众亲自到县、市办理，大大增加了群众的办事成本；在公共文体中，各村镇都已建成农家书屋和篮球场，但由于组织、管理不善，使用率低下，很多成了摆设。

四　提高民族地区公共服务均等化水平的宏观思考

（一）加快地方经济发展

从根本上讲，民族地区公共服务均等化水平低下的原因在于经济的落后。结合民族地区自然地理环境特点，有针对性地开发扶持地方特色产业，才能真正夯实推进公共服务均等化的物质基础。总体来看，民族地区自然资源、生态资源和文化资源相对比较丰富,因而可以围绕旅游、有机农业和民族文化等三方面大力发展经济。如可以将风景秀丽的山涧、特色鲜明的古村落和传统民族祭祀场地等开发为旅游景点,可以重点培育有机稻米、有机蔬菜和有机禽畜等特色农业,可以以民族服饰、民族手工艺品和民族美食为品牌发展特色工业。

(二) 加强对民族地区财政转移支付

从现实情况看,民族地区在短时间内不可能实现财政收入的显著提升,而增加财政转移支付才是提升公共服务均等化的关键路径。一是加大对民族地区一般性财政转移支付的比重,根据国家或省级公共服务人均标准补贴民族地区财政;二是要加强对重点公共服务领域专项支付力度,即结合民族地区普遍存在的贫困问题,提高对医疗救助、养老救助、最低生活保障、义务教育等的资助额度;三是改进目前在转移支付中对相关配套措施的强制要求,将财政支出与事权下放有机结合,避免财政资金的闲置和浪费。

(三) 转变公共服务供给模式

从总体上看,当前公共服务供给的"外化"改革趋势十分明显,即政府角色从直接供给向间接供给转变。结合民族地区状况,可依托上级公共服务机构、企业和社会组织等优质社会资源进一步提升公共服务水平。如在医疗卫生方面,采用与省市级三甲医院开展协同合作方式提高本地医疗机构医疗水平;在就业方面,引入发达地区成熟人力资源公司加强就业信息网络建设;在社会保障方面,将养老、医疗、救助和优抚等相关服务外包给专业的社会工作机构以提升相关服务的质量;在交通、教育和文体方面,可与社会民营资本合作共营进一步提高资金使用效率。

(四) 重视公共服务人才队伍建设

从本质上看,公共服务既定目标的实现,不仅需要充足的硬件数量,更需要配备相应的各类公共服务人才。在既有条件下,民族地区对公共服务人才队伍建设应从以下几个方面着手:一是培养技术专业人才,即在教育、医疗卫生和文化等领域通过与发达地区签订人才委托培养合同的方式,逐步造就一批掌握先进技术的高水平专业人才队伍;二是加大对高技术人才工作津贴额度,即对已具备高技术、高水平和高职称的专业人才予以高额补贴，从而有效避免人才流失现象的出现；三是加强对已有专业人员的培训，即通过聘请名师、在职培训和脱岗进修等手段不断提升公共服务从业人员的知识技能，以便切实提高公共服务的总体水平。

（五）增强公共服务中的民族性

比较而言，民族地区与其他地区在文化上的差异，决定了其在推进公共服务均等化进程中的差别。具体来说，在公共服务的建设中，应首先将凸显少数民族文化和民族身份构建的项目、设施和服务放在重要位置，例如宗教场所的建设和维护、民族文化的展示及其活动、民族特色语言和文字教育、民族医药和民族体育活动等；其次，重视少数民族群众意见，多通过座谈、问卷和走访等方式了解群众对各项公共服务内容与先后次序的需求，以便提高财政资金使用效率；最后，应结合民族地区特点，将蕴含民族元素的内容纳入公共服务均等化建设评价体系，由此实现民族地区公共服务民族特色得以不断向前发展。

五 结语

从总体上看，经过多年建设和发展，民族地区的公共服务均等化水平有了一定程度的提高，但是与区域公共服务均等化水平相比仍存在着差距。结合民族地区特殊的政治、经济、文化、社会和生态环境，在进一步推进民族地区公共服务均等化进程中，应在重视强化民族地区自身经济实力的同时，特别注重培养民族地区公共服务专门人才和满足民族区域的特别需求，由此才有可能实现民族地区公共服务均等化的可持续发展。

（作者：阳程文、侯保疆，原文发表于《汕头大学学报》（人文社科版）2018年第3期）

第八章 民族地区"医养结合"养老服务研究
——基于广东连南、连山县的考察

一 研究意义

2015年我国失能和半失能老年人高达4063万人,占老年人口总数18.3%;空巢老年人占老年人口总数51.3%,超过1/2的空巢老年人居住在农村。我国每年走失约50万老年人,平均每天走失约1370位老年人;走失的老年人大多数来自人口流出地区,集中在中小城市和西部农村;接受过救助的走失老年人仍有26%再次走失;迷路、精神疾病和老年痴呆症是老年人走失的主要原因。我国选择机构养老的老年人大多数是介助老年人和介护老年人,自理老年人①入住养老服务机构的比例很低,然而我国各级各类养老机构中,配备医务室和专业医护人员的养老机构不足1/5。《十三五规划纲要》提出,在建立以居家为基础、社区为依托、机构为补充的多层次养老服务体系的同时,加强老年养护院、医养结合、社区日间照料中心等养老服务设施建设和康复器具配备,推动医疗卫生和养老服务相结合。同时,把加快少数民族和民族地区发展摆到更加突出的战略位置,改善基础设施条件,提高基本公共服务能力。可见,研究民族地区"医养结合"养老服务供给模式对推进民族地区老年人社会保障事业发展具有重要的现实意义。

连南瑶族自治县位于清远市粤、湘两省交界山区,西邻连山县,山地

---

① 自理老年人是指吃饭、穿衣、洗澡、上厕所、上下床、室内活动6项日常生活行为能够完全独立完成,不依赖他人护理的老年人。介助老年人是指日常生活行为依赖扶手、拐杖、轮椅和升降等设施帮助的老年人。介护老年人是指日常生活行为依赖他人护理的老年人。

面积高达88%。连南县下辖7个镇、69个村委会和2个居委会，在全县18.06万户籍人口中，以瑶族为主体的少数民族人口高达73%，是广东省少数民族人口最多的自治县。连南县瑶族人口居住面积占全县总面积的80%以上，素有"百里瑶山"之名。连山壮族瑶族自治县位于清远市粤、湘、桂三省交界山区，山地面积高达86.6%，号称"九山半水半分田"。连山县下辖4个社区、7个镇、48个行政村，省属连山林场位于县内。在全县12.17万户籍人口中，以壮族、瑶族为主体的少数民族人口高达63.88%。2013年末，连南县和连山县60岁及以上老年人口占总人口的比例都超过10%，表明两县都已进入老龄化社会。[①] 2015年连南县外出就业劳动力5.1万人，占农村劳动力总数的53.1%；连山县外出就业劳动力2.16万人，占农村劳动力总数的43.48%，说明两县劳动力"空心化"严重。然而60岁以上老年人患病概率是全体人群的3—5倍，2010年以来两县留守老年人患病比例呈加速上升趋势。可见，在人口老龄化、劳动力"空心化"、老年人患病率剧增的三重压力下，连南县和连山县对"医养结合"养老服务产生了巨大需求。

二 养老服务供给模式和医疗服务供给模式现状

在养老服务供给模式方面，两县老年人都以家庭养老模式为主，但是随着土地保障能力下降和劳动力"空心化"加重，家庭养老服务功能不断弱化。农村以民间互助养老模式为补充，但是零散式、自发式的民间互助养老，没有形成"养老互助幸福院"。连山县城的4个居民社区中只有1个社区建立了医疗卫生综合服务中心，而连南县城尚未建成。两县老年人对机构养老模式都不够认可，两县的每一个建制镇都有1家敬老院，目前只集中供养本镇五保户老年人。虽然各镇敬老院已经向社会老年人开放，但是没有社会老年人愿意自费入住。2015年两县人口参加城镇职工基本养老保险和城乡居民养老保险的比例都达到98%以上，但是45—60

---

① 1982年维也纳老龄问题世界大会确定的标准是，当一个国家或地区60岁及以上老年人口占总人口比例超过10%，意味着这个国家或地区进入老龄化社会。此外，根据1956年联合国《人口老龄化及其社会经济后果》的划分标准，当一个国家或地区65岁及以上老年人口占总人口比例超过7%，意味着这个国家或地区进入老龄化社会。

岁接近养老保险金给付年龄的中年人参保和补缴的积极性较高，而18—40岁外出务工劳动力的参保意识较为淡薄。2012年7月起，两县实施了80岁以上高龄老人津贴制度。

在医疗服务供给模式方面，瑶族和壮族的民间医生（草头医生）保留了"巫医结合"的治疗方式。一部分村民患小病时不去村卫生站，直接请求民间医生上山采草药并煎汁服下。如果大病患者在医院久治不愈，家属也会请求民间医生做"法事"驱除病魔。民间医生通常不收诊金和药费，患者家逢年过节送给民间医生自家酿制的一坛米酒或者一只土鸡即可。农村卫生站是最基层的医疗卫生机构。两县的每个行政村都建立了1—2间村卫生站，每个自然村都配备了1—2名乡村医生。截至2016年年底，连南县有农村卫生站80间，其中村委会主办的卫生站57间，卫生院主办的下伸站23间，实行"一行政村一卫生站"管理。享有广东省村医补贴的卫生站共68间，已经完成标准化的卫生站60间。连山县共有村卫生站64间，已经对35间进行了标准化完善。当患病老年人不方便来村卫生站时，乡村医生就会到老年人家里诊治。乡村医生对本村老年人的家庭住址非常熟悉，同时掌握每个老年人的健康状况，但是乡村医生人手普遍不足，并且村卫生站的医疗设施简陋而陈旧。连南县和连山县平均每个镇都建立了1家镇卫生院。两县镇卫生院标准化建房项目正在有序推进，医疗设施设备尚未健全。镇卫生院也普遍缺乏医生，难于开展三班轮转，如连山县上帅镇卫生院、上草分院和加田分院分别只有2名在编医生，禾洞镇卫生院也只有2名在岗医生开展医疗卫生业务。虽然连山县各镇卫生院都配置了DR机或者X光机，但是大部分镇卫生院缺乏医技人员操作。连南县和连山县各建立了1家县级公立医院，即连南县人民医院和连山县人民医院。但是两县的人民医院创建三级医院进程缓慢。以连山县人民医院为例，截至2016年6月，按照二甲医院评审要求，除去上级医院帮扶人员外还需增加副主任医师8名、主治医师14名、执业医师30名等，同时急需配置16排CT机，多台彩色B超机、麻醉机、脉动真空灭菌器等设备，还要完善信息智能化服务系统。2015年两县城镇职工基本医疗保险和城乡居民医疗保险参保率都达到100%，但是2017年的城乡居民医疗保险缴费提高到每人每年150元，对于一个普通6口之家，一年的医保缴费就高达900元，为外出务工和本地务农的民族山区家庭带来不小的经济压力。

三 两县"医养结合"养老服务供给模式比较分析

(一)农村基层组织成为乡村医生和农村家庭之间的桥梁——两县都已实践

1. 村民小组和村委会干部是有力"观察员"

连南县和连山县的村民小组一般由 20—40 家农户组成。当务农老年人发生疾病并且适逢子女外出务工,村民小组会通知村委会和村民理事会,这些农村基层组织的成员会及时看望患病老年人并且联系乡村医生上门诊治。同时,一个行政村的村委会通常包干负责所有下辖自然村老年人的生活状况并且落实人头任务,一般一个村委会干部负责观察 2 个自然村老年人的身体健康情况。再者,村妇女主任几乎每天都要走家串户,对村里每一家的老年人、孕产妇和儿童的情况非常熟悉,尤其对留守、空巢和独居老年人的生活状态特别关注,发现老年人病痛时会第一时间联系乡村医生上门看病。因此,连南县和连山县几乎不存在老年人在家生病无人知晓甚至无人理睬的现象。

2. 村委会和村民理事会成为村卫生站和老年人之间的纽带

一方面,为了使农村医疗卫生服务资源更加充分、有效地惠及农村老年人,村委会和村民理事会正在积极开展村"保健专员"项目,配合村卫生站做好"医养结合"养老服务。村级公共医疗卫生条件十分有限,一个自然村只有 1—2 名乡村医生,一个行政村最多不超过 10 名乡村医生。因此,村委会和村民理事会通过扩大机构规模的形式招募卫生保健人才,并且与村卫生站联合开展技能培训班,培养的村"保健专员"在一定程度上弥补了乡村医生的人手不足。由保健专员代替乡村医生巡回察访老年人家庭,主动发现老年人健康问题并及时提供卫生保健服务,村委会和村理事会的"保健专员"正在成为乡村医生和老年人之间的良好纽带。另一方面,村委会和村民理事会正在积极配合村卫生站辅导老年人如何发现病症、规范用药和预防疾病等,号召并帮助家庭成员学习刮痧、推背、拔罐等简单的家庭保健技能,提高了农村家庭对"医养结合"的重视,为老年人创造"医养结合"家庭养老条件。

（二）村卫生站开展老年人定期复查和帮扶专家下村义诊——两县都已落实

在连南县和连山县的疾控中心，由基本公共卫生服务项目团队专门管理老年人健康事业，该团队由 5 个服务站组成，分别负责高血压管理、糖尿病管理、重型病管理、精神病管理和健康教育管理。同时，两县疾控中心也派遣 5 个服务站的专员下村跟踪指导卫生站开展老年人定期体检和疾病复查活动。2014 年连南县和连山县开始实施涵盖 13 个方面的基本公共卫生服务项目包，重要项目之一就是老年人健康管理工作：每个村卫生站要为村里每一位超过 65 岁的老年人建立健康档案，并且每年进行一次体检；如果发现高血压老年人就要进行每年 4 次血压复查，如果发现糖尿病老年人就要进行每年 2—3 次血糖和尿糖的复查，并且进行跟踪诊疗和用药辅导。

2014 年 7 月广东药学院附属第一医院全面托管连南县人民医院，长期派驻 14 位专家驻院工作，基本覆盖所有临床和功能科室。广州市第一人民医院和佛山市第一人民医院负责对口帮扶连山县人民医院，2014 年 11 月清远市人民医院又全面托管连山县人民医院，长期派驻 16 位专家驻院工作。以上对口帮扶医院和托管医院每个季度都会派专家和医生下到两县的村卫生站进行义诊活动，免费为老年人提供血常规、尿常规、血脂、肝功能、心电图和器官 B 超等全套服务，并且免费对疾病进行初步诊疗。有些老年人存有讳疾忌医的思想，既想通过免费义诊活动了解自己的身体状况，又害怕知道旧病加重以及查出新患疾病，对参加义诊活动犹豫不决。因此，下村义诊的专家和医生还要担负起宣传科学就医和心理辅导的责任。

（三）县城社区签约"家庭医生"[①]——连南县不具备条件，连山县刚刚起步

1. 连南县城没有建成社区，也不具备签约"家庭医生"的医疗卫生和资金条件

连南县尚且不能推行"家庭医生"签约制度。第一，连南县城人口

[①] 2016 年 6 月国务院医改办发布了《关于推进家庭医生签约服务的指导意见》，主要目标是到 2017 年，家庭医生签约服务覆盖率达到 30% 以上，重点人群签约服务覆盖率达到 60% 以上；到 2020 年，力争将签约服务扩大到全人群，形成长期稳定的契约服务关系，基本实现家庭医生签约服务制度的全覆盖。

居住分散，还没有形成任何一个完整的社区。居民聚集区主要依靠居民委员会管理，居民看病只能依靠自理。第二，连南县不具备足够的上门服务医生和配套医疗条件，县级财政也不能为"家庭医生"签约制度的落实提供专项资金。第三，一部分瑶族老年人对"家庭医生"这种新型医疗模式表示不理解和不认可。此外，由于居民聚集区居住人口达不到政策要求的密度，连南县也没有建成片区性医疗卫生服务中心，而是由3家镇卫生院兼任"以保健为主、以医疗为辅"的县城居民公共卫生服务职责，例如每年组织1次老年人体检，每个季度在镇卫生院门前开展1次老年人全科义诊活动等等。比起建立"家庭医生"签约制度，连南县城的居民表示更需要建立老年人日间照料中心。当子女长期外出务工或者因公短期出差，家里没有亲人照顾老年人，并且亲朋好友居住较远时，老年人就可以到县城老年人日间照料中心解决吃饭和日间活动等问题。

2. 连山县社区部分居民已签约"家庭医生"并接受医疗卫生服务

2015年开始，连山县政府将落实"家庭医生"签约制度和建立"分级诊疗"体系[1]作为医疗改革重点，目前处于实践探索阶段。一方面，连山县拥有金山社区、成吉社区、永和社区、太保社区等4个成熟社区，并且已经在社区居民中开展了"家庭医生"签约行动。广东省卫计委要求，在粤北山区包括老年人在内的重点人群[2]签约"家庭医生"的比例初步应达到30%，所有人群签约家庭医生的比例初步应达到15%，于是连山县所有人群签约家庭医生的数量初步应达到18000份。截至2016年10月，连山县已经在社区居民中成功签约"家庭医生"1100多份，取得一定进展。另一方面，县城居民签约的家庭医生主要是镇卫生院的全科医生。成吉社区已经建立社区医疗卫生综合服务中心，由吉田镇卫生院与社区医疗卫生综合服务中心合作，负责家庭医生的签约及医疗卫生服务供给。其他3个社区尚未建立社区医疗卫生综合服务中心，直接由对应镇卫生院的全科医生负责签约社区"家庭医生"。

---

[1] 根据2015年9月国务院办公厅发布的《关于推进分级诊疗制度建设的指导意见》，目标任务之一是到2020年我国分级诊疗服务能力全面提升，保障机制逐步健全，布局合理、规模适当、层级优化、职责明晰、功能完善、富有效率的医疗服务体系基本构建，基层首诊、双向转诊、急慢分治、上下联动的分级诊疗模式逐步形成，基本建立符合国情的分级诊疗制度。

[2] 重点人群是指老年人、孕产妇、儿童、残疾人等人群，以及高血压、糖尿病、结核病等慢性疾病和严重精神障碍患者等。

连山县农村居民签约的家庭医生主要是村卫生站的乡村医生。连山县的乡村医生已经全部加入基本医疗服务工会，目前以团体形式签约农村居民。乡村医生能够掌握本村老年人的健康档案，在村中行医多年树立了威信，加之一部分自然村距离镇卫生院路途遥远而崎岖，因此农村居民首选乡村医生作为"家庭医生"。无论在县城社区还是在自然村，家庭医生已经为签约的老年人家庭提供了多种免费医疗卫生服务。例如根据家庭健康档案，家庭医生每年为老年人上门体检，对糖尿病、高血压、冠心病等大病老年人进行上门复查，对慢性病老年人进行电话随诊，并且突发危急重症时协助老年人急救和转诊等。此外，如果签约"家庭医生"的家户是"精准扶贫"对象，老年人全家成员都可在3年内免费获得指定的家庭医生上门医疗服务。"家庭医生"签约制度与"精准扶贫"政策的有力对接，不仅减少了连山县家庭"因病致贫""因病返贫"的现象，而且保障了贫困家庭赡养老人的能力，将依托家庭养老的"医养结合"供给模式做到了实处。

（四）县、镇级医院与敬老院上下联动——两县都已建立，但问题凸显

1. 县、镇级医院与两县敬老院已建立良好的上下联动关系

在连南县和连山县，敬老院的老年人突发危急重症都可以拨打急救电话，第一时间由救护车送往县级医院进行救治。由于每个镇的敬老院与镇卫生院的距离都在1—3公里内，老年人诊治一般常见病、多发病和慢性病首选就近的镇卫生院。因此敬老院有必要与镇、县级医院建立密切的日常合作关系和快速反应机制。2010年以来，县级医院坚持每个月轮流到各镇敬老院开展义诊活动，为多位老年人发现了疾病并且及时进行治疗。同时，两县的镇卫生院积极争取社会团体捐资，如连山县太保镇中心卫生院就在香港省善真堂基金会的资助下增加了2辆救护车，为往返敬老院救助患病老年人带来了便利。可见，连南县和连山县的敬老院已经与镇卫生院和县级医院建立了良好的上下联动关系。

2. 县级医院对五保户老年人看病存在道德风险，急需加强监督和治理

自2014年3月1日起，连南县和连山县的医疗机构对五保户和低保户老年人执行城乡医疗救助"一站式"结算服务。县级医院已经为五保

户老年人建立身份信息档案，只要五保户老年人前来看病，产生的医药费符合政策的部分都能通过清远市城乡居民医疗保险和市、县两级财政补贴多层次报销，即医院只需提供一张五保户老年人医药费清单，就能通过医保局系统与医院财务系统进行"一站式"结算。

但是曾经发生"道德风险"事例。一位敬老院的五保户老年人步行9公里来到某县级医院看病，门诊医生通过办公系统查询得知他是一位五保户老年人，立即将他送入重症监护室（ICU），按照一天3000元的标准收费。县民政局相关部门得知后第一时间电话联系县级医院，表达该五保户老年人向来不是重症病人，医院表示知悉，但仍然安排该老年人在重症监护室接受观察和治疗。县民政局相关负责人万般无奈下，向县政府办公室请示，得到的回复是建议民政局出具该老年人具备出院条件的证明。但是县民政局认为本部门不是医疗卫生部门，没有医学上鉴定的资质和法律上鉴定的权力，无法出具出院证明。该老年人的家属也不愿意在出院手续上签字，他们表示不敢保证老年人未来的身体状况不发生变化。最后，这位非重症的五保户老年人在重症监护室里接受了4天"治疗"。

可见，在县级医院与敬老院上下联动的过程中缺少监管力量，很可能产生"道德风险"行为。因此，医疗机构内部的纪检部门应加强对五保户老年人看病过程的监管，敦促各个科室廉洁自律。县卫计局应担负起稽核医疗卫生"一站式"服务的职责，一经发现道德风险行为，立即对医疗机构追究法律责任并且进行严格处罚，在全县予以公开批评。县社保局也应对医院各种医疗保险欺诈行为一查到底，追究涉事医务人员的法律责任，同时设立举报电话，号召看病老年人及其家属积极参与检举和投诉。

3. 五保户老年人拖欠自费药阻碍上下联动，倒逼行政效率提高

敬老院的五保户老年人住院治疗产生的医药费通过清远市城乡居民医疗保险和市、县两级财政补贴报销后，住院自负医药费部分须根据2014年执行的城乡医疗救助"一站式"结算规定按照70%的比例报销，因此对于住院治疗的五保户老年人常常会产生十几元到几十元不等的自费药费。首先，敬老院的五保户老年人不愿意担负自费药费，经常发生拖欠现象。2016年连南县和连山县农村五保户老年人供养标准分别为每月447元和每月540元，集中供养在敬老院的五保户老年人要将80%的供养补贴上交敬老院作为生活开销，每月只留下100元左右的零用钱。两县政府为五保户老年人代缴最低标准的城乡居民基本养老保险，符合领取条件的五

保户老年人每月可领取养老金110元,可是五保户老年人依然生活拮据。遇到敬老院的五保户老年人拖欠自费药费的情况,镇卫生院和县级医院通常向县民政局寻求解决办法。长此以往,当敬老院的五保户老年人需要住院治疗时,医生不会相信老年人愿意结清药费的保证,首先打电话给县民政局,要求相关工作人员表明身份并且做出口头担保,否则对老年人拖延治疗。县民政局的工作人员对医生做出口头担保后,立即对五保户老年人无法负担自费药一事向省民政厅提交申请,争取敬老院日常运营补助金的下发,经过层层审批和烦琐程序之后,县民政局的工作人员才能拿到补助金,到医疗机构将自费药费结清。

虽然县民政局已经成为医疗机构和敬老院上下协调的有力桥梁,但是遇到拖欠自费药的事件,相关的五保户老年人、医生、县民政局工作人员之间容易产生矛盾。如果县民政局不能解决此类问题,敬老院就会失去信誉,五保户老年人看病就会受到排斥。因此,省级财政帮扶敬老院的日常运营补助金应明确下发到县民政局,成立专门账户,有需要则支取,无需要则留存累积,及时破解五保户老年人拖欠自费药费的僵局,为敬老院与镇、县级医院加深信任和加强合作奠定基础。同时,敬老院应与镇、县级医院签订合作协议,对突发事件建立应急响应措施和管理办法,更好的为敬老院的五保户老年人服务。

(五)县级医院开设"医养结合"养老服务专区——连南县即将开展,连山县暂无计划

1. 连南县计划毗邻县级医院开设"医院结合"养老服务专区

在瑶族和壮族家庭中,能够接受"机构养老"观念的老年人大多数是经受病痛折磨并且缺少家人照护的老年人。如果依托医院开设"医养结合"养老服务专区,子女会增加对机构养老的信赖,老年人也会增强康复信心和安全感。当老年人出现病情恶化,医护人员会第一时间赶到并进行抢救和控制,比120救护车的服务效果更及时有效,因此很多老年人及其家属期待在医院开设"医养结合"养老服务机构。2016年3月连南县中医院扩大了住院部规模,但是康复医学科的床位仍然每天爆满,绝大多数住院患者是严重慢性病、大病恢复期和后遗症恢复期的老年人,因此连南县中医院的领导班子正在紧急研究启动"医养结合"养老服务专区建设项目,不再将所有需要医护人员参与的服务都纳入住

院部挤占资源。尤其对于脑中风、脑出血的老年人患者,后遗症时期是一个漫长的功能恢复期。老年人患者长期压床不仅会带来高昂的医疗费用,更会拉低医疗资源周转率。连南县中医院正在积极与民营养老服务机构洽谈,筹划毗邻住院部建立一个"医养结合"养老服务专区,将严重慢性病、大病恢复期和后遗症恢复期的老年人转移到此处进行中长期的治疗和养护,以养老服务机构作为收费标准,同时由医护人员参与康复护理和日常医疗卫生指导,并按照所需医疗项目合理收费。这一创新举措不仅将大大减少医疗资源浪费,而且能够减少家人的经济负担和时间成本。

2. 连山县人民医院难以突破"人才瓶颈"

连山县人民医院旧址业务用房只有9882平方米,床位数100张,场地狭窄不利于扩建,科室建设也难以健全完善,于是当地流传"看病有钱的去广州,没钱的去贺州"。2014年9月在广东省政府和清远市政府的大力扶持下,决定将连山县人民医院整体搬迁到县职业技术学校,按照二甲医院标准进行改建和扩建。2017年,新连山县人民医院建筑面积超过31800平方米,床位数达到360张。这些床位数是与连山县人口年龄结构和健康状况相适应的,如果要增加"医养结合"养老服务床位,需要另外开辟医疗服务区并且提前规划布局,连山县人民医院短期内不能满足这部分需求。

连山县人民医院从重症监护室(ICU)转出需要恢复的慢性病老年人,大多数在内科病房里压床,如老慢支、糖尿病、高血压、冠心病等老年病患者。一到冬季,老慢支患者咳痰和气喘加重,两三个月下不了病床,好转后回到家里一周左右又复发,如此反复,整个冬季都要占用病床。然而,医院诊疗水平的2个重要衡量指标是"病床周转率"和"住院天数",久占病床的老年人影响了医院的服务质量和综合评价。因此,连山县人民医院领导班子曾经考虑,与其不断增加内科病房床位数,不如在医院周围开辟"医养结合"养老服务专区,允许严重的慢性病老年人长期压床。

但是,要开辟"医养结合"养老服务专区,"人才瓶颈"难以突破。"医养结合"养老服务专区必须配备一个老年康复科室,增加老年康复科室主任和副主任各1名、学科带头人1名、主治医师2名、住院医师多名以及护士多名。这些医护人员不仅要具备扎实的内科学基础,还要具备老年疾病的治疗技术和临床经验。然而连山县的医疗专业人才一直"引不来，留不下"，人才"短板"难以弥补。截至 2016 年 6 月，连山县人民医院只有 2 名在职的副主任医师，全日制大专毕业的医护人员只有 8 人，包括基层卫生院 3 人。连山县考出去的全日制医学本科生不愿意回家乡工作，一些医学本科生来了又走，把县人民医院当作积累经验以备日后跳槽、考研和考公务员的过渡单位。连山县政府为了遏制人才流失现象出台了鼓励政策，如医学人才签订连续服务 8 年的协议，就为其免费提供生活住房一套和轿车一辆。但是，很多医学人才还是在协议期内离开，因为他们对 3000 元/平方米的住房和山区天然质朴的生态环境并不满足，邻近的广州、深圳等一线城市优厚的薪酬待遇和前卫的生活方式对他们构成了巨大的诱惑。

因此，连山县人民医院要增加人员正规编制，以此增加医学人才的安全感和荣誉感。截至 2016 年 6 月，连山县人民医院拥有在编人员 130 人，只占实有 333 名员工的 39%。除去广州市第一人民医院、佛山市第一人民医院和清远市人民医院的 11 名帮扶专家，连山县人民医院只拥有中级职称 48 人，副高级职称 2 人，仅仅占实有员工总数的 14% 和 0.6%，如图 8-1 所示。可见，连山县人民医院不仅正规编制规模较小，而且中级和高级职称的医护人员数量更少。可见，市、县级政府应对有正规编制的医护人员投入更多福利资金。2014—2015 年，连山县政府对医疗卫生事业的

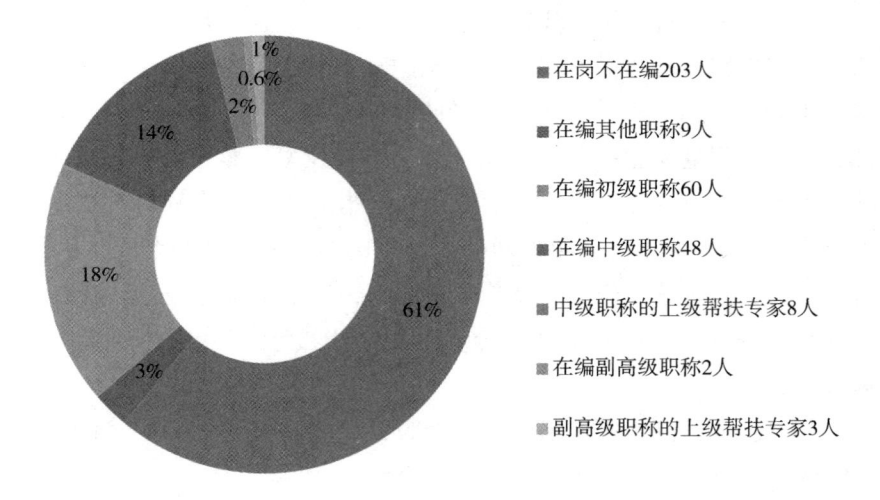

图 8-1　连山县人民医院工作人员编制和职称情况

财政投入排在全省最后一位，医师、医技、护工的月平均工资也排在全省末位。单靠县级医院增加财政预算，人员经费是远远不够的。因此县政府、清远市政府和广东省政府要加大对县级医院人员经费的财政补偿和转移支付。有了医院正规编制和有竞争力的福利待遇，年轻的医学人才才有可能扎根在县级医院谋求发展。

（六）养老服务机构内置医疗护理部门——两县都不具备可行性

1. 瑶族、壮族家庭的风俗习惯和经济条件不支持机构养老模式

首先，将瑶族、壮族老年人送到养老服务机构会被认为"子女不孝"，已婚子女通常主动要求与父母同住。其次，子女外出打工收入不高，除去自己的日常开销和小孩的教育支出，供养老年人的资金并不充足。优质的养老服务机构通常费用不菲，费用不高的养老服务机构通常条件简陋，甚至会出现虐待老年人的现象。因此，让人放心的养老服务机构所支付的高额费用让大多数民族山区家庭望而却步。再者，瑶族、壮族老年人只要能下床活动，都会从事力所能及的家务劳动，如在自家院子里种菜、喂养家禽等，并以此为乐。然而，在养老服务机构不能享受田园生活，并且受到规章制度的约束，让老年人处处觉得"不习惯""不自在"。最后，瑶族和壮族的风俗习惯都是老年人临终要住在家里，即使用最后一口气也要回到家里，逝世后进行土葬。如果在家园以外的地方离世会对子孙后代不吉利，因此瑶族、壮族老年人年龄越高越不愿意到家园以外的地方居住。如果逝世之后不能葬入宗族的墓地就是没有认祖归宗，而镇敬老院和县社会福利院只能提供火化服务，加重了瑶族、壮族老年人对"机构养老"模式的排斥。

2. 整合镇级敬老院资源建立县域敬老院是大势所趋

一方面，敬老院空置率普遍较高。截至2016年10月，连南县7家敬老院共有185个床位，只入住了80位老年人，床位空置率高达56.76%；连山县9家敬老院共有272个床位，只入住了110位老年人，床位空置率高达59.56%。2016年连山县五保户共有439人，其中集中供养110人，分散供养人数达到集中供养的3倍；连南县五保户共有601人，其中集中供养93人，分散供养人数是集中供养的5倍多。为了提高敬老院入住率，两县政府曾多次动员分散供养的五保户老年人迁居到敬老院，但是老年人不愿意放弃自家宅基地和自留地，更愿意从事种植和养殖活动，部分五保

户老年人已经和街坊邻居形成互助养老模式。曾经县政府出台一项政策：对不接受敬老院集中供养的五保户老年人收回"五保户"指标。但是有房有地的五保户老年人宁可放弃五保户的待遇，也不愿意到敬老院养老，该政策后来被终止。2005年开始，连南县和连山县的敬老院面向社会开放，允许入住一部分自费老年人，但是迄今为止没有一位社会老年人前来自费养老。连山县只有一位老年人咨询过，连南县连一位咨询的老年人都没有。另一方面，敬老院照护人员极其不足且流动性较大。即使敬老院只入住三四个老年人，照护人员也要执行24小时轮班制度，工作强度较高造成照护人员稳定性较差。目前，连南县和连山县的敬老院平均每家只有2—3个常驻照护人员，坚持每天做饭洗衣等劳动已经十分疲劳，额外增加医疗护理任务也不甚合理。

基于以上原因，连南县和连山县的镇级敬老院需要整合资源建立县域级敬老院，摒弃扩大个别镇级敬老院规模的老思路。2015年"二广"高速公路通车，323国道改造和县道改造工程也依次完成，连南县和连山县各镇之间的公路交通网络基本完备，为老年人跨镇入住敬老院带来交通便利。2014年连南县政府启动建设两家县域级敬老院的项目。一家在2017年中建成于寨岗镇，将设置200张床位，计划将寨岗镇、三排镇和大麦山镇的各家敬老院集中供养的老年人全部安置其中，照护人员和配套设施也将集中于此。另一家建设于三江镇，也将设置200张床位，计划将三江镇、香坪镇、大坪镇和涡水镇的各家敬老院集中供养的老年人全部安置其中，这两家县域级敬老院都将向社会老年人开放。

3. 敬老院整合资源面临诸多问题

（1）不同支系的瑶族、壮族居民风俗文化差异较大，整合后的县域敬老院规模不宜过大

八排瑶居民在不同村落之间的风俗文化差异明显，如三排镇的八排瑶老年人去世要进行七天七夜的"老人椅"仪式再送上山土葬，而大坪镇的八排瑶老年人葬礼仪式是简化而朴素的。此外，八排瑶和过山瑶的瑶族话差别很大，用瑶族话几乎不能沟通，只能用带本地口音的客家话交流。由于风俗文化不同，不同支系的瑶族、壮族老年人朝夕相处难免产生摩擦和矛盾。为了减少管理难度和节约管理成本，多家镇级敬老院在整合成一家县域级敬老院的过程中要遵循"求同存异"原则，按照不同民族支系和村落进行分块居住，并且整合规模不宜过大过杂。根据两县镇级敬老院多年

累积的经验，一家县域级敬老院接纳50名左右的老年人是适宜的规模。

（2）敬老院整合资源后仍是"老年人照顾老年人"，要建立照护人员正规编制并提高薪酬待遇

在连南县和连山县的镇级敬老院，只要有10位老年人入住就要至少配备2名照护人员，5：1是比例底线。虽然敬老院整合资源后可以满足这一比例，但是仍然存在55—65岁的照护人员照顾70岁以上五保户老年人的现象，照护人员存在年龄偏大、文化程度初中以下、缺少专业的养老护理技能、体力和智力跟不上等问题。照料失能和半失能老年人通常要喂饭洗澡、端屎倒尿、睡觉翻身等，是"脏、苦、累、烦"的服务工作。虽然连南县和连山县的敬老院在2015年全部完成事业单位法人登记，但是没有为照护人员落实事业单位编制或者机构内部正式编制，全部照护人员都是临时工。

敬老院的照护人员每月只有1210元微薄收入，敬老院只为员工缴纳一半社会保险费，另一半要自掏腰包。这样的薪酬待遇远远不能吸引职业养老护理员以及40—50岁的农业富余劳动力从事该行业。2013年连南县人社局共选拔50名养老照护人员到广州市颐和养老院进行专业技能培训，计划培养三年后将这些积累了专业经验的养老照护人才引进连南县社会福利院工作，但是连南县社会福利院后来停业，引进养老照护人才的计划也中断了。相形之下，连南县7家县级敬老院的照护人员缺口较大，却无人问津。2015年连山县从事家庭服务业共有270人，其中外出从事家庭服务业190人，在本县从事家庭服务业的只有80人，并且没有人主动到连山县的9家县级敬老院工作。因此，要想提高敬老院照护人员水准，首先要通过政府购买服务等方式建立敬老院照护人员的正规编制，同时提高工资水平并缴纳完整的"五险一金"，才能使中青年劳动力认为敬老院的工作是有尊严、有地位的，才能吸引外出从事养老服务行业的青壮年劳动力回家乡贡献青春，才能从根本上提高敬老院的养老服务质量。

（3）养老护理劳动力供给不足，义工和社会志愿者不能替代敬老院的照护人员

连南县和连山县敬老院的在岗照护人员多数为"50后""60后"，不仅人手远远不够，而且绝大多数照护人员只是将养老护理作为迫不得已的谋生手段，几乎没有人当作职业追求。中青年劳动力大多数选择外出务工，本地劳动力"空心化"现象严重，服务业劳动力供给不足。

以连南县三江镇为例，2014年三江镇共输出农村富余劳动力366人，其中县外输出349人，县内输出仅17人，而2014年全年新增劳动力也只有204人。因此，每年县政府开办养老护理技能培训班都招不满15个学员，有时报名人数不足10人导致不能开班，养老护理行业培训收效甚微。

依靠义工和社会志愿者也不能解决敬老院照护人员人手不足的问题。第一，连山县义工和社会志愿者资源较少，其中学生志愿者的社会实践时间十分有限。第二，只有在重阳节、元旦和瑶族、壮族重大节日里，义工和社会志愿者才会集中来到敬老院慰问老年人并进行义务劳动，然而在漫长的平日里却很少关爱敬老院的老年人。第三，义工和社会志愿者为敬老院服务的初衷，多数是为了增加社会阅历、为社会贡献一份绵薄之力或者实现社会价值等等。他们通常没有报酬，不计较成本，认为"努力做了就好"，目标意识不强。可见，义工和社会志愿者的服务时间有限，服务能力参差不齐，管理水平也有待提高，因此在很大程度上不能替代敬老院的照护人员。所以，县民政局要制定义工和社会志愿者长期轮流、不间断帮扶敬老院的制度，尤其要建立敬老院日常突发事件的应急人员快速反应机制，让社会力量为两县敬老院提供长期、均衡、稳定的帮助。

4. 失能失智老年人"驱逐"健康老年人，社会福利院难以营利

连南县三江镇敬老院原坐落于三江镇政府旁侧，2011年该地块出让给房地产开发商，敬老院房屋拆迁后一直没有建立新的敬老院，于是镇政府将原三江镇敬老院集中供养的14位五保户老年人转移到建成不久的连南县社会福利院，包括9位患有精神类疾病的老年人。连南县政府采用公建民营的方式运营这家社会福利院，并且积极向社会开放，每个月都会举办宣传活动号召老年人及其家属前来参观。前来参观的老年人大多数对良好的环境称赞有加，可是当他们看到要与失能失智的老年人同在屋檐下居住，纷纷打起退堂鼓。久而久之，前来咨询和考察的老年人都销声匿迹，最后只剩下原三江镇敬老院的14位五保户老年人，社会福利院最终因无法营利而中止营业。

可见，失能失智老年人"驱逐"了健康老年人，导致"逆向选择"现象发生。一方面，连南县政府要加快三江镇敬老院新房屋建设进度，让安置在连南县社会福利院的14位五保户老年人尽快回迁三江镇敬老院。

另一方面，县级社会福利院要进行分区治理，建议将政府集中供养的五保户老年人和三无老年人，与自费养老的老年人井然分离，再将自理、半失能、失能、失智的老年人进行分类整合，形成自理区、失能区1、失能区2和失智区，如图8-2所示。通过分区治理能够抑制"逆向选择"现象的发生，吸引更多社会老年人入住，进而盘活公建民营的社会福利院。

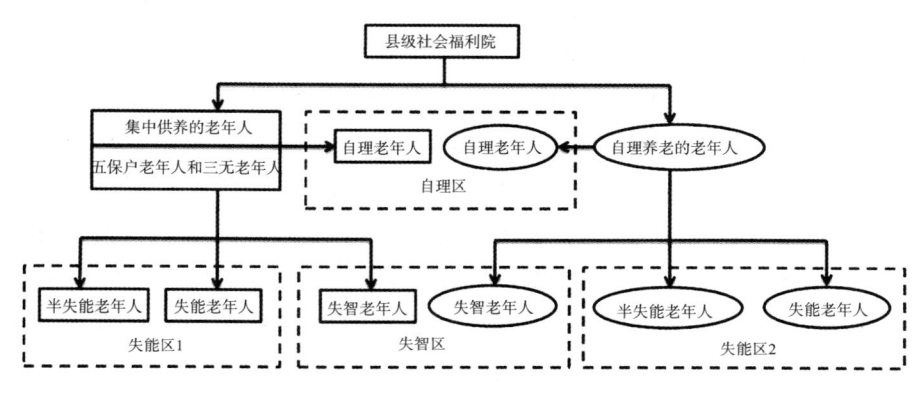

图8-2 县级社会福利院按照老年人自理能力分区的构想

连山县社会福利院也采用公建民营的方式在2012年年底开始营业，主体楼共12间房屋，硬件设施也已配备齐全。通过县物价局的审核，自费入住的老年人每月的食宿费和活动费应为1000元。但是社会福利院开业4年多来，只有一位老年人入住。然而这位老年人是连山县某国营林场户籍的五保户老年人，林场由于没有建立养老服务机构，于是委托连山县社会福利院供养。这位老年人将每个月林场发放的五保户生活费540元留下100元，其他的上交县社会福利院作为生活支出。一年后，这位老年人被转移到某个镇的敬老院，与其他五保户老年人一同供养。可以说，这位老年人并没有真正自费入住过社会福利院，连山县社会福利院没有真正接待过社会上愿意自费养老的老年人。

5. 社会福利院内置医疗护理部门的人力资源成本高，资金来源匮乏

连南县政府曾经拨给社会福利院2名全科医生事业编制，由于社会福利院目前处于停业状态，无法开展医疗卫生业务，因此县政府将这2名事业编制收回。如果在社会福利院内置医疗护理部门，要支付巨大的人力资源成本。一个内置的医疗护理部门要增加全科医生、护士、护工、会计、出纳等8种岗位，并且医护人员要在24小时之内轮换3班，节假日也要

轮流值班等，因此经两县政府测算，一个内置的医疗护理部门至少要增加25名工作人员。然而社会福利院要为一名执业医师支付5万—6万元年薪，为一名执业护师支付2万—3万元年薪，才能招募到医护人员。那么，一个内置医疗护理部门的社会福利院一年要多支出大约120万元人力资源成本。然而清远市政府和广东省政府只对"医养结合"机构提供硬件支持，例如在增加床铺、医疗设备和卫生器材等方面提供物质帮助，而人力资源成本只能依靠县政府财力负担。

然而，县级财政根本负担不起如此巨大的人力资源成本。加之市级和省级财政不提供"医养结合"机构建设专项资金，民营企业和风险投资者由于社会福利院几乎没有入住社会老年人而放弃投资计划，因此在连南县和连山县的社会福利院内置医疗护理部门难以实现。两县政府部门不约而同的认为，与其在社会福利院花费巨大成本建立医疗护理部门，不如在县级医院增加老年人病床数和开设"医养结合"养老服务专区，后者不仅节省投资，而且更容易获得较高的投资回报和广泛的社会认可。

四　研究结论

（一）民族地区开展"医养结合"养老服务的适宜模式

民族地区开展"医养结合"养老服务的适宜模式是农村基层组织与村卫生站合作以及医院与敬老院合作，不适宜模式是养老服务机构内置医疗护理部门。

民族地区可以开展"医养结合"养老服务。第一，连南县和连山县依托农村基层组织成为乡村医生和农村家庭之间的桥梁，促进了立足于家庭养老的"医养结合"服务的形成。第二，两县的村卫生站定期为老年人提供体检和疾病复查，对口帮扶医院的专家也积极下村卫生站为老年人义诊，有利于立足于家庭养老的"医养结合"服务的普及和深化。第三，两县的镇、县级医院已经与敬老院建立了良好的上下联动关系，并且有待于更加规范和深入的合作。但是，在两县养老服务机构内置医疗护理部门都不具备可行性。可见，在民族山区开展"医养结合"养老服务，适宜的供给模式是农村基层组织与村卫生站密切合作，以及镇、县级医院与敬老院通力合作；不适宜的供给模式是养老服务机构内部设置医疗护理部门。

（二）民族地区"医养结合"养老服务未来发展趋势

"家庭医生"签约制度和县级医院开设"医养结合"养老服务专区是民族地区未来发展趋势。

一方面，连南县尚不能推行"家庭医生"签约制度，原因在于没有建成社区，不具备足够的医疗卫生和资金条件，并且一部分瑶族老年人表示不理解和不认可。而连山县已经在社区居民中签约"家庭医生"并且开展医疗卫生服务。另一方面，连南县中医院正在积极与民营养老服务机构洽谈，筹划毗邻住院部建立一个"医养结合"养老服务专区。而连山县人民医院由于"人才瓶颈"难以突破，短期内不能增加"医养结合"养老服务功能。但是不可否认，"家庭医生"签约制度和县级医院开设"医养结合"养老服务专区是民族山区"医养结合"养老服务事业未来发展的趋势。

（三）民族地区全面实践"医养结合"养老服务的可能性

在民族地区全面实践"医养结合"养老服务需要假以时日，转变保守思想是关键。就两县而言，连南县全面开展"医养结合"养老服务供给模式需要更长时间。首先，连南县的汉族人口比例比连山县低。连南县瑶族人口高达70%，壮族人口占3%，汉族人口只占27%。而连山县以壮族为主体的少数民族人口为63.88%，汉族人口达到36.12%。其次，连南县比连山县的民族思想更加牢固，族群意识更加强烈。连山县政府在行政机关、教育、医疗等领域吸引人才的政策更加灵活和优越，不仅吸纳了较多外地工作人员，并且学历以大中专以上为主，年轻化程度较高，因此带来更多先进思想和创新理念。而连南县为本地民族人才提供的优惠政策较多，在企、事业单位选拔领导干部时更加倾向于本地瑶族人，任用汉族人和外地人的机会较少。再者，连南县民族文化被汉族同化的程度比连山县低。连山县壮族、瑶族同胞与汉族同胞杂居的交融度较大，交流和往来日益密切，在工作和生活当中各族居民几乎感受不到民族界限。而连南县瑶族人口比重较高，居住比较集中，民族意识较强，因而接受新鲜事物较慢。例如在居委会实施新政策时，如果遭到瑶族居民的集体反对，该政策就会"夭折"。此外，连南县城随处可见穿着青色瑶族服装、头戴羽毛饰品的青年人和老年人，而连山县只有在自然村才可以见到民族传统服饰，并且大多数是老年人穿着。可见，连南县更好地保持了民族传统文化和风俗习惯，被汉族同化的程度比连山县低。基于以上三方面原因，连南县全面开展"医养结合"养老服务供给模式需要更长时间。民族地区"重男轻女""养儿防老"的传统思想根深蒂固，民族家庭大多数不支持"机构养老"，民族地区还存在"巫医结合"的治疗方式和讳疾忌医的思想，大部分民族老年人对"医养结合"创新模式持有"不置可否"的保守态度。总之，在民族地区全面实践"医养结合"养老服务至少需要 50 年的时间，在加强基础设施建设和提高经济发展速度的同时，更需要转变少数民族老年人的保守思想和封闭观念。

（作者：于绯）

第九章　广东民族自治县的立法现状与思考

目前，广东省共有少数民族自治县3个，分别为连南瑶族自治县、连山壮族瑶族自治县和乳源瑶族自治县。根据我国宪法规定，我国在少数民族聚居地区实行区域自治制度，民族区域自治制度是我国的基本政治制度。少数民族自治区的自治权中的重要组成部分就是立法权，少数民族自治区可以根据本地政治、经济、文化、民族等实际情况来制定或者变通某些规定。为了解广东省少数民族自治地区的地方立法情况，调研组分别去连南瑶族自治县、连山壮族瑶族自治县和乳源瑶族自治县进行了实地调查。

一　立法概况

（一）连南瑶族自治县的立法

连南瑶族自治县，位于广东省西北部。全县面积1305.9平方公里。全县划分为7个镇。即三江、寨岗、大麦山、香坪、大坪、涡水、三排。瑶族分布于占全县面积88%的山区；汉族分布于三江镇、寨岗镇等地，皆属平原丘陵地带，占全县面积的12%。据2015年人口统计，全县共有156523人，其中瑶族80972人，占总人口的50.73%多；壮族1523人；汉族7万多人，大部分为客家人。还有少量的回、满、黎、彝、土家、布依、朝鲜等民族。境内崇山峻岭，连绵百余里，在连绵百余里的高山峻岭上，到处是瑶家村寨，瑶族风情丰盛，故连南瑶族自治县有"百里瑶山"之称。

连南瑶族自治县自有立法权以来，根据地方实际需要，积极开展立法工作，一共制定了5部自治条例，修改了1部上级地方性条例。它们分别是：1987年3月颁布的《连南瑶族自治县自治条例》；2012年连南瑶族自治县制定的《连南瑶族自治县森林资源保护管理条例》和《连南瑶族自治县保障青少年入学权利条例》；2016年10月12日县十四届人大常委会第四十三次会议表决通过的《连南瑶族自治县非物质文化遗产保护条例》和《连南瑶族自治县村镇规划建设管理条例》。2000年3月11日连南瑶族自治县第十一届人民代表大会第四次会议通过了《连南瑶族自治县实施〈广东省计划生育条例〉第十条的规定》，2004年6月11日连南瑶族自治县第十二届人民代表大会第一次会议决定废止《连南瑶族自治县实施〈广东省计划生育条例〉补充规定》。这些单行条例的制定和颁布实施，加快了自治县地方立法进程，为自治县经济和社会发展提供了有力的法制保障。

（二）连山壮族瑶族自治县的立法

连山壮族瑶族自治县地处广东省西北隅，全县总面积1265平方公里，辖吉田、太保、禾洞、永和、福堂、小三江、上帅7个镇及48个行政村、4个社区。2015年末，户籍总人口121676人，全县少数民族人口77728人，占总人口63.88%，其中壮族58071人，瑶族19330人。

连山壮族瑶族自治县自有立法权以来，根据地方实际情况，主动开展立法工作，一共制定了3部自治性条例，修改实施了1部上级地方性条例。1988年3月16日连山壮族瑶族自治县第四届人民代表大会第二次会议通过了《连山壮族瑶族自治县自治条例》，1999年3月12日连山壮族瑶族自治县第七届人民代表大会第三次会议通过第一次修订，2009年3月5日连山壮族瑶族自治县第九届人民代表大会第三次会议通过第二次修订。2001年制定了《连山壮族瑶族自治县乡道建设和管理条例》，2002年1月1日起施行。2014年1月25日连山壮族瑶族自治县第十届人民代表大会第四次会议通过了《连山壮族瑶族自治县森林资源保护管理条例》，2015年3月1日起施行。

2000年3月4日连山壮族瑶族自治县第七届人民代表大会第四次会议通过了《连山壮族瑶族自治县实施〈广东省计划生育条例〉第十条的规定》，2004年3月18日连山壮族瑶族自治县第八届人民代表大会第二次会议审议通过了《关于废止连山壮族瑶族自治县实施〈广东省计划生育条例〉第十条的决定》，对《连山壮族瑶族自治县实施〈广东省计划生育条例〉第十条的规定》进行了废止。

（三）乳源瑶族自治县的立法

乳源瑶族自治县位于广东省西北部、韶关市西部，全县总面积 2299 平方公里，辖 9 个镇，115 个村（居）委会，1082 个自然村；截至 2015 年年底，全县户籍人口 21.68 万人，其中农业人口 14.57 万人，瑶族人口 2.2 万人。

乳源瑶族自治县自有立法权以来，主动开展立法工作，立法活动十分活跃，为地方自治权的作用发挥提供了法制保障，一共制定了 6 部自治性条例，修改实施了 1 部上级地方性条例。1988 年 3 月 27 日乳源瑶族自治县第五届人民代表大会第二次会议通过了《乳源瑶族自治县自治条例》，1999 年 1 月 23 日乳源瑶族自治县第八届人民代表大会第二次会议通过修订，1999 年 5 月 21 日广东省第九届人民代表大会常务委员会第十次会议批准《乳源瑶族自治县自治条例（修正）》；1993 年 3 月 11 日乳源瑶族自治县第七届人民代表大会第一次会议通过《广东省乳源瑶族自治县水资源管理条例》，1997 年 12 月 1 日广东省第八届人民代表大会常务委员会第三十二次会议通过了《关于修改〈广东省乳源瑶族自治县水资源管理条例〉第十六条的决定》；2001 年 2 月 23 日乳源瑶族自治县第八届人民代表大会第四次会议通过了《乳源瑶族自治县城镇规划条例》；2001 年 2 月 23 日乳源瑶族自治县第八届人民代表大会第四次会议通过了《乳源瑶族自治县水污染防治条例》；2001 年 2 月 23 日乳源瑶族自治县第八届人民代表大会第四次会议通过了《乳源瑶族自治县森林资源保护管理条例》；2006 年 1 月 19 日乳源瑶族自治县第九届人民代表大会第四次会议通过了《乳源瑶族自治县旅游管理条例》。

2000 年 2 月 25 日乳源瑶族自治县第八届人民代表大会第三次会议通过了《乳源瑶族自治县实施〈广东省计划生育条例〉第十条的规定》，对《广东省计划生育条例》进行了修改实施。2004 年 3 月 12 日乳源瑶族自治县第九届人民代表大会第二次会议通过了关于废止《乳源瑶族自治县实施〈广东省计划生育条例〉第十条的规定》的决定。

二 立法特点

从广东省少数民族自治地区的立法情况来看，广东省的少数民族自治地区虽然较少，共有连南瑶族自治县、连山壮族瑶族自治县和乳源瑶族自治县3个自治县，但是少数民族自治地区根据本地实际需要，积极开展立法工作，立法活动较为活跃，三个自治县共制定了14部自治条例，三个县都分别修改实施了1部上级地方性条例，这都为地方政治、经济、文化、资源等发展和保护提供了法制保障。广东省少数民族自治地区的立法主体虽然行政级别较低，但立法工作仍然存在一些亮点和特色，值得学习和借鉴。

（一）注重立法必要性，坚持问题导向

民族自治地方的立法权是国家授予的一项极其重要的自治权，立法选题和变通说到底都是立法权的问题，是关系到保证自治地方充分行使自治权的问题。[①] 民族自治地方在立法中，选题的必要性应当紧紧抓住问题导向，立足于当地的实际情况。自治机关应当对本自治地方行政区域内的政治、经济、文化等各方面根据本地需要确定立法选题。在法定权限内，只要自治地方的立法有利于民族地方自治权的充分行使，有利于民族自治地方的社会经济发展，有利于消除少数民族之间的不平等，都应该大力支持。[②]

广东省少数民族地区在立法选题中坚持问题导向，注重立法必要性审查。如连南瑶族自治县制定《连南瑶族自治县民族文化遗产保护条例》的原因在于瑶族民族文化本身需要保护的实际情况。连南瑶族保存有大量的民族文化遗产，连南有省级保护单位1处、县级保护单位10处，有国家、省、市、县级非物质文化遗产名录3项、7项、9项、24项，国家、省、市、县级非物质文化遗产传承人1人、11人、18人、57人，还有多处非物质文化遗产传承基地。这些优秀的文化遗产在保护过程中，存在诸多问题，如保护意识不足，文化遗产面临消亡的危险；缺乏规范的传承体系，文化传承后继无人，面临灭绝的困境；民族民间文化资源流失严重，民间文化资源多数流传于民间，尤其是独门绝技，传世不多。缺乏政策法规，民间文化保护工作的政策不够健全、难以建立科学的发现—评估—认定—保护—管理—利用的工作程序等。连南瑶族自治县根据上述情况，在

---

① 杨旭：《民族自治地方立法选题及变通问题初探》，《满族研究》2002年第3期。
② 杨旭：《民族自治地方立法选题及变通问题初探》，《满族研究》2002年第3期。

制定条例时突出解决问题的主线,对民族文化遗产的调查、申报和保护,民族文化遗产的传承、传播和利用,保障和激励等方面进行了规定,制定了接地气、实用性强的自治性条例。

(二)坚持立足民情,体现民族特色

广东省少数民族自治县的立法工作一直坚持立足民情,体现民族特色,坚持从自治县实际出发,紧扣经济、社会发展中急需解决的问题和人民群众普遍关心的热点问题、民族问题,制定和实施立法计划,在选题和内容上注重贴近经济和社会实际,体现自治县的自然、人文特点和民族特色。《连山壮族瑶族自治县自治条例》规定,每年农历四月初八壮族传统节日牛王诞、农历十月十六瑶族传统节日盘王节可以各放假一天。《连南瑶族自治县自治条例》第36条:"自治县积极发展民族特需商品生产,做好供应工作,以满足少数民族群众生产、生活的特殊需要。"

连山县森林资源丰富,全县活立木蓄积量达到836万多立方米,森林覆盖率达到83.5%以上,是全省林业重点县之一,有林业用地面积10.27万公顷,2006年被省政府授予"省林业生态县"光荣称号,连山森林覆盖率全省第一,是国家重点生态功能区。为了切实加强森林资源保护,2014年1月25日连山壮族瑶族自治县第十届人民代表大会第四次会议通过了《连山壮族瑶族自治县森林资源保护管理条例》。

(三)坚持科学立法,增强民主立法

广东省少数民族自治县的立法工作坚持科学立法、开门立法,增强民主立法,增加立法透明度和提高社会参与度。在立法过程中,一是注重发挥人大代表的作用,人大代表是人民的传声筒,是联系人民的纽带,通过发挥代表立法议案权作用,召开代表专题座谈会,邀请代表参加立法调研,列席常委会会议,参加审议草案会议等途径,可以让人民参与到立法活动中来,在立法中体现人民的声音。二是民主立法,通过广泛征求意见、发放意见稿等方式向社会广泛征求意见,如连南县在2009年修订《自治条例》时,向社会征求意见五次之多。三是充分表达民意,在立法过程中,通过深入基层一线调研来对涉及群众切身利益的民生法规条款进行论证,深入农村、城市,走群众路线、广纳"民意"。如《连南瑶族自治县保障青少年儿童入学权利条例》制定前，多次深入镇中心学校、村校和教学点下访教师、家长，掌握第一手鲜活资料，使制定的《条例》法规更加符合自治县实际。

连山县人大常委会在制定《连山壮族瑶族自治县森林资源保护管理条例》的过程中，成立以县委书记、县人大常委会主任任组长，人大、政府主要领导任常务副组长，人大分管副主任、政府分管副县长任副组长，各相关单位主要负责人为成员的制定工作领导小组，从有关部门抽调精干人员组成修订起草小组，采取"走出去，请进来"的方式，先后两次印发征求意见稿，收集意见和建议61条，在此基础上，对重点条款、重点内容开展调研，并召开论证会，再次修改审议。

（四）坚持制度创新，推动立法进程

广东省少数民族自治县的立法工作坚持制度创新，规范立法工作，在法规的立项、起草、审查、审议、表决等方面，构建适应自治县立法工作需要的制度体系。首先，高度重视立法选项工作。立法选题是立法成功与否的第一步，广东省自治县在立法中都普遍注重立法选题。自治县根据社会发展的需要确定立法的项目，一般都在立法前先召开民主党派和社会团体、镇村各界、人大代表座谈会，直接听取他们对立法工作和立法项目的意见和建议。人大常委会还注重立法初审工作，对申报项目的立法必要性、迫切性以及拟立法解决的问题等进行审查。

其次，创新自治条例起草方式。在起草过程中，自治县逐步改革单一的政府立法起草模式，探索多元化的起草方式，如有职能部门自行起草的模式，还有联合起草、组成起草小组起草等方式。通过创新起草模式，让立法者、执法者、专家学者和人民群众的积极性得到充分调动，大家集思广益推动立法工作。如《连南瑶族自治县森林资源保护管理条例》列入自治县人大常委会立法计划后，由县委林业局、森林公安分局、林业技术研究所等有关专业人士和同志联合起草，提高立法效率，保证了质量。

最后，健全立法审议制度。自治县在立法审议程序中，都建立统一的立法审议制度，邀请人大代表列席法规审议制度。还通过咨询专业人士制度，再审制度，条款表决制度等方式来不断提高立法质量。少数民族自治地区在地方立法上还坚持在"变通"上下功夫，在实用上进行有力、有效探索，对不适合本县实际和不具备可操作性的上位法作出变通规定，做

到能立几条就立几条，不追求"大而全"或面面俱到，树立"小而精"和"真正管用"的思路。还注意立法的前瞻性和创新性。

（五）坚持依法把关，提高立法质量

广东省少数民族自治县的立法工作坚持依法把关，提高立法质量。注重立法的合法性，审查立法是否有相应的立法权限，是否与上位法冲突，是否与同位法相衔接，删除与上位法相冲突的地方。另外，在合法范围内还注重可行性审查。如连山县人大常委会在制定自治条例时，不但对制定自治县单行条例的必要性、可行性和科学性进行研究和论证，还结合实际情况，在水资源管理、矿产资源管理、城镇管理等方面进行立法必要性的研究，充分论证，力求高效利用立法资源。此外，还注重加强与上下级之间的联系和协调，争取上级机关提供必要的指导，对立法中遇到的税费分配、优惠减免、财政转移支付等核心问题，及时请示上级机关。最后，还注重培养立法人才，提高立法队伍素质。少数民族地区立法人才匮乏，人大常委会还注重采取措施培养立法人才、留住立法人才。

（六）注重立法执行，取得实际效果

少数民族地区自治县不但注重立法工作，还十分注重立法实效，立法工作的目的主要是满足一种外在的规则治理的需求与地方治理的特殊需要。① 因此，自治县在立法中不但注重立法本身，而且更加注重自治性条例的执行力和实效性。如《连山壮族瑶族自治县乡道建设和管理条例》实施以来，该县的乡道建设取得了飞跃性的发展，交通条件得到了极大的改善。全县共投入资金 19442 万元，完成新（改）建农村道路 462.1 公里。到 2016 年年底为止，全县农村公路通车里程 918 公里，其中县道 124.46 公里，乡（镇）道 689.18 公里，村道 104.4 公里。县管养路好路率得到大幅度提高，乡村公路保持晴雨天都能通车。

（七）创新普法形式，增强法制宣传实效

自治县的立法活动逐渐增多，自治性条例和普通民众的生活关系越来越密切，但多数民众对立法的关注度并不太高，对这些新的法律制度并不

---

① 张帆：《规范的缝隙与地方立法的必要性》，《政治与法律》2010 年第 3 期。

了解，一定程度上影响了自治性条例的实施。

近几年来，自治县各级、各部门为了普及法律，增强法律的实效性，按照"谁执法、谁普法"的原则，上下联动、多方整合，不断创新普法宣传形式。一是充分利用讲座、培训、各种法律宣传日、广播、微博等各种形式开展法制宣传，让老百姓了解新的法律，做到知法懂法。二是创新普法形式，以喜闻乐见的方式达到普法的目的。利用开展各类专题法制文艺汇演等活动开展法制宣传，如乳源县2014年在游溪烈村开展了三八妇女维权普法文艺晚会，举办"普法杯"摄影比赛等，向社会征集法治建设成果照片，大力宣传法治建设，促进法治文化建设等。三是利用本地传统节日，人流集中的时间进行普法，以求达到较高的普及率。如乳源县在各镇传统圩日人流密集之际开展法制宣传，2011年乳源县普法办组织县禁毒办，消防、烟草等单位分别到健民村委和大东村委开展"送法下乡"活动。四是建设常态化的法制宣传阵地，形成一种普法的长效机制。如乳源县在沿江路建设了"法治文化长廊"，让人们在散步休闲中得到法制教育。

三 立法不足与展望

地方民族立法是国家立法的组成部分，是宪法和法律赋予民族自治地方人大的一项重要职权，广东省民族自治地方人大常委会重视民族立法工作，以坚持科学立法、民主立法的原则，从自治县的实际出发，立足民族地方的特点和特色，为民族事业发展提供了法制保障。但是，由于广东省少数民族自治地方较少，行政区划也仅仅是县一级，立法经验有限，立法活动中还存在一些不足，有提高和改善的空间。

（一）立法选题可以进一步关注民族问题

国家法律授权少数民族地区立法权的目的首先是处理好少数民族自身的特有问题，因此，少数民族可以根据自身的民族风俗习惯、语言文字等特色进行立法保护。目前，广东省3个少数民族自治县制定的14部自治条例中只有1部《连南瑶族自治县非物质文化遗产保护条例》是为了保护少数民族自身特殊性的，其他的条例都是关于少数民族自治地方特有问题的，而不是民族特殊问题的。

尽管民族区域自治的核心是自治权，自治权包括民族自治和区域自治，但是在立法中不能过度倾向于区域自治，民族仍然是自治权的重要组成部分。基于当前我国少数民族地区的传统文化及民族特色有被同化和灭失的倾向，我国少数民族地区立法中应当更加关注民族特色保护问题，通过立法来提高保护力度。

（二）存在同质性倾向，可以突出地方特色

广东省三个民族自治县在立法成果方面，各自根据自身的实际情况和需求，立出了各地的特色，如乳源瑶族自治县根据自身旅游资源丰富的优势，为了规范和发展旅游市场专门制定了《乳源瑶族自治县旅游管理条例》，连南瑶族自治县为了保护本身的非物质文化遗产，专门制定了《连南瑶族自治县非物质文化遗产保护条例》。三个民族自治县为了保护本地资源、发展本地经济，都充分发挥了立法的作用。

但从三个自治县的立法成果来看，三个自治县的立法成果存在一定的同质化倾向，三个自治县制定的条例有些关注角度相同，如三个县都分别修改实施了 1 部上级地方性条例，即对《广东省计划生育条例》第十条进行了修改实施，但又分别废止了上述修改实施的规定；三个县都制定了《森林资源保护管理条例》，都注重对森林资源进行保护；三个县在城镇建设规划方面也都有关注，如乳源瑶族自治县制定了城镇规划条例，连南县制定了村镇规划建设管理条例，连山县制定了乡道建设和管理条例。基于各县的部分实际情况相同，对统一领域进行立法规制也有合理性，但在未来的工作中也需要进一步考虑各自的地域问题，进一步注重解决地方特殊问题。

（三）立法上缺乏长远规划与前瞻性

三个自治县的立法活动近年来较为活跃，但在 2000—2010 年的立法活动较少，立法活动缺少一定的规划性，不能根据上级领导的重视程度来决定立法活动是否进行，在缺少立法规划的情况下，立法的科学性就会受到影响。如 1993 年 3 月 11 日乳源瑶族自治县第七届人民代表大会第一次会议通过《广东省乳源瑶族自治县水资源管理条例》，而 2001 年 2 月 23 日乳源瑶族自治县第八届人民代表大会第四次会议又通过了《乳源瑶族自治县水污染防治条例》。在 8 年的时间内，乳源瑶族自治县通过了两部

关于水领域的自治性条例，未来有可能还需要面临其他如水源地保护等水领域的问题，仍可能制定新的条例。在没有长远规划情况下，这就导致同领域的问题需要不断立法来解决，浪费立法资源。

在未来的立法工作中，三个自治县可以进行长远规划，制定具有前瞻性的立法规划，提高立法活动的科学性，保证立法成果的体系性。

（四）应重视自治性条例出台前后的评估工作

自治性条例是针对本县实际情况制定的制度，有其自身的特殊性，条例本身的内容有些是对上位法的修改实施，因此部分内容的科学性、合理性等需要做评估论证，如有不合适的情况需要及时修改。目前，广东省少数民族地区自治条例的制定和实施过程中并没有进行评估论证工作。因此，建议在未来的工作中开展评估论证工作，保证条例的制定、执行过程更加科学合理。

自治县人大常委会可以在立法前召开评估论证会，对法规出台时机、法规实施的社会效果和可能出现的问题等，听取有关专家、校方、学生和家长等各方意见。对法规进行出台前的评估，着力强化可行性评估，对其立法项目的立法内容、立法条件、可行性、社会影响和法规实施的成本效益等，进行客观认真的评估，增强立法科学性。同时，也可以开展立法后评估调研工作。采取向社会公示、专题调研、召开座谈会、听取汇报、问卷调查、比较分析、外出考察、专家论证等方式收集各方意见，对立法后的文本的质量、实施效果、存在问题以及影响因素进行调查和评价，提出加强执行力度，提高立法质量的意见。

（作者：肖扬宇）

第十章　国家法团主义：民族地区行业协会与政府之间的互动模式分析
——以广东连南瑶族自治县交通运输协会为例

一　问题的提出与已有研究进展

改革开放以来，随着多种所有制经济的发展，我国的利益结构日益多元化，亦分化出了越来越多的社会阶层，陆学艺曾将当代中国社会划分为十个阶层。① 随着利益结构的多元化与阶层的分化，社会的组织化程度已日益提高，特别是企业界，其组织形式——行业协会或曰商会已渐成蓬勃之势。行业协会最重要的功能就是代表并表达行业利益，尤其是将行业内的诉求传输进国家决策结构中。由是，关于行业协会的利益表达问题，尤其是行业协会与国家决策结构之间的互动关系与模式问题，开始进入研究者的视野。已有的研究主要围绕以下问题进行。

（一）行业协会利益表达的路径与模式选择——法团主义抑或多元主义

有部分学者发现，在企业与政府的互动模式上，由于政府层级不同而大相径庭。如纪莺莺认为，"在基层政府层面，对于在地方经济体系中占据了优势地位的企业而言，政商之间个体化的直接联系成为主要互动模式；在国家层面上，制度化的联系变得更为稳定，经由行业协会与中央政府部门互动是重要的制度化途径"②。纪莺莺进一步从国家中心论的视角，

---

① 陆学艺：《当代中国社会阶层研究报告》，社会科学文献出版社 2002 年版。
② 纪莺莺：《国家中心视角下社会组织的政策参与：以行业协会为例》，《人文杂志》2016 年第 4 期。

对上述现象进行了解释。她认为,正是中央政府与基层政府不同的利益追求与政策取向,形塑了协会不同的行为策略与模式。

还有一部分学者,运用某种理论框架对行业协会的利益表达行为进行分析,由此试图达到两个目的:既要揭示出利益表达行为的实践特征,又要揭示其发展的方向与路径,并试图归纳出一种模式。在理论框架的选择上,主要有法团主义和多元主义。部分学者从多元主义视角来观察与分析行业协会的利益表达行为,如甘思德发现在钢铁、软件与电子行业中都有普遍的游说行为。[①] 但是,上述学者只是隐含地运用了多元主义的基本逻辑和思路来分析行业协会的利益表达,并未肯定地认为多元主义具有普遍的解释力。相反,更多的学者认为法团主义对中国的利益表达实践更具有解释力。如陈剩勇、汪锦军、马斌等在对温州商会的研究中,发现了行业协会游说并影响政府决策的案例。[②]

(二)法团主义在中国的适用性及其存在状态问题

虽然很多学者认为在行业协会的利益表达上,法团主义更有解释力,但同时也有一些学者认为将法团主义运用于中国实践仍然有很多困难,并围绕这一问题引发了很多争论。这些争论围绕着两个问题进行。第一,法团主义在中国的适用性问题,这一理论框架适用于中国组织化利益表达的实践吗?第二,法团主义在中国的存在状态为何的问题,是国家法团主义,抑或社会法团主义?

关于法团主义在中国的适用性问题大致有两种观点,这两种观点不但论点不同,而且研究路径迥异。第一种观点从抽象的理论思辨出发,剖析了法团主义的逻辑结构,并由此推断出其必要的社会基础,然后指出这样的基础在中国尚不存在,如吴建平、刘安等持此种观点。吴建平认为,法团主义作为一种组织化利益与国家决策体系制度化联结的机制,是建立在独立于国家的市民社会基础之上的,其前提是不受国家控制的自治社团的

[①] Kennedy Scott. *The Business of Lobbying in China*. Cambridge: Harvard University Press, 2005.
[②] 陈剩勇、汪锦军、马斌:《组织化、自主治理与民主——浙江温州民间商会研究》,中国社会科学出版社 2004 年版,第 56 页。

存在与发展，而这一基础在当代中国尚不具备。① 刘安认为法团主义的必要前提是社会结构分化基础上的利益代表范围与权利界定的相对发展，但是这一前提在中国社会并未出现。② 与从理论出发的第一种观点不同，第二种观点从中国的政治实践出发，通过对某些领域的研究，认为在中国部分领域已经显示出法团主义的结构性特征。相关的研究者有布鲁斯·迪克森、昂格尔以及陈佩华等。昂格尔与陈佩华认为，中国改革开放前的工会和农协与政府机构之间，就已经形成了"社会主义的社会法团主义"结构。③ 他们还认为改革开放后，"社会主义的社会法团主义"的发展趋势，不是独立的市民社会从国家中分离出来，而是二者以新的方式进行联结。④ 布鲁斯·迪克森从执政党制度与组织适应的视角，分析了改革开放后中国的法团主义问题，指出法团主义已经在中国出现。⑤

关于法团主义在中国的存在状态问题，即在国家法团主义—社会法团主义的连续谱系之中，中国的法团主义结构究竟处于哪个位置。围绕这一问题也有两种争论激烈的观点。第一种观点的代表者有昂格尔、陈佩华等，他们认为国家仍然严密地控制着组织，国家法团主义模式尚未改变。⑥ 第二种观点的代表者有丁一江、张长东、顾昕等，丁一江认为组织已经获得了越来越大的独立性，"地方国家法团主义"正在向"地方社会法团主义"转变。⑦ 张长东与顾昕对我国行业协会组建与运作过程中的国

---

① 吴建平：《理解法团主义——兼论其在中国国家与社会关系研究中的适用性》，《社会学研究》2012 年第 1 期。

② 刘安：《市民社会？法团主义？——海外中国学关于改革后中国国家与社会关系述评》，《文史哲》2009 年第 5 期。

③ Jonathan Unger and Anita Chan. China, Corporatism and the East Asian Model. *the Australian Journal of Chinese Affairs*, 1995 (33): 29-53.

④ Anita Chan. Revolution or Corporatism? Workers and Trade Unions in Post-Mao China. *The Australian Journal of Chinese Affairs*, 1993 (29): 31-61.

⑤ Bruce J. Dickson. Cooptation and Corporatism in Chin: the Logic of Party Adaptation. *Political Science Quarterly*, 2000, 115 (4): 520-535.

⑥ Jonathan and Unger Anita Chan. State corporatism and business associations in China: A comparison with earlier emerging economies of East Asia. *International Journal of Emerging Markets*, 2008, 10 (2): 178-193.

⑦ Yijiang Ding. Corporatism and civil society in China: an Overview of the Debate in Recent Years. *China Reformation*, 1998, 112 (4): 46.

家涉入进行了数据分析,认为就行业协会这种组织形式来讲,国家涉入程度在降低,而组织自治性则在提高,国家法团主义正在向社会法团主义转型。①

二 法团主义——一种利益代表系统

法团主义作为一种实践政治结构,在西欧封建社会向资本主义社会演变的过程中即已出现。之后,鉴于不同历史阶段的社会政治环境需要,它不断被唤醒,特别是20世纪70年代以来,法团主义向更多的国家和地区扩展,并形成不同的模式。不同历史时期和不同国家的法团主义结构安排,具体制度各有其特征,但是它们都具有共同的本质。那么这一本质究竟是什么呢?

(一)作为利益代表系统的法团主义

法团主义研究的集大成者施密特将之定义为一种将组织化利益传递进国家决策结构的利益代表系统。"法团主义,作为一个利益代表系统,是一个特指的观念、模式或制度安排类型,它的作用,是将公民社会的组织化利益联合到国家的决策结构中。""这个利益代表系统由一些组织化的功能单位构成,它们被组合进一个有明确责任(义务)的、数量限定的、非竞争性的、有层级秩序的、功能分化的结构安排之中。它得到国家的认可(如果不是由国家建立的话),并被授权给予本领域内的绝对代表地位。作为交换,它们在需求表达、领袖选择、组织支持等方面,受到国家的相对控制。"② 关于施密特所界定的法团主义可以作如下理解:第一,这一制度安排的目的与功能,在于将组织化的利益传递进国家决策结构中,故主要是由一些组织化的功能单位构成的;第二,这一制度结构中的功能团体,数量是有限的,因此彼此之间是非竞争的,每一个功能团体都拥有本领域的垄断代表地位,而且这种垄断代表地位是由国家所授予的;

---

① 张长东、顾昕:《从国家法团主义到社会法团主义——中国市场转型过程中国家与行业协会关系的演变》,《东岳论丛》2015年第2期。

② Schmitter, Philippe C., "Still the Century of Corporatism?". *The Review of Politics*, 1974, 36(1): 85-131.

第三，进入这一结构的团体，可依据功能分为若干不同的领域；第四，不同于多元主义结构中各团体之间的地位平等，法团主义结构中，各团体都进入等级序列结构之中；第五，不同于多元主义结构中国家的消极仲裁人角色，在法团主义结构中，国家是一个主动行动者的角色，发挥着重要的控制作用，对功能团体的需求表达、领袖选择、组织支持等方面，都要进行控制。

（二）法团主义的延伸——功能团体获得公共身份

在法团主义结构中，还有一个非常重要的特点，即功能团体被赋予了部分执行权，以及咨询权和建议权。国家之所以将某些领域的执行权委托给功能团体，是因为这些团体对本领域内的事务更加熟悉与了解，更能克服信息不对称带来的困难。既然已经成为公共权力的主体之一，自然要承担一定的公共责任，也就是施密特所说的"共同对决策负责"。法团主义结构中功能团体的这一特征，奥菲称之为"公共身份"[1]。对于功能团体自身来说，公共身份的获得，执行权的分享，使他们掌握了更多的权威性与垄断性资源，更有利于管理与控制成员的行为，也有利于获得成员的忠诚。所以，在这一点上，凸显了法团主义作为一种合作主义制度安排的重要特征。

三 法团主义的两种次级类型及其本质特征

施密特将法团主义分为社会法团主义与国家法团主义两种类型，以区分欧洲与南美、东亚的不同模式。那么，这两种类型之间有什么本质性区别呢？如何对它们进行区分呢？关于两者的区别，吴建平从过程的角度、张静从权力结构的角度进行了剖析。吴建平认为，"当这些制度特征主要是由自下而上的社会团体之间的竞争、联合、兼并来完成，再由国家赋予合法性并换取相应的控制权时，是社会法团主义；而当这些制度特征主要是由国家自上而下的主导、引诱、强制而促成时，就是国家法团主义"[2]。

---

[1] Clause Offe. *Disorganized Capitalism*. Bristol: Policy Press, 1985: 221.
[2] 吴建平：《理解法团主义——兼论其在中国国家与社会关系研究中的适用性》，《社会学研究》2012年第1期。

张静认为社会法团主义的主导力量在社会,而国家法团主义的主导力量在国家。[①] 将他们的观点综合起来,法团主义两种次级类型之间的区别主要有以下几个方面:第一,形成过程不同,社会法团主义是自下而上形成的,它始于社会团体之间的自发兼并与联合,成于社会团体与国家之间的契约式合作,而国家法团主义却是自上而下形成的,是国家对社会团体主动吸纳的结果;第二,国家所起的作用不同,在社会法团主义的形成过程中,国家的作用基本上是消极的,而在国家法团主义形成过程中,国家却是非常积极的角色,是制度的设计者、主导者与推动者;第三,权力在国家与社会之间的分布不同,社会法团主义的权力重心在社会,而国家法团主义的权力重心在国家;第四,进程的节奏不同,社会法团主义是社会内部各种因素综合作用逐步演化的结果,所以整个进程比较缓慢,而国家法团主义是国家主导与推动的,所以进程会非常迅速。

四 案例分析——广东省连南瑶族自治县交通运输协会的经验

(一)自上而下与行政主导

连南县交通运输协会成立于 2008 年 3 月,其成员主要从事交通运输业,有个体会员和团体会员,其中团体会员主要是交通运输业的相关企业,如客运、驾培、民运与维修企业,个体会员主要是从事交通运输业的司机与个体户,以货运为主,也包括客运驾驶员(出租车)。

从成立过程来看,协会完全是自上而下建构的产物,是在交通局的主持下成立的。对此,交通局干部 G 这样说:"上面一条线下来,省厅有交通协会,市也有一个,每个县的交通局也要求有一个运输协会。"所以,县交通局是协会创办的主导性力量,但是最根本的动力则来自于上级交通部门,因为 2008 年之所以会发起成立这个协会,完全是为了响应并贯彻上级交通部门的精神,所以协会是整个交通行政系统的制度建构。

从人事结构来看,协会设置有理事会、秘书长与监事会等机构。理事会会长兼任法人代表,是协会的头号人物。依照协会章程,会长由会员大

---

① 张静:《法团主义》(修订版),中国社会科学出版社 2005 年版,第 30 页。

会选举产生，但是事实上会长一职是由交通局干部兼任的。2012年上级发布文件，要求协会"去行政化"，这样一来，交通局干部兼任协会会长就成为违规行为了。为规避这一问题，新任会长H办理了内退手续，名义上就不再是交通局职员，便具有了担任会长的资格。做这样的变通安排，而不是依据章程以及上级部门的要求选举会长，凸显了协会人事安排的根本性逻辑，即交通局对协会的有效控制。由此可见，通过人事控制来控制协会，是交通局的重要策略之一。

（二）辅助政府做好行政管理——连南县交通运输协会的主要功能定位

关于协会功能，协会业务主管单位——交通局职员G的描述：第一，对协会会员的要求和上面的文件精神进行上传下达；第二，以交通局的名义帮助会员解决问题；第三，协助调研人员工作，例如做统计；第四，协助交通局做好质量信誉考核。从上述来看，协会的功能主要包括两个方面，服务于两类主体。

虽然协会具有双向服务的功能，既要服务于业务主管单位——交通局，又要服务于会员，但是与后者相比，前者似乎更为重要。这种不对等性，在协会的演变过程中体现得淋漓尽致。近年来，上级政府对协会提出了一系列要求，因应这些要求，协会不得不进行了一些整改，其一就是因应于"去行政化"的要求，在会长人选问题上作出了一些变通性的安排，由原来交通局正式职工担任会长，变为由内退人员担任；其二就是废除了原来的会员缴费制度。废除会员缴费之后，协会在运作上出现了哪些变化呢？关于这个问题，G感触颇深，她说："因为没有费收，安排工作也会比较困难。例如开展调研等活动都需要经费，所以这两年都比较少活动，后来市里面把调研和质量信誉考核交给局里去处理。以前都是委托协会去做。"由于协会之前的运作主要依靠会费支撑，停止收取会费之后，协会的工作遇到了很大困难，很多都已停滞，各方面的作用都已弱化。协会职能弱化之后，交通局的工作压力倍增，这从一个侧面反映出协会作为交通局助手的角色。鉴于此，交通局非常希望恢复协会的工作与功能，G非常坦率地表达这一愿望："现在不知道上面有没有文件，有文件的话，恢复收费比较好。"那么，协会职能弱化之后，会员有何反应呢？又有何要求呢？G这样概括："两种心态：一种是有事要协会解决，就想交会费，让协会帮助解决问题；另外就是不用协会帮忙的就不想缴纳会费，因为他们没有问题、麻烦需要协会解决。"虽然"平时不烧香，临时抱佛脚"是很多中国人的惯常思维，但是相对于交通局，会员对协会需要的迫切程度显然低很多。由此可见，服务于交通局，是协会的主要功能。

五　国家法团主义——连南县交通运输协会—交通局准法团主义结构的基本定位

如果从理论范式的视角进行考察，连南县交通运输协会—交通局这一互动结构，究竟属于多元主义抑或法团主义呢？要回答这一问题，就需要对连南县交通协会及其与交通局之间互动结构特征作进一步分析。

（一）国家主导——连南县交通运输协会的基本特征

通过与 G 的访谈，可将连南县交通运输协会的主要特征总结如下：

第一，在政府主导下进行创建。第二，在政府主导下进行运作。协会一直是在政府的主导下进行运作的，具有鲜明的政府主导性。协会的这一特征，在其会长的选择与任命中彰显无遗。协会的会长，在 2012 年之前一直由交通局的干部兼任。2012 年"去行政化"之后，改用一种新的方式，即由交通局内退人员担任会长。这种新方式，只不过是为了满足一种形式上的合法性，其由交通局控制的实质仍未改变。第三，在功能上，以服务于政府部门为主，服务于会员为辅。协会具有双重功能，其一为协助政府对交通运输行业的企业及人员进行管理，其二为协助会员处理各种关系，尤其是与相关政府部门的关系，以及反映会员的诉求。从其运作过程来看，服务于政府才是协会工作的重点，服务于会员则只是辅助性的。

（二）准法团主义——交通运输协会—交通局互动结构的基本属性

交通运输协会与交通局之间的互动结构，已经基本具备了法团主义结构的主要特征：

第一，协会与交通局之间建立起了相对稳定的互动与沟通机制，是将会员与交通局联结起来的重要渠道与纽带。

第二，协会已获得了垄断性的行业代表地位。在连南县，有若干行业协会，交通运输协会自然是代表交通运输行业的。而交通运输行业的行业组织也仅此一家，囊括了连南县交通运输行业的所有企业，和几乎全部个体从业者，是该行业企业和个体从业者与交通局进行沟通与互动的唯一组织。

第三，交通局对协会有较高程度的控制。交通局对协会的控制，体现在很多方面：首先，在人事问题上，会长的人选，名义上由会员选举产生，但事实上一直由交通局决定。最初是由交通局干部兼任的，"去行政化"之后，为规避制度性约束，在局内干部退休人员中确定人选。所以，无论是在"去行政化"之前还是之后，章程中会长需由会员选举产生的规定，都只具有形式合法性的意义，"交通局安排"才是会长出任的决定性逻辑。

第四，协会被赋予了一定的行政管理权。从交通运输协会的创建与运作过程来看，协会与作为主管交通运输的政府部门——交通局之间，已经具备了法团主义的基本要素，基本形成了法团主义的模式，但是又与欧洲经典模式有所不同，而且与法团主义的理论模型也并不完全吻合，可视为一种准法团主义结构。

（三）利益表达功能虚化——连南县交通运输协会—交通局准法团主义结构的重要特征

连南县交通运输协会—交通局这一准法团主义结构，作为一种利益代表机制，其功能严重虚化。章程明确规定，协会的基本功能包括两个方面，一为服务于会员，二为服务于交通局。其中，对会员的服务，又具体包括两个方面，其一为"协助解决本会会员与有关行政部门、企事业单位之间的关系问题"，其二为"积极反映会员的呼声和要求"。如果这些功能都能有效发挥，那么会员便可通过协会向交通局表达诉求。再加上协会的会员几乎覆盖了整个交通运输业的从业者，包括企业与个体经营者，这样，最起码在交通行业利益表达的渠道是通畅的。果真如此，上访以及其他制度外的利益表达方式将会很少使用。但事实却并非如此，在连南县的交通运输行业，上访仍有发生。2015年就发生了出租车司机的上访事件。据G所述，事情的起因是这样的：出租公司刚开业的时候有50辆出租车，其中30辆在县城里跑，20辆成了在县城外跑的"野车"，因此事，连南县交通局被省厅及广州下面的执法局通报。2016年这20辆出租车到期，市交通局不再批准在县城外跑车，因此更新后转而投入连南县运输市场。但因县城小，人流少，之前营运的那30辆出租车司机就说，现在市场已经饱和，如再投20辆去县城，我们就没有收入了。因此，这30位司机就集体去上访，先到县里，接着到市里，后来连南县交通局跟市里沟通，决定派专业人员来调研，看连南县的运输市场有多大需求。调研结果显示，连南县只需37辆出租车，现在县里已30辆，只缺7辆而已，就干脆不投了，后来跟县里商量，也同意了，此事才得以平复。上访事件的发生，说明协会这一利益表达渠道远非通畅。之所以会如此，是因为在实际运作过程中，协会对上述功能虽都有兼顾，但是又有明确的侧重之点与优先顺序。总体来说，服务于交通局是重中之重，而在为会员所提供的服务中，又侧重于"协助解决本会会员与有关行政部门、企事业单位之间的关系问题"。至于"反映会员的呼声和要求"，则是整个功能序列中最不被重视，也是最为虚化的部分。所以，作为一种利益代表机制的协会，其功能发挥尚有重大缺陷，尚不能成为会员表达诉求的有效渠道。

（四）国家法团主义——连南县交通运输协会—交通局准法团主义结构的属性与定位

无论是从过程还是结构的视角来考察，连南县交通运输协会—交通局之间的准法团主义结构，都具有明显的国家法团主义特征。首先，从成立过程来看，协会是在交通局的主导下成立并发展起来的，而交通局之所以要发起成立协会，又是缘于上级交通部门的要求。而且，协会的一系列制度架构，包括作为总体性规则框架的章程，都是在交通局的主持下制定的。所以，协会毫无疑问是官办的产物。其次，从权力结构来看，协会一直处于交通局的控制之下，会长一职的人选一直都是由交通局决定的。再次，由以上两点，决定了协会的基本功能定位，服务于交通局的管理工作，是重中之重，而服务于会员却显得有些次要，特别是利益表达功能严重虚化。总之，从各个方面综合来看，连南县交通运输协会—交通局之间的互动结构，可明确地定位为国家法团主义。

六 国家法团主义——民族地区自上而下型行业协会与政府间关系的类型学存在

连南县交通运输协会—交通局之间的准法团主义结构，在法团主义的类型学连续谱系中，可明确定位为国家法团主义。那么，连南县交通运输协会的经验,具有普遍性吗?换句话说,我们能否由连南县交通运输协会—交通局的国家法团主义定性,推广至对全国行业协会,甚至所有社会组织与政府之间互动结构的定性呢?通过对其他地区其他类型组织的了解,会发现这样的推论是非常危险且武断的。之所以会作出如此论断,是因为我国的实际情况过于复杂。首先,我国各地区之间,无论是在经济发展水平,还是社会组织的内容与形式上,都差异巨大。其次,我国存在多种类型的社会组织,行业协会亦是类型多样。不同地区不同类型的组织与政府的互动样式,自然不可能是一种模式所能全部涵盖,必然存在很多类型,绝不可一概而论,只能进行类型学的研究。

我国的非政府组织,从创建过程来说可以分为三种,即自上而下型、自下而上型与外部输入型①,自上而下型组织由政府或者受政府委托并授权的公立部门所创建,自下而上型则由社会力量创建。不同的创建方式,意味着组织的源动力根本不同。自下而上型的组织,是社会的自组织形式,其源动力来自于社会内部,结构与功能也都是内生的,是缘于建立新的平衡系统的需要。自上而下型的组织,则属于一种他组织形式,是在外力,也就是公共权力机关的作用下建立起来的,其结构与功能都决定于外部,源动力也来自组织外部。

作为交通运输业的行业协会,连南县交通运输协会是在交通局的主导下建立起来的,而且会长的人选也一直由交通局控制,甚至一度由其干部兼任,属于一种典型的自上而下型组织。因此,无论结构还是功能都不是源于内部系统的需要,而是由外部施予的,故而,服务于交通局的行业管理是其主要的功能设定。

交通运输协会之所以呈现出自上而下的外部动力型特征,除了政府对组建行业协会的重视之外,最重要的原因在于其内部缺乏组织化的动因。那么,组织化的动因存在于何处呢?关于这一问题,奥尔森有过著名而又精辟的论断:"尽管组织经常也能服务于纯粹的私人、个人利益,它们特有的功能是增进由个人组成的集团的共同利益。"② 当然,我们不能认为

---

① 康晓光、韩恒:《分类控制——当前中国大陆国家与社会关系研究》,《社会学研究》2005年第6期。
② [美]奥尔森:《集体行动的逻辑》,陈郁、郭宇峰、李崇新译,上海三联书店1995年版,第7页。

同属一个行业的会员之间没有共同利益，但是仅仅在客观上存在共同利益还是不够的，还必须有共同利益的自觉，在这一点上，连南县交通运输行业内部是比较缺乏的。共同利益自觉的缺乏，从协会为会员所提供的服务内容就可见一斑，都是些什么事务呢？G明确谈到协会为会员提供的服务主要"就是协调部门与部门之间（例如公安交警与运输企业有矛盾，交通局可以委托协会去处理）、企业与企业之间的关系"。G还特别提到了在交通事故处理中协会所扮演的角色："在事故处理中，如叫车主或本人去处理或以公司的名义去处理，受害方可能会去围攻他们，但以协会的名义或单位的名义去，受害方可能比较能够理解，然后一些建议也会比较好接纳，考虑到是单位，也比较好说话，会听得进去，比较友善。"可见，通过协会，会员更多想追求的是只与特定主体有关的特殊利益，而非关涉行业整体的共同利益。正是共同利益自觉的缺乏，才导致了自组织动力在连南县交通运输行业内的缺失，也进一步导致了目前的这种状态与格局，亦即只能由外部力量介入并主导，并赋予其结构与功能。与此同时，我国有些地区，比如温州，已经发展出了发达的自下而上型的行业协会，它们积极进行行业管理，并代表会员表达诉求。相比温州，在宏观环境上，连南县的市场经济发展要滞后得多，随之而来的是，利益分化不够充分，具有共同利益者的利益自觉与组织自觉当然也不充分。对于这一问题，陈剩勇早就进行了精辟的分析："市场是社会利益的驱动器，市场经济的发展必然使竞争加剧，而日益激烈的竞争又必然造成社会利益的分化。在利益分化的过程中，由利益差异而造成的矛盾和对立便会发展起来，个体面对外界的无能为力，促使利益性质相同且处于同一利益水平的人们，在明确的利益意识的驱使下结成一定的利益团体，以便运用组织的力量来实现个体无力实现的利益。"由此可见，正是由于市场经济，以及由此而来的利益分化与整合的发展水平不够，从而导致了连南县交通运输行业内部组织化动力的不足，进而使得其行业协会呈现出外部力量介入并主导的特征，亦即通常所谓的自上而下型特征。

利益分化与整合的低水平，导致了内部组织动力的缺乏，并因此使其不能充分的自组织，而只能借助外部力量呈现出他组织的样貌。组织动力的外部输入特征，进一步形塑了其结构与功能，使得协助主管部门进行行业管理成为主要的功能定位，而利益表达功能却被严重虚化。连南县交通运输行业及其行业协会的整体概貌大致如此。

上述特征，并非连南县交通运输协会所独有，而是自上而下型行业协会的普遍特征。而且，自上而下型的行业协会，作为一种典型的他组织形式，是自组织动力缺乏的产物。而自组织动力缺乏的根本原因，又在于市场经济发展的相对滞后，以及由其导致的利益分化与整合的低水平。故而市场经济以及与之伴随的整体经济发展相对滞后的地区，其行业协会多表现为自上而下型的他组织形式，随之也具有了与连南县交通运输协会相类似的特征。

七　结　论

地方性与国家主导性并存，由此可见连南县交通运输协会与交通局之间的准法团主义结构，仍属于丁一江所谓的"地方性国家法团主义"。但是，这种结构在当代中国只具有类型学的意义，亦即不能将之看成中国行业协会，甚至是社会组织与国家之间关系的普遍特征，而只是代表一种类型。就连南县交通运输协会—交通局这一结构来说，具有两个主要特征：其一，该协会是在交通局的主导下建立起来的，在中国当代的社会组织类型学中显然属于自上而下型，具有明显的国家主导性；其二，其所在地连南县，属于市场经济相对滞后的民族地区。这两个特征，又是彼此互构与互相加强的。市场经济的相对滞后，使得利益分化与利益整合不够充分，由此导致了社会以及行业内部的自组织动力不足，这样一来就只能采取他组织的形式，在国家的介入与帮助下提高社会及行业的组织化程度，国家主导便顺理成章了。所以，自上而下型组织与国家之间所型构的法团主义结构，多具有国家法团主义的属性与特征。而在市场经济相对滞后的地区，自上而下型组织非常普遍，反之，自下而上型则比较缺乏，由是之故，在这些地区社会组织与国家之间的法团式合作互动结构，多呈现国家法团主义的特征。总之，自上而下型与市场经济发展的相对低水平，两者互构的结果，就是国家法团主义。但是，这仅仅是当代中国行业协会，也包括其他类型社会组织与政府之间合作互动结构的一种模式与类型，复杂的现实社会中还有很多其他模式与类型。

（作者：罗晓华，原文发表于《贵州省党校学报》2018年第2期）

第十一章 民族自治县社会组织参与社会治理问题研究
——基于乳源瑶族自治县义工协会分析

一 研究缘起

2013年11月召开的党的十八届三中全会提出，要加快形成科学有效的社会治理体制，确保社会既充满活力又和谐有序。这是党的文件首次提出"社会治理"的概念，意味着党和政府执政理念的重大转变，即从"社会管理"向"社会治理"的转变。2017年10月，党的十九大报告又对社会治理理念提出新的要求，提出要"打造共建共治共享的社会治理格局，提高社会治理社会化、法治化、智能化、专业化水平。"[①] 2019年10月，党的十九届四中全会强调："构建基层社会治理新格局，健全党组织领导的自治、法治、德治相结合的城乡基层治理体系，发挥群团组织、社会组织作用，发挥行业协会商会自律功能，实现政府治理和社会调节、居民自治良性互动，夯实基层社会治理基础，加快推进市域社会治理现代化。"[②] 从"社会管理"转为"社会治理"，虽一字之变，但其蕴含着社会治理理念和思路的巨大转变。其中最大的差别就是社会治理的主体由传统的政府单一主体向社会多元主体转变。

社会治理追求社会多元主体共同解决社会问题和提供公共服务。在

---

① 习近平：《决胜全面建成小康社会 夺取新时代中国特色社会主义伟大胜利——在中国共产党第十九次全国代表大会上的报告》，http://www.xinhuanet.com//politics/19cpcnc/2017-10/27/c_1121867529.htm。

② 党的十九届四中全会《决定》（全文），https://china.huanqiu.com/article/9CaKrnKnC4J。

社会治理的模式下，政府不再是社会治理的唯一主体，而以往作为社会管理的客体——企业、社会组织、民众等也同样享有平等的解决社会问题和提供公共服务的权利和机会。其中，社会组织作为政府和市场失灵的弥补者，其在社会治理中的作用日渐明显。习近平总书记在党的十八届三中全会提出："激发社会组织活力，正确处理政府和社会关系，加快实施政社分开，推进社会组织明确权责、依法自治、发挥作用。"[1]这充分说明社会组织在参与社会治理的地位和作用日益提升，也说明社会组织参与社会治理已经具有了较为坚实的政策基础和保障。我国作为多民族国家，推进国家治理体系和治理能力的现代化，离不开推进民族地区社会治理的现代化。而要推进民族地区社会治理的现代化，就要充分发挥民族地区社会组织的社会治理作用，改变民族地区政府单一管理模式，形成政府、社会组织等多元主体协同参与社会治理的格局。然而，民族地区的社会组织因受传统思想观念和落后的经济基础的影响，导致其在参与社会治理中还面临着诸多问题。那么，这些问题是如何产生的呢？与民族地区的社会、文化、经济、宗教信仰等方面有哪些内在联系？我们又应当如何解决这些问题以提升民族地区社会治理的成效？这些问题引起了笔者的思考。基于此，笔者试图以乳源瑶族自治县为例，探讨该县社会组织参与社会治理的问题，并提出推进该县社会组织参与社会治理的对策，以期为其他民族地区社会组织参与社会治理提供经验借鉴。

二 国内外研究现状

（一）国内研究

国内学界关于社会组织参与社会治理的相关研究成果较为丰富。笔者在中国知网以"社会组织参与社会治理"为主题词进行搜索[2]，显示期刊论文有215篇，硕博论文有219篇，其中硕士学位论文177篇，博士学位

---

[1] 十八届三中全会《决定》、公报、说明（全文），http://www.ce.cn/xwzx/gnsz/szyw/201311/18/t20131118_1767104.shtml。

[2] 检索时间为2019年9月2日。

论文 42 篇。概而言之，这些研究主要集中于作用、模式、困境、对策等几个方面。具体如下。

1. 社会组织参与社会治理的作用

学术界普遍认为，社会组织参与社会治理具有以下作用：一是动员社会资源、激发社会活力；二是表达民众诉求、满足社会多元需求、提供公共产品和服务；三是承接政府职能、化解社会矛盾；四是监督政府权力的重要社会力量。除此之外，还有一些学者认为社会组织参与社会治理具有其他功能，如王兴广等从社会组织自身特性角度分析，认为社会组织还具有推动公民社会进步、提升政府公信力的积极作用。[1] 郭凤英认为政府是制度的制定与提供者，社会组织则是制度的创新与完善者，社会组织参与社会治理在能够促进制度完善和创新的同时，也能促进社会成员和社会主体之间的整合与团结。[2] 吴结兵等通过实证研究，分析社会组织对居民投票行为的影响，认为社会组织对于居民主动和被动投票都有着正向影响，对居民政治意识有较大的提高。[3]

部分学者专门研究了民族地区社会组织参与社会治理的作用，尤其强调社会组织对少数民族优秀传统文化的保护和传承作用。如玉万叫等在《南传佛教参与边疆民族地区社会治理经验的探析——以西双版纳傣族自治州为例》一文中认为，南传佛教协会以"非物质形态文化资源"为内容面向社会大众开展活动，有助于民族文化传承[4]；吴咏梅等在《社会组织参与边疆民族地区社会治理研究——以西双版纳傣族自治州为例》一文中认为，西双版纳傣族自治州的傣学研究会、哈尼族学会、布朗族研究会等，为传承和保护西双版纳傣族自治州的优秀民族传统文化贡献着自己的力量。[5]

---

[1] 王兴广、韩传峰、田萃、徐松鹤：《社会组织参与区域合作治理进化博弈模型》，《中国人口·资源与环境》2017 年第 8 期。

[2] 郭凤英：《社会组织参与社会治理的责任与困境》，《云南行政学院学报》2015 年第 4 期。

[3] 吴结兵、沈台凤：《社会组织促进居民主动参与社会治理研究》，《管理世界》2015 年第 8 期。

[4] 玉万叫、都坎章：《南传佛教参与边疆民族地区社会治理经验的探析——以西双版纳傣族自治州为例》，《普洱学院学报》2018 年第 5 期。

[5] 吴咏梅、玉万叫：《社会组织参与边疆民族地区社会治理研究——以西双版纳傣族自治州为例》，《云南农业大学学报》（社会科学版）2019 年第 6 期。

2. 社会组织参与社会治理的模式

有学者认为，社会组织参与社会治理形成了一些成功的经验模式。如王名等提出的"三推三让"社会治理模式①，王彦平提倡的政府变革、社会治理创新的治理模式②，杨晓红认为的"监督与制衡、协商与合作、并入与融合和辅助与分担"的四种模式。③ 具体而言，王名等以温州为案例，分析归纳了社会组织参与社会治理的"三推三让"治理模式，即初期阶段"推典型让项目"、中期阶段"推模式让空间"、最重要阶段"推规范让项目"，利用不同阶段的"推位让治"使得社会组织更有效地参与社会治理。王彦平认为要推进社会治理创新，政府只有变革传统管理模式，承担起相应的政府职能，如提供公共服务、培育公民意识和社会组织，构建符合社会治理创新要求的政府治理模式，才能与社会建立和谐互动关系，共同完成社会治理任务和实现公共利益最大化的目标。杨晓红将我国社会组织分为自治型社会组织和依附型社会组织，针对这两种不同类型的社会组织提出四种治理模式，即自治型社会组织下的"监督与制衡"模式和"协商与合作"模式，依附型社会组织下的"并入与融合"模式和"辅助与分担"模式；并对这四种模式进行比较分析，认为"监督与制衡"模式和"并入与融合"模式下的社会组织提供公共产品和服务较为低效，"协商与合作"模式和"辅助与分担"模式下的社会组织治理效率较高。

3. 社会组织参与社会治理的困境

关于社会组织参与社会治理的困境问题，学术界从不同的角度进行研究，形成了不同的观点。首先是社会组织自身的视角。如学者胡琦④、

---

① 王名、王春婷：《推位让治：社会组织参与社会治理路径》，《开放导报》2014年第5期。

② 王彦平：《改革政府治理模式是推进社会治理创新的根本途径》，《当代世界与社会主义》2014年第6期。

③ 杨晓红：《社会组织参与社会治理模式及其动因分析》，《行政科学论坛》2017年第4期。

④ 胡琦：《法治与自治：社会组织参与建构社会治理"新常态"的实现路径》，《探索》2015年第5期。

范和生①、何欣峰②认为现行社会组织在参与社会治理中面临以下困境：一是社会组织管理制度行政化倾向严重，缺乏独立性；二是社会组织内部缺少规范有序的治理制度和运行机制，致使部分组织趋利性凸显；三是社会组织公信力不足，限制了社会组织的自治性；四是行为主体责任不明确导致社会资源离散；五是民众参与意识淡薄；六是部分社会组织游离体制之外，对政府执法行政存在一定的认知偏差，进而影响社会和谐稳定。其次是社会组织内外部的视角。如李莉等认为社会组织内部主要存在以下问题：一是对政府依赖程度高，缺乏独立性；二是缺乏职业化的专业人才和有针对性的培训机构；三是资金来源不足，缺乏长期、稳定和有效的供血造血机制。外部问题主要是相关的法律法规供给不足，政府或社会对社会组织认识不够，致使不重视、不信任③。再如王飚等认为社会组织内部还存在组织结构单一、管理制度松懈、组织规模小等问题④；对于外部问题王兴广等又补充认为整个社会缺乏共治理念，民众参与意识薄弱等。⑤ 再次是基于政府和社会组织合作的视角。学者普遍认为各个治理主体之间缺乏合作协同机制，要加强完善各主体间的合作协同机制。如覃静认为要构建多元主体间的互信与协作关系，完善政社合作管理机制⑥；王晓端等认为要加大社会力量的有序参与，完善协同治理机制。⑦

此外，也有学者专门研究民族地区社会组织参与社会治理的困境问

---

① 范和生、唐惠敏：《社会组织参与社会治理路径拓展与治理创新》，《北京行政学院学报》2016年第2期。

② 何欣峰：《社区社会组织有效参与基层社会治理的途径分析》，《中国行政管理》2014年第12期。

③ 李莉、张艺：《激发社会组织参与社会治理的政策支持策略——基于湖北省地方实践的分析》，《理论月刊》2016年第2期。

④ 王飚、陈豫：《海南黎族青年社会组织参与基层社会治理研究》，《中国青年社会科学》2018年第6期。

⑤ 王兴广、韩传峰、田萃、徐松鹤：《社会组织参与区域合作治理进化博弈模型》，《中国人口·资源与环境》2017年第8期。

⑥ 覃静：《新时代社会组织参与社会治理的机遇与挑战》，《社会福利》（理论版）2019年第10期。

⑦ 王晓端、王飞：《社会组织有效参与社会治理的困境与实现机制》，《决策探索（下）》2019年第4期。

题。如党秀云①、钟蔚②、吴咏梅③认为民族地区社会组织参与社会治理存在的主要困境，一是由民族地区社会组织自身资金紧张、专业人才匮乏、内部管理不规范等原因所造成的参与社会治理能力不足的困境；二是由部分地方政府工作人员思想观念转变不及时、社会组织监管体制缺失所造成的政社不分、社会组织行政色彩浓厚等困境；三是由民族地区民众公民意识弱、对社会组织认同度低所引起的民众对于社会组织参与感不强的困境。

4. 社会组织参与社会治理的对策

社会组织参与社会治理的对策问题也是学术界关注的焦点问题。学术界主要从政府、社会组织和综合三个视角进行探讨。如易轩宇④、周学荣⑤等学者基于政府视角，认为政府应转变传统思想观念，摒弃对社会组织是下属机构或附庸的错误认识，进一步转移政府职能，理顺政府与社会各治理主体之间的关系，搭建平等的合作治理平台。在此基础上，马国芳⑥、党秀云⑦等学者认为，优化制度环境、加强立法建设、加大政策扶持是社会组织有效参与社会治理的重要保障；王帆宇⑧、廖鸿⑨、吴咏梅⑩

---

① 党秀云、谭伟：《民族地区社会组织参与基层社会治理的路径选择》，《新视野》2016年第1期。
② 钟蔚、汪才明：《民族地区社会组织参与基层社会治理的瓶颈及制度建设》，《安徽农业大学学报》（社会科学版）2018年第5期。
③ 吴咏梅、玉万叫：《社会组织参与边疆民族地区社会治理研究——以西双版纳傣族自治州为例》，《云南农业大学学报》（社会科学版）2019年第6期。
④ 易轩宇：《合作治理模式下社会组织参与社会治理博弈分析》，《兰州学刊》2015年第3期。
⑤ 周学荣：《社会组织参与社会治理的理论思考与提升治理能力的路径研究》，《湖北大学学报》（哲学社会科学版）2018年第6期。
⑥ 马国芳：《社会治理进程中云南边疆民族地区社会组织活力研究》，《云南社会科学》2015年第6期。
⑦ 党秀云、谭伟：《民族地区社会组织参与基层社会治理的路径选择》，《新视野》2016年第1期。
⑧ 王帆宇：《社会组织参与社会治理：现实困境与优化策略》，《湖北社会科学》2018年第5期。
⑨ 廖鸿、许昀：《我国社会组织参与社会治理机制研究》，《环境保护》2014年第23期。
⑩ 吴咏梅、玉万叫：《社会组织参与边疆民族地区社会治理研究——以西双版纳傣族自治州为例》，《云南农业大学学报》（社会科学版）2019年第6期。

等学者认为要完善和创新对社会组织的监管体系;除此之外,还有戴海东①、范和生②、梁宇栋③等学者认为要加强对社会组织的孵化培育力度,并针对不同类型的社会组织进行分类管理。

基于社会组织视角的王飑④、陈义平⑤认为社会组织应加强自身内部管理,提升自身治理能力;而王兴广、杨丽等学者认为,社会组织应提升其专业化和职业化程度,强化组织的自主性,拓宽筹资渠道,加强自身"造血"功能,提升组织发展的内在动力。

有学者基于综合的视角进行探讨,如戴海东等认为政府、社会组织、普通民众都应该转变传统思想观念,正确认识社会组织的积极作用;周学荣认为要加强社会对社会组织的监督和评估力度;郭凤英⑥认为一要加大社会力量的培育力度,提升社会自治能力,二要加快完善社会治理的体制机制,三要重构国家与社会的关系,构建合作治理网络;杨丽认为搭建多元主体协作平台、建立共治机制是关键;王帆宇和梁宇栋认为社会治理主体之间应加强合作,建立平等合作关系,搭建多元主体协作制度平台。

(二) 国外研究

在国外并没有"社会组织"这一称谓,而是将具有非营利性、非政府性、公益性、志愿性等特征的组织称之为"非营利组织""非政府组织",或者统称公益组织等。对于这类组织,国外学术界很早就开始关注并取得了非常丰富的研究成果。

1. 关于非政府组织参与社会治理的理论研究

国外对非政府组织的理论研究可以追溯到19世纪初,当时美国著名

---

① 戴海东、蒯正明:《社会组织参与社会治理过程中存在的问题与对策——基于对温州社会组织的调查分析》,《科学社会主义》2014年第2期。

② 范和生、唐惠敏:《社会组织参与社会治理路径拓展与治理创新》,《北京行政学院学报》2016年第2期。

③ 梁宇栋:《社会组织如何更好地参与社会治理》,《人民论坛》2018年第16期。

④ 王飑、陈豫:《海南黎族青年社会组织参与基层社会治理研究》,《中国青年社会科学》2018年第6期。

⑤ 陈义平:《社会组织参与社会治理的主体性发展困境及其解构》,《学术界》2017年第2期。

⑥ 郭凤英:《社会组织参与社会治理的责任与困境》,《云南行政学院学报》2015年第4期。

学者萨拉蒙（Salamon）、法国著名学者托克维尔（Tocqueville），分别从社会管理学、政治学等角度对政府、市场、非政府组织三者关系进行了探索，认为非政府组织作为第三方力量能够弥补政府在社会管理中的不足，促进市场和社会走向自治。1974年，美国经济学家伯顿·韦斯布罗德（Burton Weisbrod）提出了著名的"市场失灵—政府失灵理论"。该理论认为政府、市场和非政府组织在满足个人需求时能够起到相互替代的作用，非政府组织可以在政府和市场失灵的时候弥补其不足。① 20世纪70年代，西方国家市场经济膨胀，政府干预失败，市场无法自我调节，致使政府与市场失灵，国外学者便开始从理论上研究非政府组织参与社会治理的问题，最终构建了一些颇有影响力的理论。比如治理理论，其中最具有代表性的有斯托克的治理五论点说、罗茨的治理六形态学说，以及欧盟的多层级治理理论。

2. 关于多元主体参与社会治理的关系研究

梳理政府、市场、非政府组织和社会关系是国外很多学者研究的重点。对于非政府组织和政府的关系，萨拉蒙认为它们具有良好的合作关系，因为各组织之间在其特征上存在互补性。② 萨拉蒙、吉德伦和克莱默提出了"政府—非营利组织关系"的类型学，进而产生了四种关系模式，即政府处于支配地位模式、非营利组织处于支配地位模式、双重模式、合作模式。四种关系模式当中"合作模式"备受国内学者所推崇，尤其是合作模式中的"合作伙伴关系"模式更符合我国社会组织的长期持续发展。罗伯特·伍思努通过分析政府、市场、非政府组织的活动范围，认为从概念层面来看，它们三者的关系十分清晰，但从实践层面上看，其三者的关系却是相互依赖且日渐模糊。Amita·Bhide通过对印度孟买政府与公民社会在实施两项扶贫项目的对比研究，分析了相关利益主体在参与治理过程中的相互关系，从而得出结论，认为随着经济的发展，政府不再是治理的唯一主体，多元主体参与社会治理是时代发展之趋势。

3. 关于非政府组织参与社会治理的作用研究

保罗·赫斯特（Paul Hirst）认为非政府组织参与社会治理可以发挥

---

① ［美］伯顿·韦斯布罗德：《政府失灵理论》，华夏出版社1985年版，第26页。
② Lester M. Salam on. *Partners in Public Service: Government-Nonprofit Relations in the Modern Welfare State*. Baltimore: Johns Hopkins University Press, 1995.

积极的作用：一是非政府组织可以获得为社会和组织成员提供资源和服务的机会；二是非政府组织在提供公共服务方面比政府机构更有优势。① 朱莉·费希尔（Julie Fisher）认为非政府组织在缓解失业危机、提供就业岗位方面发挥着巨大的作用。② 美国约翰·霍普金通过对 22 个国家的非政府组织进行研究，也得出与费希尔同样的结论，他们都肯定政府组织在缓解失业、提供就业岗位方面存在巨大的潜力。汉斯·科曼（Hnas Kemna）从集体行为问题的角度出发，认为集体行为问题仅通过政府或个人是很难得到有效解决的，而非政府组织结合国家机构的权威，通过对社群的自我调节，可以很好地解决群体性问题。③ 萨拉蒙从公民社会形成的角度出发，认为非政府组织在公民社会形成过程中将会起着重要作用。④ 奥斯特思姆认为公共事务治理是多主体治理过程，政府并非是唯一的治理主体，当政府在治理过程中出现"缺位"时，其他主体同样能有效解决"公共池塘"问题。⑤ 哈佛学者瑞吉娜·E. 赫兹林格指出非政府组织在社会治理过程中，具有推动经济增长，增加社会就业，扩大社会公平，培养公民协作等作用。⑥ 詹姆斯·P. 盖拉特教授认为非政府组织在满足公民需求、政策推促、实施政策三方面发挥着重要作用。⑦

（三）文献评述

根据上述文献梳理可知，国内外学者对社会组织参与社会治理的问题关注已久，研究的领域也比较多，主要涉及社会组织参与社会治理中的模

---

① Paul. Hirst. Associate Democracy: New forms of Economic and Social Government. *Polity*, 1994, 1: 152-165.

② ［美］朱莉·费希尔：《NGO 与第三世界的政治发展》，邓国胜、赵秀梅译，社会科学文献出版社 2002 年版，第 2 页。

③ 转引自 JW. Vandeth. *Soeia1Capita1andEuropeanDemoeraey*. London: routege, 1999: 119.

④ ［美］莱斯特.M. 萨拉蒙等：《全球公民社会——非营利部门视界》，贾西津、魏玉等译，社会科学文献出版社 2007 年版。

⑤ 埃莉诺·奥斯特罗姆：《公共事务的治理之道：集体行动制度的演进》，余逊达、陈旭东译，上海译文出版社 2012 年版。

⑥ 尚伟：《非政府组织在和谐社会建设中的作用研究》，硕士学位论文，山东师范大学，2014 年。

⑦ 詹姆斯·P. 盖拉特：《非营利组织管理》，张誉腾、邓国胜、桂雅文译，中国人民大学出版社 2013 年版。

式、路径、作用、困境、对策等方面。这些研究成果对于笔者的课题研究具有十分重要的参考借鉴意义。但这些研究在以下两个方面有待提高：第一，在打造共建共治共享的社会治理格局的背景下，当前的研究略显薄弱，有待进一步深化；第二，当前的研究主要为理论性研究，基于实证视角的研究比较少，尤其对于广东少数民族地区社会组织参与社会治理问题的实证研究尚未引起学术界的关注。基于此，笔者认为，在推进社会治理体系和治理能力现代化，打造共建共治共享社会治理格局的时代背景下，以广东省少数民族自治县为例，探讨社会组织参与社会治理的问题，是一个值得探讨的学术领域。

三　合作治理理论

（一）合作治理理论产生的背景

合作治理理论是 20 世纪后期兴起于西方的新治理模式，根源于"治理"理论。随着社会经济的飞速发展，社会呈现出高度的复杂性和不确定性，新问题、新矛盾日益繁杂，单靠政府或市场难以有效实现公共产品的供给以及社会资源的优化配置，政府和市场时常出现失效失灵问题。而民间组织、社会团体等社会自治力量不断壮大，为治理理论提供了现实基础，同时，在学术上西方原有的两大主流理论——韦伯的官僚制度和威尔逊的政行二分已无法有效解释政府管理所面临的问题，需要适时的新管理理论。治理理论则在此背景下应运而生。[1]

随着治理理论的不断发展和完善，学者库曼依据治理主体的不同，将治理模式划分为社会自治、科层治理和合作治理。[2] 随后便有大量学者展开合作治理理论的探索研究，在国内也有学者根据治理模式的内在关系对其进行了划分——参与治理、社会自治和合作治理，这三种治理模式既有

---

[1] 龙献忠、杨柱：《治理理论：起因、学术渊源与内涵分析》，《云南师范大学学报》（哲学社会科学版）2007 年第 4 期。

[2] J. Kooiman. *Governing as Governance*. London：Sage Publication，2003：79-131.

内在的逻辑关系又有所不同。① 合作治理区别于另外两种治理模式的关键点在于：合作治理理论排除了政府在社会治理中的中心主义，强调政府与其他社会治理主体在平等、自愿、信任、协商、互惠的基础上建立合作关系。学者张康之认为："合作治理更关注公正和公平，强调的公正和公平是坚持公共利益至上的原则，并强调行政人员的自主性和道德意志，把私利提升为公利。"② 学者梁莹认为："合作治理是一种完善社会治理的新模式，为治理提供新的思路。"③ 学者敬乂嘉认为："合作治理是政府将社会资本引入到公共治理，各方资源通过交换与共享来满足各方主体的利益诉求。"④

（二）合作治理理论的主要观点

虽然学术界对合作治理有比较多的讨论，但大家对于合作治理概念的界定有所不同。主要有以下四种观点。第一种观点认为，合作治理是以解决公共难题为出发点，如学者 Daniel A. Mazmanian 认为合作治理是指为了解决那些仅凭单个组织或单靠公共部门无法有效解决公共问题，而采取建立、督导、促进和监控跨部门组织合作的制度安排，参与治理的各个主体坚持共同努力、互惠互利和自愿参与的原则。⑤ 学者 Taehyon Choi 也有类似的观点，他认为合作治理是存在利益相关的多个主体部门，为了解决公共难题而协同工作或共同协商制定相关政策的过程。⑥ 第二种观点认为，合作治理是为满足公共利益诉求而产生的，如学者张康之认为："合作治理目的是为了满足多方主体利益，由多方主体在平等、主动、自愿的原则

---

① 陈楠、杨和焰：《合作治理视角下的政经治理模式探析——以广东省佛山市南海区为例》，《世纪桥》2017 年第 5 期。

② 张康之：《行政伦理的观念与视野》，中国人民大学出版社 2008 年版。

③ 梁莹：《旨在完善公共治理的"合作治理"理论》，《中国行政管理》2009 年第 6 期。

④ 敬乂嘉：《从购买服务到合作治理——政社合作的形态与发展》，《中国行政管理》2014 年第 7 期。

⑤ Shui-Yan Tang, et al. Understanding Collaborative Governance from the Structural Choice, *Politics, IAD, and Transaction Cost Perspectives*, 2010: 25-37.

⑥ Taehyon Choi. Information Sharing, Deliberation, and Collective Decision-Making: A Computational Model of Collaborative Governance. *Doctoral Dissertation of University of Southern California*, 2011: 4.

下参与社会公共事务的治理方式。"① 敬乂嘉认为:"合作治理是多方治理主体将其各自所具有的资源进行交换和共享以满足各方主体的利益诉求。"② 第三种观点认为,合作治理是多元主体基于"共识"基础上的一种制定或执行公共政策或管理公共事务的决策或过程。如学者 Ansell、Gash 认为:"合作治理是一个或多个公共部门与非政府部门一起参与正式的、以共识为导向的、商议的、旨在制定或执行公共政策或管理公共事务或资产的治理安排。"③ Gray 认为:"合作治理是不同利益相关者针对公共问题找寻一种共识的治理对策。"④ 第四种观点认为,合作治理是为确保多个社会主体联合对策不受影响的手段。⑤

从以上学者对合作治理的定义及观点可看出,合作治理的本质在于政府不再是社会管理的唯一主体,政府的传统管理角色开始由"主导"向"引导"转变,具体表现在治理主体多元化、公共权力分散化、运行机制合作化、治理过程互动化、治理结构扁平化、合作地位平等化、权责界限清晰化、治理方式多样化。⑥ 治理过程呈现的特征为决策过程的平等性、决策方法的协商性和决策结果的共识性。⑦ 但仍需要政府部门积极发挥组织、引导、监督等作用,实现多中心治理格局,以更好地适应社会变迁和公众需求变化,满足公众需求和实现公共利益最大化。

(三) 合作治理理论的启示

合作治理理论对笔者研究乳源县社会组织参与社会治理的启示在于:一是强调多元主体协同参与社会治理的合作治理理论,为笔者对乳源县社会组织参与社会治理的研究提供理论依据和研究方向。同时,也为推动乳

---

① 张康之:《论参与治理、社会自治与合作治理》,《行政论坛》2008 年第 6 期。

② 敬乂嘉:《合作治理:历史与现实的路径》,《南京社会科学》2015 年第 5 期。

③ C. Ansell, et al. Collaborative Governance in Theory and Practice. *Journal of Public Administration Research and Theory*, 2008, 18 (4): 544.

④ Gray. *Collaborating: Finding Common Ground for Multiparty Problems*. San Francisco: Jossey Bass Publishers, 1989.

⑤ John M. Bryson, et al. The Design and Implementation of Cross-sector Collaborations: Propositions form the Literature. *Public Administration Review*, 2006, 66.

⑥ 赵守飞、谢正富:《合作治理:中国城市社区治理的发展方向》,《河北学刊》2013 年第 3 期。

⑦ 熊必军:《合作治理理论与政党协商》,《天津市社会主义学院学报》2017 年第 2 期。

源县社会治理的主体发展提供理论支撑；二是强调社会治理主体由单一主体向多元主体转变的合作治理理论，为笔者研究乳源县政府与社会组织、企业与社会组织、社会组织与社会组织间的交流合作情况提供理论思路；三是乳源县作为民族地区，社会事务管理具有其特殊性、复杂性，需要社会高度自治，而合作治理理论所提出的加快推进政府职能转移、返权于社会、提升社会自治能力等主张，不仅顺应国家对民族地区社会自治政策的发展，更能满足乳源县社会治理的客观需要，推动乳源县社会和谐稳定发展。

四 社会组织参与社会治理的基本理论

（一）概念界定

1. 社会组织

关于社会组织的定义，有广义和狭义之分。广义是指存在于社会上的所有组织，包括政治组织、经济组织、宗教组织、群团组织等等。当前学术界对社会组织的狭义界定尚未统一，笔者通过文献梳理，认为刘永哲和张尚仁对社会组织的狭义界定比较完善和准确。刘永哲等认为社会组织是指存在于政府与企业之外，拥有高效的社会治理功能，且具有非政府性、非营利性、公益性、志愿性等特征的组织机构。[①] 张尚仁认为社会组织是指政府与企业之外，面向社会提供某个领域的公共服务的法人实体。[②]

关于社会组织的特征，学术界也未形成统一的意见，美国学者莱斯特·萨拉蒙所提出的六大特征广受认可，即：正规性、独立性、非营利性、自我治理性、志愿性、公共利益性。[③] 关于社会组织的称谓，不同的国家，不同的学者，依据社会组织的不同特性，对社会组织有着不同的称谓。如：有依据其非政府性而称之为"非政府组织"，依据其非营利性而

---

① 刘永哲、高兴国：《新社会组织概念辨析》，《人才资源开发》2014年第20期。
② 张尚仁：《"社会组织"的含义、功能与类型》，《云南民族大学学报》（哲学社会科学版）2004年第2期。
③ 冯静、梅继霞、庞明礼：《公共政策学》，北京大学出版社2007年版，第94—95页。

称之为"非营利组织",依据其民间性而称之为"民间组织",依据其志愿性而称之为"志愿组织",依据其公益性而称之为"公益组织",依据其独立于政府组织和企业组织之外而称之为"第三部门"等等。而我国"社会组织"的概念第一次在党的报告中正式提出,是 2006 年党的十六届六中全会上,会议表决通过的《关于构建社会主义和谐社会若干重大问题的决定》中提出要"健全社会组织,增强服务社会功能"。①

综合以上观点,笔者认为社会组织是指公民为实现特定目标,按照一定的章程和宗旨,自发、自愿组成的从事各种非营利活动的群体,其具有非政府性、非营利性、非宗教性、民间性、公益性、自治性和志愿性等特征的组织机构。依据其主要类型分为社会团体、民办非企业和基金会等三大类,又依据其活动领域分为行业商会类、科技类、公益慈善类、社区服务类等。② 笔者所研究的社会组织属于社会团体类的公益慈善类社会组织。

2. 社会治理

"社会治理"是相对于传统的社会管制和社会管理而提出的新概念。我国官方正式提出"社会治理"概念,是在党的十八届三中全会作出的《中共中央关于全面深化改革若干重大问题的决定》中,自此"社会管理"的提法逐渐被"社会治理"所取代。③ 关于"社会治理"概念的界定,俞可平认为:"社会治理本质就是组织权力的转移和重新在不同主体间进行分配,在地位平等的主体和其自愿的基础上的一种有效合作,从而形成一种良性和有效率的互动。"④ 此外,蒋俊杰对社会治理概念作出了较为完善的界定,他认为:"社会治理是指政府、社会组织、企业以及公民个人等多元主体通过平等协商、对话、合作等方式,依法依规对社会事务进行引导和规范,最终实现公共利益最大化的过程"。⑤ 综合以上观点,

---

① 马立、曹锦清:《社会组织参与社会治理:自治困境与优化路径——来自上海的城市社区治理经验》,《哈尔滨工业大学学报》(社会科学版) 2017 年第 2 期。

② 十八届三中全会《决定》、公报、说明(全文),http://www.ce.cn/xwzx/gnsz/szyw/201311/18/t20131118_1767104.shtml。

③ 姚玫玫、袁维海:《社会治理新格局下的政府与社会组织关系构建》,《牡丹江师范学院学报》2014 年第 6 期。

④ 俞可平等:《中国公民社会的兴起与治理的变迁》,社会科学文献出版社 2002 年版。

⑤ 蒋俊杰:《领导干部提升社会治理能力的方向与方法》,《领导科学》2014 年第 7 期。

笔者认为"社会治理"指的是社会多元主体，包含政府、社会组织、企业、公民等，在法律法规的规范指引下，以平等、协作、互动的方式参与社会事务的管理过程。

"社会管理"与"社会治理"虽只有一字之差，但其蕴含的理念、方法、手段和制度等却有着质的不同。第一，目标不同。社会管理是为了达到既定的行政目标，而社会治理更多的是为了满足公众具体化、多样化的社会需求。第二，主体不同。社会管理的主体是单一化的各级党委和政府部门，而社会治理的主体是多元化的组织和个体，包括政府、社会组织、企业、公民个人等。第三，治理的方式不同。社会管理强调政府对其他社会组织及社会事务的管控，而社会治理强调社会主体间的协调。第四，内容的侧重不同。社会管理的内容包含社会经济发展的各个方面，强调对社会事务自上而下的全面管理，社会治理的内容也包含社会的方方面面，但更强调化解各个社会主体间的利益冲突，满足公众的多样化社会需求，实现公共利益的最大化。

3. 社会组织参与社会治理

通俗意义上讲，社会组织参与社会治理是指多个利益主体为实现共同利益目标，协同参与社会公共事务管理的过程。即政府、企业、民众、社会团体等多主体参与社会管理的过程。但关于社会组织参与社会治理的概念界定，学界尚未统一。为此，这里需要对社会组织参与社会治理的内涵进行界定。笔者所指的社会组织参与社会治理，是指狭义的社会组织参与社会治理。即指具有非营利性、非政府性、志愿性、公益性、民间性和自治性等特性的社会团体、民办非企业单位和基金会，为实现社会公共利益最大化，满足社会多元主体社会需求，而积极主动参与社会公共事务管理的过程。社会组织参与社会治理既是社会治理的题中之意，也是社会组织的必然要求。关于狭义的社会组织概念笔者前文已有界定，不再赘述。

通过文献梳理发现，社会组织主要通过承接政府职能、动员社会资源、汇集民声、化解社会矛盾、助推公共文化建设等事项参与社会治理。社会组织参与社会治理的主要领域有教育、社会服务、农业农村发展、文化、体育、工商业服务、卫生、科研与研究等，据 2018 年中国民政统计年鉴数据显示，各治理领域分别占社会组织参与社会治理总量的 29.98%、

14.81%、8.43%、7.86%、6.24%、5.65%、4.78%、4.17%。①而在社会组织三大类中，社会团体、民办非企业单位、基金会的社会组织参与社会治理的侧重有所不同，其中，社会团体类社会组织侧重于农业农村发展、社会服务、工商业服务、文化、体育等领域，分别占社会团体类社会组织参与社会治理的17.57%、13.61%、11.04%、10.87%、8.35%；民办非企业单位则更侧重于教育领域，占其总量的54.27%，其次是社会服务领域，占其总量的15.58%；基金会则更侧重于社会服务领域，占其总量的33.14%，其次是教育领域，占其总量的22.47%。②

（二）社会组织参与社会治理的功能

近年来，伴随着我国改革开放的不断深入，经济的不断发展，我国社会公共事务日益繁杂，社会矛盾也日益突出化和多样化，政府与市场由于其自身的局限性，无法有效满足公众多样化的社会需求。为弥补政府与市场的失灵问题，满足民众对多样化的社会需求，需要充分发挥多元主体协同治理作用，尤其应当充分发挥社会组织动员社会资源、提供公共服务、承接政府职能、培育公民意识和维护社会和谐稳定等方面的功能。具体功能如下。

1. 弥补公共服务供给不足

随着经济的飞速发展，我国公共服务水平虽有飞跃式的提升，但公共服务不均等问题却依然严峻，尤其是我国经济欠发达的中西部地区。政府作为公共服务的主要提供者，为社会提供的公共服务涉及领域广、内容多，长期处于公共服务供给的垄断地位，具有一定的统一性，从而缺乏针对性、有效性、深度性和高效性，再加之政府受自身体制机制的限制和职能有限性的影响，政府失灵已成为必然问题。因此，无论是政府提供公共服务的数量还是质量，都无法有效满足当前民众的社会服务需求，尤其是我国经济欠发达地区的公共服务需求。社会组织作为多元社会治理主体之一，在提供公共服务方面具有与生俱来的优势，社会组织的组织成员都是来自民间大众，与社会群众有着广泛而密切的联系，能够通过多渠道、多领域，及时、准确、迅速地捕捉社会群众的意愿和利益诉求，为他们提供

---

① 2018年《中国民政统计年鉴》。
② 2018年《中国民政统计年鉴》。

更具便利性、针对性、多样性、专业性的公共服务。同时，社会组织作为非营利性组织，服务动机单纯，其提供的服务更容易被社会民众所接受，可以在社会救助、扶贫、环保、教育、医疗、社会福利等领域发挥自身优势，弥补政府公共服务的不足。

2. 维护社会和谐稳定

社会的和谐与稳定，需要合理高效地处理好社会公共事务。我国作为多民族国家，其社会公共事务管理常常受到社会环境、宗教信仰、民族文化和民族利益的影响，具有其特殊性和复杂性。单纯依靠政府大而全的管理模式，已经无法满足当前我国社会经济发展的需要，更无法有效管理我国社会公共事务，甚至还会引发不必要的民事纠纷，影响社会的和谐与稳定。因此，充分发挥好社会组织的功能和优势，是维护我国社会和谐稳定的关键。社会组织作为民间组织，其成员来自不同阶层、不同行业、不同民族，具有一定的民间性、民族性、灵活性和代表性。因此，社会组织在参与社会治理时，其所采用的方式方法会因其民族文化、宗教信仰的不同而适时改变，能够灵活且有针对性地发挥好各类社会组织的功能和优势，协调好基层政府和民众之间的关系。具体而言：一是充分发挥其桥梁纽带作用，能够在民众面前为政府树立良好形象，以推动社会治理制度的顺利执行，缓解基层政府与民众间的矛盾；二是弥补政府部分功能的不足，为民众提供便利的公共服务，满足民众的精神文化生活和日常生活的需求；三是积极组织引领不同利益需求的民众进入政治生活，收集民意，反映民声。最终达到缓和社会矛盾、化解民间纠纷、协调各方利益群体关系、维护社会和谐稳定的目标。

3. 推动经济发展

贫困问题一直都是世界性的难题之一，也是世界各国经济发展的重大阻碍。为此，我国政府做了大量的扶贫工作，截至当前我国已有 7 亿多人摆脱贫困，他们大多来自广大的农村。虽然脱贫工作取得举世瞩目的成就，但我国脱贫形势依旧严峻，仍有大量的贫困人口，尤其是在民族地区、革命老区和边疆地区等，这些地方贫困程度深、扶贫难度大、脱贫成本高。2020 年我国进入脱贫攻坚的决胜期，要想全面打赢这场脱贫攻坚战，实现第一个百年目标，即全面建成小康社会，就需要推动我国经济的高质量平稳发展，尤其是要推动民族地区、革命老区和边疆地区的经济发展。而经济的高质量平稳发展同时也需要多元社会主体协同参与，充分发挥各主体的功能和优势，共同为脱贫攻坚战发力。

社会组织作为政府和市场失灵的弥补者，在推动经济发展方面也具有其特殊的优势，应结合其特性充分发挥其优势。具体而言：一是要积极发挥社会组织在动员社会资源方面的优势。社会组织的非营利性、公益性、志愿性等特性，能够极大限度地动员社会各界资源参与脱贫攻坚战。具体措施如培育公民意识、筹集社会资金、开展助学、扶贫等爱心公益活动；二是要充分发挥各专业合作社、行业协会和商会等经济类社会组织的积极作用，加强农民和市场之间的交流联系，促进资源共享、市场信息互通有无，以推动区域经济良性发展。同时，行业协会和商会结合各地区的实际情况，对外进行招商引资，发展地区特色产业，拓宽销售渠道，扩大生产规模，形成农业生产销售一体化。在推动经济发展的同时，也能吸引和留住当地青年人才，为各地区社会经济的繁荣发展贡献力量。

4. 培育公民意识

公民意识是指"公民个人在自己的国家中自我地位的一种认知，它以相关法律法规规定的个人所承载的基本权利和基本义务为中心，是公民在国家政治、经济以及社会生活中居于主体地位的重要思想来源"[①]。一个国家的公民意识不仅体现国民素养，也反映出这个国家精神文明的发展程度。加强公民意识的培育是建设法治国家的需要，是建立社会主义民主政治的需要，是培养民主政治主体的需要，是提高公民参与民主政治能力的需要，是社会主义市场经济发展的需要。但当前我国国民整体公民意识不强，尤其是经济欠发达地区，整体受教育程度低，缺乏公民意识的培育。加强我国公民意识的培育，已是深化我国社会治理的迫切需要。校园是公民意识培育最重要的平台，但对于已经离开校园且文化水平不高的大多数民众而言，社会组织则是培育他们公民意识的最佳平台之一。公民意识作为一种思想上的产物，需要实际行动的实践。社会组织通过承接政府职能、开展志愿服务活动、收集民意反映民声、动员社会资源、提供公共服务等实际行动，让更多的民众参与到社会治理中来，感受公民的主体意识、权利意识、责任意识、法治意识、道德意识等。同时，也通过实际行动影响周围的人群以提升公民意识，进而达到

---

① 汪倩倩：《思想政治教育视域下公民意识教育研究》，博士学位论文，苏州大学，2014年。

培育民众公民意识的目的。

5. 繁荣民族优秀传统文化

民族传统文化既是中华五千年文明的重要组成部分,也是维系民族团结的重要精神纽带。它蕴含着丰富的道德观念、哲学意识和艺术见解,是中华文化不可或缺的文化宝藏,在促进民族地区文化繁荣发展和维护民族地区社会和谐稳定方面起着重要作用。同时,民族文化所包含的精神品质,既凝结着过去的精华,又孕育着未来的希望,民族的发展、国家的进步需要对民族优秀传统文化的继承发扬。但是,在文化历史演进中和现代文化的冲击下,我国民族传统文化正面临着严峻的挑战。因此,迫切需要加强对民族优秀传统文化的保护和发扬,要从多视角、多主体探索民族优秀传统文化的传承途径。政府和学校是传统文化保护和发扬的重要主体,但仅依靠政府和学校还远远不够,还需要动员更多的社会力量参与到民族优秀传统文化的保护中来,尤其要发挥民族地区社会组织的作用。社会组织在繁荣发展民族优秀传统文化方面具有其独特优势。首先,我国民族地区的社会组织具有群众性、民族性等特性,其组织成员来自各行各业,对本民族文化了解程度深和认可程度高,开展各项社会组织活动能够与本民族文化习俗、宗教信仰保持一致性,易被本地民众理解和接受。其次,我国民族地区有部分社会组织,为继承和繁荣发展民族优秀传统文化而成立。如乳源县世界过山瑶语言研究会、乳源县刺绣协会等。最后,繁荣发展民族优秀传统文化的社会组织备受政府积极鼓励支持,具有更充足的资源保护继承民族优秀传统文化。

(三) 社会组织参与社会治理的模式

近年来,随着我国经济飞速发展,社会变得高度集合性和复杂性,政府依靠传统的单一主体管理模式已不能很好地解决日益繁杂的社会公共问题,满足不了人们对多样化的社会服务需求,实施多元化的治理已成为新的时代潮流。社会组织作为多元社会治理的重要主体,应充分发挥社会组织参与社会治理的主体作用。因此,梳理归纳当前我国学术界有关社会组织参与社会治理模式的理论观点具有重要的现实意义。通过梳理归纳可将其分为三种治理模式,即政府主导参与、合作治理参与和补充参与,这些社会治理模式会因社会组织参与社会治理领域不同而有所侧重。

1. 政府主导型参与

我国政府治理模式经历了农耕时代的统治期、工业时代的管理期、后工业时代的治理期。政府主导型参与作为当前我国社会治理的主要模式，在政府的主导下，结合各社会组织的力量向社会提供公共服务，解决公共问题，在解决社会突发性问题或社会历史性问题等方面的作用尤为显著。如各类自然灾害问题、扶贫问题、维护社会和谐稳定问题等。具体案例如我国四川汶川和青海玉树的两次大地震发生后，在政府主导之下，各类社会组织积极动员社会资源向灾区捐款捐物，为灾区提供了大量的人力物力支援，一定程度上缓解了政府的救灾压力。再如笔者在乳源县调研时了解到，2019 年 12 月 12 日乳源县农业农村局与该县桂头镇人民政府联合其他社会组织协助开展的"瑶乡山水马蹄·助力精准扶贫"活动；2019 年 6 月 28 日乳源县妇女联合会、县禁毒办联合乳源县禁毒协会开展禁毒宣讲活动等，都是社会组织参与社会治理中政府主导型模式的具体体现。社会组织参与社会治理的政府主导型模式是在强政府、弱社会的国情下形成的，政府处于社会管理的主导地位，社会组织发挥辅助性作用。而这类社会组织多在政府主导之下培育孵化而成，带有浓厚的行政色彩和官僚作风，存在供给公共服务质量不高、创造性不强、社会治理意识不足等问题。

2. 合作治理型参与

合作治理型参与是指多元社会治理主体在独立平等的基础上，共同参与公共事务管理的社会治理模式，强调社会治理主体的平等性、独立性和自愿性等。合作治理型参与为解决复杂多变的社会问题而产生，是社会治理的发展趋势。当前合作治理型参与主要通过"政府授权委托和政府购买社会服务"两种形式开展。政府授权委托形式：政府作为有限政府，在管理公共事务、解决公共问题时难免会因其资源和能力的有限性而出现失灵问题，这便需要专业性更强的社会组织参与社会治理，政府则在社会治理中扮演监督角色，社会组织则以具体事务的执行者来参与社会治理，相互分工协作，形成合作治理型模式。如行业协会，行业协会因其有较强的专业性，具有促进经济增长、协调社会矛盾、规范市场、提高产品质量等作用。政府购买社会服务形式：政府通过向社会组织购买社会服务，转移政府职能，由社会组织践行具体公共事务，不仅能满足公共利益需求，还能优化提供公共服务质量，促进社会组织的成长。合作治理型模式作为社会治理发展趋势，对于社会组织而言，一是可以缓解组织发展资金紧张问题；二是通过与政府和其他主体的合作，可获取更多资源促进社会组织自身发展。对于社会而言，有利于加速多元中心治理秩序的形成，促进社会秩序健康稳定发展；对于政府而言，合作治理型模式可弥补政府失灵问题，更好的治理社会公共事务。

3. 补充型参与

补充型参与是指社会组织在法律允许的范围内和政府管理之下，针对政府参与社会治理领域不深，而由社会组织单独承接政府部分职能以填补治理能力不足的社会治理模式。随着经济的飞速发展，社会矛盾日益复杂化、多样化，仅凭单一的政府已经无法满足社会多元化的需求，而社会组织作为第三部门具有民间性、志愿性、非营利性、公益性等特性，能够有效弥补政府部分职能失灵的问题，在社会治理中发挥着不可替代的作用。该治理模式因社会组织自愿、自发弥补政府职能的不足，而具有独立性、自发性、自由性的特征。也正因如此，该模式存在诸多不足，如资金短缺、服务面小、活动开展缺乏稳定性和持续性等问题。这种补充型治理模式在笔者的案例调研点——乳源县义工协会也有所体现，其参与的活动主要涉及文化、环保、扶贫、助学等领域。如2019年11月5—7日及17日乳源县义工协会分别前往岭溪村、源峰社区、一六镇、乳城镇等48户贫困户进行慰问；2019年10月27日乳源县义工协会环保部开展"爱我乳江源"保护水环境亲子公益活动；2019年8月乳源县义工协会开展的"瑶乡书韵小小讲解员"系列活动；2019年6月26日乳源县义工协会开展助学活动，共资助15名贫困学生，合计资助9600元。这些活动都是乳源县义工协会自发、自愿、独立开展的活动。

五 乳源县社会组织参与社会治理的案例分析——以乳源县义工协会为例

（一）乳源县社会组织整体发展情况

1. 乳源县社会组织的整体分布情况

乳源县作为全国50个新时代文明实践中心建设试点县之一，截至2019年11月底全县社会组织总数为111个，其中，社会团体67个，民办非企业单位 44 个，基金会暂无①（如表 11-1 所示）。

表 11-1　乳源县依法正式登记注册的社会组织数量统计

种类	数量（个）	占比（%）
社会团体	67	60.36
民办非企业单位	44	39.64
基金会	0	0

从表 11-1 数据可获知：一是截至 2019 年 11 月底，乳源县社会组织的整体数量较少；二是乳源县的社会组织主要以社会团体类为主，占总量的 60.36%，其次则为民办非企业单位，占总量的 39.64%。这说明乳源县社会组织整体数量少且组织类别失衡。而社会组织作为社会治理的重要主体之一，其数量少、类别失衡将会进一步影响乳源县社会组织参与社会治理的推进。

2. 乳源县社会组织的主要活动领域

通过查询广东省社会组织信息网和实地调研发现，乳源县社会团体主要以社会服务类、文化类、体育类、农业农村发展类为主，而民办非企业单位则以教育类中的民办学校为主，如民办幼儿园，全县处在正常状态的民办幼儿园有 33 家，占全县民办非企业单位总数的 75%。②

上述信息说明乳源县主要以社会团体类社会组织和民办非企业类社会组织为主，没有基金会类的社会组织。在具体的社会治理服务领域中，主要以教育类、社会服务类、农业农村类和文化类为主，同时，不同类型的社会组织参与社会治理服务领域的侧重点不同。社会团体类更侧重社会服务、农业农村和文化等领域，而民办非企业单位则更侧重于教育领域的社会服务，这与前文分析我国社会组织参与社会治理领域的整体情况相似。

（二）乳源县义工协会参与社会治理的概况

1. 乳源县义工协会的基本概况

乳源县义工协会是乳源县首家非营利性民间公益组织，也是乳源县知

---

① 广东社会组织信息网：https://www.gdnpo.gov.cn/home/index/indexsearch。
② 数据来源于笔者对广东社会组织信息网查询资料的整理，http://gdnpo.gd.gov.cn/index_search.html?MainMC=%u4E73%u6E90。

名度最高的社会组织之一，具有一定的典型性和代表性。因此，笔者选择乳源县义工协会作为案例研究点。该协会虽于 2016 年 12 月 13 日在该县民政部门正式登记注册，但早在 2011 年便以草根组织的形式进行助学、关爱留守儿童、慰问残障孤寡老人等民间公益活动。截至 2018 年年底，该协会正式登记注册的志愿者有 339 人，加上非登记注册的志愿者，人数已超过 1000 人。仅 2019 年 1 月至 10 月底，该协会参与社会志愿服务活动 111 次，累计召集志愿者 565 人，共计志愿服务时长为 19260 小时，人均志愿服务时长为 34.09 小时。① 该协会现设有会长、名誉会长、荣誉会长、副会长，下设宣传部、助学部、义卖部、环保部、关爱部、办公室 6 个管理组（如图 11-1 所示）。具有规范完整的组织管理章程，明确的入会登记注册流程，完善的志愿者个人信息、志愿者个人服务时长以及志愿服务活动等记录资料。当前该协会主要涉及的志愿服务活动为助学、敬老、环保、女童保护四方面，未来志愿服务主要侧重于女童保护和环保两方面。

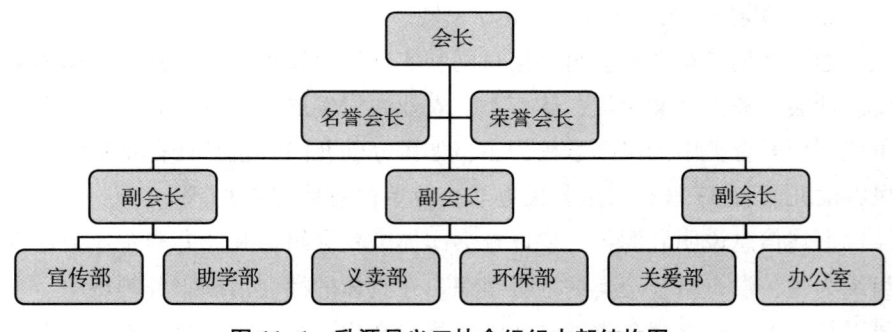

图 11-1 乳源县义工协会组织内部结构图

2. 乳源县义工协会参与社会治理的主要作用

乳源县义工协会作为本地优秀的志愿者组织，一直秉承"奉献爱心，乐于助人；传递善念，播种希望"的理念，发扬"奉献、友爱、互助、进步"的志愿精神，在参与乳源县社会治理方面发挥重要作用，尤其在动员社会资源、提供公共服务、发扬民族优秀传统文化以及促进社会整合和团结等方面，倍受当地政府和人民好评。

（1）动员社会资源

社会资源的动员需要社会各界对其所倡导的志愿、公益理念在认同的

---

① 数据来源于笔者 2019 年 12 月 5—9 日前往乳源县义工协会调研资料的整理。

基础上建立起"信托"关系，这说明社会信任是社会资源动员的核心，增强社会信任度便可以积累更多的社会资源。以"奉献、传递善念，助人、播种希望"为志愿精神的乳源县义工协会，年均开展百余次志愿服务活动（如表11-2所示）①，志愿服务面广、质量高、影响力大、知名度高，因此乳源县义工协会在当地享有较高的信任度，进而也提升其社会资源动员能力，具体体现在社会志愿者资源动员能力、社会物质动员能力和社会资金动员能力三方面。如社会志愿者资源动员方面，乳源县义工协会利用短短三年的时间，便将正式登记注册于本协会的志愿者人数由协会成立前期的几十人发展到当前的300余人，且潜藏着待发展的千余人的志愿者资源。笔者在跟踪调查时发现，协会若有志愿服务活动，办公室负责人便会借用微信平台发送招募通知，其招齐所需的10—20名志愿者仅需几十分钟时间。又如社会物质动员方面，乳源县义工协会时常联合私营企业为社会提供物质捐赠，如该协会携手韶关柔绰礼仪优雅学堂于2019年7月11日为游溪镇103名60岁以上的老党员送上慰问物资——电风扇。再如社会资金动员方面，乳源县义工协会于2019年9月8日开展"迎中秋·送温暖"新时代文明实践系列活动之走进敬老院的慰问活动，短短4天时间便有99人以个人或私营店主名义参与募捐活动，共捐赠资金9580元。以上的例子充分体现了乳源县义工协会具有社会资源动员能力，而正是基于这种能力的作用发挥，乳源县义工协会参与社会治理便具有了坚实的基础。

表11-2　2019年1月至12月中旬乳源县义工协会活动汇总表（135次）

女童保护（30次）
12月4日"女童保护"走进洛阳镇社区妇女之家
11月29日"女童保护"走进金禧小学
11月27日"女童保护"走进一六镇中心小学
11月26日"女童保护"走进金禧小学
11月22日"女童保护"走进桂头中心小学
11月21日"女童保护"走进乳源县县大东村社区妇女之家
11月19日"女童保护"走进一六镇社区妇女之家

---

① 数据来源于笔者对乳源县义工协会官方公众号整理汇总。

(续表)

11月15日"女童保护"走进乳源县县大桥镇红云社区妇女之家
11月13日"女童保护"走进大桥中心小学
11月9日"女童保护"分别走进桂头和乳城云门妇女之家
11月8日"女童保护"走进侯公渡中心小学
11月5日"女童保护"走进乳源县金禧小学
11月2日"女童保护"分别走进东坪镇东田村和乳城镇云峰社区
10月30日"女童保护"走进乳源县大布镇谭兆小学
10月24日"女童保护"走进大布镇社区妇女之家
10月22日"女童保护"走进游溪镇中心小学
10月20日"女童保护"走进乳城镇源峰社区妇女之家
10月11日"女童保护"走进必背儿童友好之家
10月14日"女童保护"走进游溪镇社区妇女之家
9月27日"女童保护"走进古母水中心学校
9月24日"女童保护"走进乳源县第一小学
9月18日"女童保护"走进洛阳中心小学
8月13日"女童保护"走进大桥镇观澜书院
8月3日"女童保护"广东粤北团队乳源县分队启动仪式
7月25日"女童保护"走进乳源县义工协会,"春雷假话护蕾行动"儿童防性侵知识讲座
7月20日乳源县义工协会三名"女童保护"准讲师顺利通过考核
6月28日乳源县义工协会进行"女童保护"讲师培训
4月27日"女童保护"进乳源县云峰社区(女童保护基金会广东粤北团队)
4月17—19日"女童保护"基金广东粤北团队分别走进大桥镇红云希望学校和一六镇中心小学
1月10日乳源县义工协会联合团县委、县检察院到大桥镇均容谭兆小学开展儿童防性侵知识讲座服务活动
文化、旅游类活动(30次)
12月8日乳源县义工协会参加"重走西京古道"乳源县企业家古商道公益徒步志愿服务
11月30日由团县委、乳源县人民政府主办的"古道初心路·红色徒步行"(秩序、路线、协助)
11月10日乳源县义工协会协助参与广东第一峰(乳源县·乳源县)铁人三项挑战赛
10月29日乳源县义工协会前往云门寺体验农耕生活、感受丰收喜悦

(续表)

10月19日乳源县义工协会协助县农业农村局主办的龙德农场第二届丰收旅游节活动，主要负责车辆指引、嘉宾签到、现场布置、维持秩序等
10月6日由县委宣传部主办的"瑶汉团结齐奋斗 建功立业新时代"乳源县新时代文明实践成果展，义工协会出动53名义工参加水和节目单的派发，秩序维护、后台服务
10月2—4日乳源县义工协会协助参与瑶族传统节日"十月朝"活动，主要负责验票、礼仪引导、秩序维持和演员道具的搬运）
10月1—7日团县委联合义工协会、志愿者联合会及县旅游局开展国庆乳源县县文明旅游志愿服务活动
10月1—7日乳源县义工协会开设的"瑶乡书韵"小小讲解员国庆期间为乳源县民族博物馆做讲解员
10月1日由县委宣传部主办的"我和我的祖国·瑶乡百姓贺华诞"——"金鸪鸪"瑶乡文艺兵帮扶共建文艺展演活动，义工协会主要负责节目单、饮用水、小国旗的派发，以及维持秩序和礼仪引导
9月30日由县新时代文明实践中心、团县委、县文广旅体局设立的首个景区新时代文明实践点，义工协会30名志愿者参与了揭牌仪式
9月22日乳源县义工协会参与广东省文化卫生"三下乡"韶关乳源县分会场志愿服务活动
8月26日由县委宣传部主办新时代文明实践活动之庆祝新中国成立70周年·到人民中去——韶关市红色文艺轻骑兵走进乳源县活动，义工协会协助，主要负责节目单、小手拍、矿泉水的派发，维持现场秩序
8月24日乳源县义工协会联合乳源县民族博物馆开展"我是'瑶乡书韵'小小讲解员"系列教育培训活动
8月21日乳源县义工协会组织2批学生到乳源县民族博物馆进行参观学习，并以此机会对小小讲解员进行考核
8月19日乳源县义工协会联合乳源县民族博物馆举办了"小小讲解员"的培训班
8月14日由深圳孝当先老龄产业集团主办，义工协会协办，以"将心相连、让孝传递"为主题的大型公益会演
6月17日乳源县义工协会协助县委宣传部拍摄《没有共产党就没有新中国》合唱视频
6月15日乳源县义工协会参加第16个世界献血者日主题宣传活动
6月6日乳源县义工协会协同多个组织开展了主题为"粽情端午·与爱同行"的新时代文明实践活动
5月18日乳源县义工协会协助为中央广播电视总台支持韶关乳源县县新时代文明实训中心建设捐赠仪式的志愿服务工作
5月19日韶关学院、县委宣传部主办，乳源县义工协会提供志愿服务，开展"中国成立七十周年——粤北现实题材原创作品展演"活动
5月8—9日乳源县义工协会参与新时代文明实践活动大型展演和文艺晚会
4月27日乳源县义工协会参与演唱会志愿服务活动
4月4日乳源县义工协会组织志愿者开展"缅怀革命先烈、弘扬民族精神"的祭奠活动

(续表)

3月30日乳源县义工协会党支部开展清明节祭英烈扫墓活动
3月1日乳源县义工协会为"三八"国际劳动妇女节109周年提供志愿服务活动
2月19日由县财政局、县文明办联合举办的新时代文明实践活动之"我们的节日·欢乐闹元宵"活动，乳源县义工协会有20名志愿者参与到活动中来，提供志愿服务
1月31日由县委宣传部、县文广新局主办的"2019年迎新春文艺晚会"，乳源县义工协会为晚会提供志愿服务活动
1月11—12日央视唱响新时代，志愿服务一起来，乳源县义工协会有参与其中
慰问类活动（18次，11480元）
12月8日乳源县义工协会参加针灸义诊活动志愿服务（秩序、路线、协助）
11月13日乳源县义工协会党支部开展敬老助困慰问活动
11月7日（多方协助）团县委联合县检察院、县妇联、义工协会、县特殊学校和创文第三片区的志愿者开展新时代文明实践活动之"大手牵小手·文明一起走"关爱特殊儿童活动
10月7日乳源县义工协会开展"关爱老人·情暖中秋"敬老活动
9月11日团县委、携手县住房和城乡建设管理局、县义工协会组织开展新时代文明实践活动之"心系城市美容师·情满瑶乡庆中秋"慰问环卫工作者的志愿服务活动
9月10日慰问德艺双馨退休老师 有慰问金
9月8日乳源县义工协会开展"迎中秋，送温暖"新时代文明实践系列活动——走进敬老院，送牛奶、月饼、纸巾等慰问物质，分别去往大布镇、洛阳镇、大桥镇、一六镇、桂头镇及乳城镇此次活动有99人捐款，捐赠资金总额为：9580元
8月1日乳源县义工协会党支部开展"八·一建军节慰问退役军人"活动
7月19日乳源县义工协会携手禁毒协会到东坪镇开展"新时代文明实践活动——中秋送月饼、情暖贫困户"慰问活动
7月15日乳源县义工协会党支部联合广东医科大学思源党员服务队重走红军路、扫红军墓、慰问老党员
7月11日乳源县义工协会党支部携手柔绰礼仪优雅学堂到游溪慰问103名60岁以上的老党员。慰问品：电风扇
6月21日乳源县义工协会党支部联合县直属机关党委、县工商联党支部开展新时代文明实践活动之迎"七一"慰问山区百名老党员活动
5月19日乳源县义工协会党支部前往一六镇开展"助残日"慰问党日活动
5月12日乳源县义工协会关爱部开展"5.12母亲节户外亲子活动"
4月28日乳源县义工协会党支部和关爱部前往大桥镇开展"新时代文明实践系列活动——走进敬老院慰问活动"。此次活动接收到九名爱心人士的捐赠，共计1900元
4月13日由县工商联携手乳源县义工协会在新名威贸易公司和龙德生态园赞助下为200城市美容师——环卫工人带去关怀慰问以及赠送鸡蛋、避暑生活用品等

（续表）

1月29日由团县委联合县文联、乳源县义工协会开展"新春佳节送祝福·情暖城市美容师"志愿服务活动
1月13日乳源县义工协会党支部对八位困难老党员进行慰问，慰问品有油、米、面等
交流学习类活动（6次）
10月26日乳源县义工协会参加第二届韶关市慈展会
9月15日南雄阳光公益协会、始兴义工协会、乳源县义工协会联合举行了第二届三地公益交流会暨关心下一代座谈会
7月14日乳源县义工协会协助广东医科大学思源党员服务队开展以"邀游长征路，造就赤子心"为主题的红色课堂
7月13日广东医科大学开展以"不忘初心·健康同行"为主题的防治高血压和安全用药宣传活动，乳源县义工协会招募30余名志愿者协助参与
7月12日乳源县义工协会协助广东医科大学思源党员服务队进行走访调研
5月24日乳源县义工协会应邀参加仁化县丹霞义工会慈善公益汇报会暨最美义工表彰大会
环保类活动（20次）
11月18—24日乳源县义工协会前往景区云门寺清扫卫生
10月27日乳源县义工协会环保部开展"爱我乳江源"保护水环境亲子公益活动
10月26日乳源县义工开展了"共建绿色生态，共享绿色福祉"的环保知识宣讲活动
10月1日乳源县义工协会开展了云门寺国庆文明旅游志愿服务活动
9月24日乳源县义工协会和南雄阳光公益协会联合开展水资源和湿地保护调研活动
8月13日乳源县义工协会招募3名大学生同一六镇东粉村志愿者一同到石在寨背湿地公园及水源宫河东粉段进行"水资源保护"踩点调研
8月4日乳源县义工协会组织60余名青年志愿者前往云门寺开展志愿活动
7月27日乳源县义工协会组织学生志愿者参加云门寺清扫活动
7月22日乳源县义工协会环保部开展南水湖岸清理垃圾志愿服务活动
3—6月乳源县义工协会组织了5次环保活动，参与人数达100多人次，服务时长达800多小时
5月24日乳源县义工协会联合县水务局河湖管理办公室开展环保知识宣讲和河岸垃圾清理活动
5月2—7日乳源县义工协会对县内各个旅游景区进行文明引导、环境卫生扫除等志愿服务活动
4月30日乳源县义工协会环保部组织部长志愿者前往县污水处理厂参观学习
4月21日乳源县义工协会协助县政府主办环保宣传活动
4月18—21日乳源县义工协会环保部参加"珠江流域水环境保护核心人才成长营"活动

（续表）

4月5—7日乳源县义工协会对凌云公墓前进行交通指引和清扫垃圾
4月1—3日乳源县义工协会参与大觉禅寺的一系列志愿服务活动
3月22日团县委、县水务局、县教育局联合志愿者协会、乳源县义工协会开展"争当河小青·共筑生态屏障"环保宣传活动
3月15日乳源县义工协会携手县工商联非公有制企业新时代文明实践志愿服务队开展植树活动
1月5—12日乳源县义工协会为云门寺文明旅游提供志愿服务活动（清扫垃圾、文明指引搬运物质等）
会议类活动（4次）
10月28—29日乳源县义工协会参与首届韶商大会乳源县分会场（秩序、路线指引、嘉宾签到、会场服务等）
9月28日乳源县义工协会出动10名志愿者参与"中国农民丰收节"暨生态农业博览会云门山分会场活动，主要负责维持现场秩序、礼仪引导
9月23日乳源县义工协会参与"2019年中国农民丰收节暨生态农业博览会"开幕式，主要负责嘉宾签到、交通引导、维持秩序等
1月23—25日乳源县义工协会参与乳源县县第十二届人民代表大会第四次会议的志愿服务活动
扶贫类活动（6次，25065.1元）
12月12日由乳源县农业农村局，桂头镇人民政府主办的"瑶乡山水马蹄·助力精准扶贫"，义工协会维持秩序、来宾签到
11月5—7日及17日乳源县义工协会分别前往岭溪村、源峰社区、一六镇、乳城镇等48户贫困户进行慰问，送米粉、面条和牛奶，王海英个人捐赠500元
6月28日乳源县义工协会协助团县委、县志愿者联合会开展"一元捐款·一份爱心"募捐活动，用于扶贫。截至活动结束共筹集善款3565.1元
3月12日乳源县义工协会携手东坪镇政府开展"学雷锋扶贫助困送温暖"活动
1月28—30日进行慰问活动，共慰问贫困户70户，发放慰问金21000元，慰问物资大米、油、米粉、糖果饼干、牙膏等共70份
1月7日乳源县义工协会携手韶关市立德会、乳源县县检察院和广东尚美陈总进行贫困户慰问，送上米、面、油、棉被、书包、奶粉、孩子玩具及学生学习用品
助学类活动（10次，109600元）
12月12日乳源县义工协会携手"鑫心公益"大布助学为38名学生送上学习和体育用品、冬装、四台手提电脑，给10名特困生共捐1万元
10月20日乳源县义工协会通韶关"瑶乡情"的爱心人士前往乳源县县沙田村、大桥镇铁龙头村、埂下村开展贫困生助学活动，三名贫困生每人资助6000元
8月30日乳源县义工协会携手广州水滴助学会分别前往桂头镇、乳城镇、洛阳镇以及大布镇开展助学志愿服务活动。此次助学活动发放助学金27000元、油9瓶、大米9袋、牛奶、零食等

（续表）

6月26日乳源县义工协会开展助学活动，共资助15名贫困学生，其中高中生一名资助1200元；初中生七名，每人资助800元；小学生七名，每人资助400元，共计资助9600元
4月20—21日乳源县义工协会携手深圳鹏悦会爱心志愿者协会开展第12期乳源县助学行。此次共资助15名贫困家庭的留守儿童，每年资助3000元，为每户贫困学生家庭送去一袋米、一桶油、三斤猪肉等慰问品
3月24日乳源县义工协会携手广州腾越中心"创造8"团队在红云希望学校开展以"与爱童行·让爱传出去"的亲子活动
3月11日由团县委、县创文网格第一片区主办、县志愿者联合会、乳源县义工协会协办主题为"当新时代雷锋·树新青年新风"的义卖活动
1月17日团县委、韶关乐善义工会、乳源县义工协会在游溪镇柳坑中心小学进行壹基金"温暖包"发放仪式。物品价值365元
1月10日乳源县义工协会为柳坑中心小学组装学习书柜等
1月1日乳源县义工协会开展助学义卖活动
培训类活动（6次）
7月29日乳源县义工协会携手县水务局河长办，邀请深圳市绿源环保志愿者协会开展"爱我乳江源"项目暨民间河长制在地培训交流会
7月9日乳源县义工协会开展义工初级培训
7月3日乳源县义工协会开展防火防电消防安全知识培训
5月18日乳源县义工协会部分志愿者参与乳源县县禁毒办开展禁毒工作队伍培训
4月20—21日乳源县义工协会管理层部分人员参与2019粤北公益慈善骨干人才培训班
3月26日乳源县义工协会邀请深圳市绿源环保志愿协会为其进行水环保知识培训及河流调研走访活动
促进社会和谐类活动（5次）
11月25日乳源县义工协会协助县妇联联合公安局、县法院、县检察院等部门开展"反对家庭暴力、创建平安家庭"活动
9月18日乳源县扫黑除恶专项斗争攻坚誓师大会，义工协会负责维持秩序、宣传单和饮用水的派发
6月28日由县妇联、县禁毒办等主办，义工协会协助开展禁毒宣讲活动
6月22日乳源县义工协会协助县政府办、县委宣传部、县委政法委、县禁毒办等开展新时代文明实践活动之"平安乳源县·禁毒同行"暨6.26国际禁毒日禁毒游园活动
6月19日乳源县义工协会协助团县委、县创平办开展"创建平安乳源县"宣讲活动

（2）提供公共服务

政府作为社会公共服务的主要提供者，面对所有的社会成员，所提供的公共物品和公共服务必然具有一定的公共性、统一性和普遍性，以此满足所有社会成员的普遍需求。但随着社会经济的飞速发展，民众对社会需求日益增加且趋于多元化、个性化，政府难以切实做出回应，无法有效满足社会需求，出现政府失灵状态，这便需要社会组织提供多元化的社会服务，弥补政府失灵。乳源县义工协会从2019年1月至12月中旬，为乳源县当地提供社会志愿服务135次（如表11-2所示），主要涉及女童保护、弱势群体慰问、文化旅游、环保、扶贫、助学等领域，其中以女童保护、文化旅游、环保、弱势群体慰问和助学为主，分别占全年活动的22.22%、22.22%、14.81%、13.33%、7.41%。① 同时，在这些志愿服务活动中现场直接捐赠和在公众号公示的捐赠资金共有146145.1元，这些捐赠资金主要用于助学、扶贫和慰问三类志愿服务活动，其中助学占比最高，其次是扶贫，最后是慰问类，占比分别为75%、17.15%、7.85%。② 这些志愿服务活动为乳源县提供了丰富的社会公共服务，一定程度上弥补了政府的失灵。

（3）继承发扬民族优秀传统文化

乳源县是广东省三个少数民族自治县之一，有"世界过山瑶之乡"之美誉。乳源县瑶族在长期发展过程中，其语言、婚姻、服饰、丧葬等各方面形成了独具特色的风俗习惯，现有的"瑶族盘王节""瑶族刺绣""瑶族民歌""乳源县瑶族传统服饰"等已列入国家、省非物质文化遗产名录。由此可见，乳源县瑶族历史文化底蕴深厚且具有重要的传承发扬价值。政府作为民族优秀文化保护的重要主体，因其资源有限，无法有效满足乳源县瑶族优秀文化的多样化、个性化的传承保护需求，因此需要发挥社会多元主体协同参与作用，尤其应发挥社会组织所具有的广泛性、灵活性和专业性的优势。乳源县义工协会作为乳源县代表性的社会团体，于2019年8月19日联合乳源县民族博物馆开设"瑶乡书韵"小小讲解员培训班，经过层层选拔考核，最终诞生15名小小解说员，他们来自各个中小学，积极性高、志愿服务意识强，在节假日期间为传承发扬优秀瑶乡文化贡献自己的一份力量。除此之外，乳源县义工协会还协同参与了其他社

---

① 数据来源于笔者对乳源县义工协会官方公众号2019年1月至12月中旬宣传活动的归纳整理。

② 数据来源于笔者对乳源县义工协会官方公众号2019年1月至12月中旬宣传活动的归纳整理。

会组织开展瑶乡文化传承发扬活动,如"古道初心路·红色徒步行"、瑶族传统节日"十月朝""将心相连、让孝传递"为主题的大型公益汇演等,对乳源县瑶族优秀传统文化传承发扬发挥着重要作用。

(4) 促进社会整合与团结

乳源县义工协会在提供公共产品和公共服务的同时,也促进乳源县社会整合和团结。从个体角度分析,乳源县义工协会现有300余名登记注册的志愿者来自各行各业,如政府公职人员、私营企业主、离退休人员、农民、学生等,乳源县义工协会在提供志愿服务的过程中,吸纳社会各界不同的社会成员,将社会成员由个体走向群体,进而调动社会个体的团队意识、组织意识和参与意识,达到促进社会人员整合与团结的效果。从社会治理主体角度分析,在新时代背景下,社会需求趋于多元化、个性化,为有效满足社会需求,高效解决社会公共问题,就需要社会多元主体协同治理,所以不同社会治理主体之间的合作、协调、互动便成为可能,这有助于加强社会各个主体间的了解、协作、整合和团结。如乳源县团县委联合县检察院、县妇联、县义工协会、县特殊教育学校等开展以"大手牵小手·文明一起走"为主题的关爱特殊儿童活动;乳源县县工商联携手乳源县义工协会在新名威贸易公司和龙德生态园赞助下,为200名城市美容师——环卫工人带去关怀慰问以及赠送鸡蛋、避暑生活用品等,这些活动都极大地促进了乳源县社会资源的整合和社会的团结。

(三) 乳源县社会组织参与社会治理面临的困境

社会治理强调社会管理主体由单一主体向多元化转变,实现社会治理主体多元化、治理权力分散化、治理过程互动化、治理机制合作化、治理结构扁平化、治理地位平等化、治理权责清晰化和治理方式多样化等,这需要各社会治理主体具备一定的治理能力。然而,通过实地调研发现,当前我国民族地区社会组织参与社会治理还面临诸多问题,如社会组织内部管理不规范、活动经费紧张、专业人才匮乏、监管体系不完善、合作治理机制不畅等,这些问题严重制约了社会组织参与社会治理的成效。

1. 内部管理不规范,参与效率不高

社会组织自身规范管理是其参与社会治理的基本前提。社会组织自身规范管理主要包括组织内部人员管理和组织活动运行管理,其中,组织内部人员管理包含对组织内部结构机制的设置、管理层的任务分工、志愿者的招募和内部人员的激励等；社会组织活动运行管理包含活动策划、执行、监督、活动经费筹集等。社会组织合理规范的管理是组织高效率运行乃至健康发展的重要保证。然而，笔者通过实证调查发现，乳源县义工协会内部管理存在人员管理随意性和活动开展随机性等问题。内部人员管理的随意性表现在：一是协会管理层的随意性。虽设有协会章程和内部管理规章制度，但在具体执行上却是依靠内部管理人员的自觉来执行。如内部管理人员值班管理采取"意愿制"，即谁有时间谁值班，谁"有事"① 谁值班，谁有意愿谁值班；志愿服务活动带队也同样存在"意愿制"，即谁有时间谁带队，谁有意愿谁带队。虽然志愿服务开展以其内容安排相关部门负责，但在具体执行中却主要以管理层人员的空闲时间来安排。二是志愿者入会的随意性，由于该协会缺乏相应的入会条件筛选机制，致使一些源于好奇、一时兴起和动机不纯人员加入志愿者群体。据调查数据显示，有8.06%的志愿者未参与过乳源县义工协会组织的任何志愿服务活动，有31.72%的志愿者参加乳源县义工协会组织的志愿服务活动次数为1—10次（如图11-2所示）。笔者在与乳源县义工协会副会长访谈时，她也表示："有些志愿者出于好奇心、好玩的心态，表现出随意性、临时性。"志愿服务活动的随机性表现在两方面：一方面，经整理乳源县义工协会从2019年1月至12月中旬的志愿服务活动，统计出志愿服务活动开展130余次，包含扶贫、助学、关爱、慰问、环保、文化、社会秩序维护等，整体呈现服务领域广、服务次数多等特征。但通过实地深入访谈发现，如此繁多的志愿服务活动，却没有一项志愿服务活动形成了固定的项目化运作模式，也正是因为缺乏项目化运作的志愿服务活动，致使乳源县义工协会志愿服务活动缺乏侧重点和长远规划，进而导致志愿服务活动的繁杂性和随机性。另一方面，乳源县义工协会作为多元治理主体之一，经常协助政府或其他社会组织开展志愿服务活动，如2019年12月12日乳源县义工协会携手广州乐鑫公司"鑫心公益"开展助学活动；2019年11月30日乳源县义工协会协助团县委、县人民政府主办的"古道初心路·红色徒步行"活动；2019年7月19日携手乳源县禁毒协会到东坪镇开展"新时代文明实践活动——中秋送月饼、情暖贫困户"慰问活动等，而这些志愿活动往往呈现出临时性和一次性特征，导致乳源县义工协会志愿服务活

---

① 这里的"有事"是指有志愿服务活动。

动出现随机性的问题。

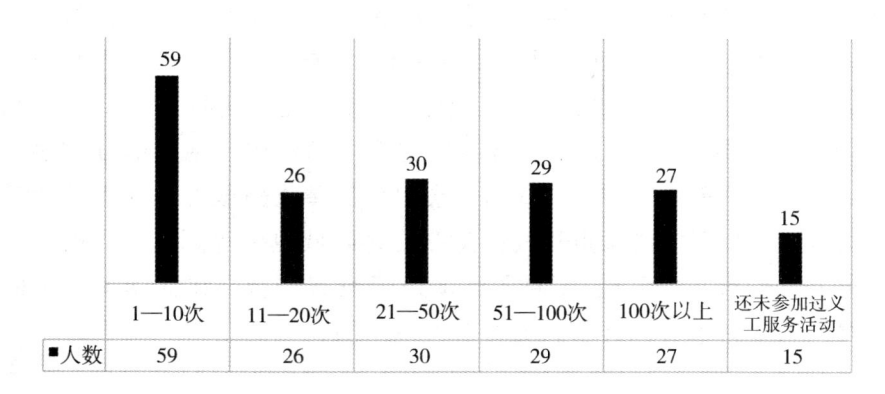

	1—10次	11—20次	21—50次	51—100次	100次以上	还未参加过义工服务活动
■人数	59	26	30	29	27	15

图 11-2　调查样本参与志愿服务活动的次数

2. 资金紧张，参与规模小

社会组织参与社会治理只有达到一定规模，才能更好地实现其提供公共服务和解决社会问题的目标。而社会组织参与社会治理规模又受其活动经费的影响。我国社会组织的活动经费主要来源于政府补贴、政府购买服务、社会捐助和会费等，其中，以政府补贴为主，政府购买服务、社会捐助和会费为辅。充足的活动经费是社会组织长远发展的重要保障。但由于政府补贴资金有限，其他渠道资金筹集不足，导致活动经费紧张，一直都是我国社会组织普遍面临的问题。乳源县义工协会也不例外。通过实地深入访谈了解到，乳源县义工协会资金紧张主要表现在：一是乳源县义工协会参与社会治理缺乏深度。当前该协会参与社会治理的主要工作有：维持社会秩序、保护和宣扬民族传统文化、关爱弱势群体、环保、扶贫助学、送物资下乡等，且各自分别占抽样调查样本总量的 17.27%、14.94%、14.94%、13.38%、11.95%、11.95%（如图 11-3 所示）。对于化解民众矛盾纠纷、反映民声、表达民意等较为复杂的社会治理工作涉及并不多。二是志愿服务活动多以一次性为主。这里的一次性是指由于资金不足，对于资助对象仅停留于一次资助，如一次性助学、一次性扶贫、一次性慰问等。由于资金不足致使其很难形成体系化的、项目化的志愿服务活动。如 2019 年 10 月 20 日协同韶关"瑶乡情"的爱心人士前往乳源县沙田村、大桥镇铁龙头村、埂下村开展一次性的贫困生助学活动；2019年10月7日开展"关爱老人·情暖中秋"的敬老活动；2019年6月28日协助团县委、县志愿者联合会开展"一元捐款·一份爱心"的一次性募捐活动，共筹集善款3565.1元。三是志愿服务活动多以协助为主，主办为辅。通过汇总归类，乳源县义工协会从2019年1月到12月中旬的135次志愿服务活动中，绝大部分志愿服务活动是以协助或合作的方式向社会提供简单人力服务，如维持活动现场秩序、指引旅游景点路线、清扫公共区域卫生等。同时，据该协会秘书长表示："部分志愿服务活动由于没有经费，在活动中产生的车费、餐费、水费都是由志愿者个人负担的。"

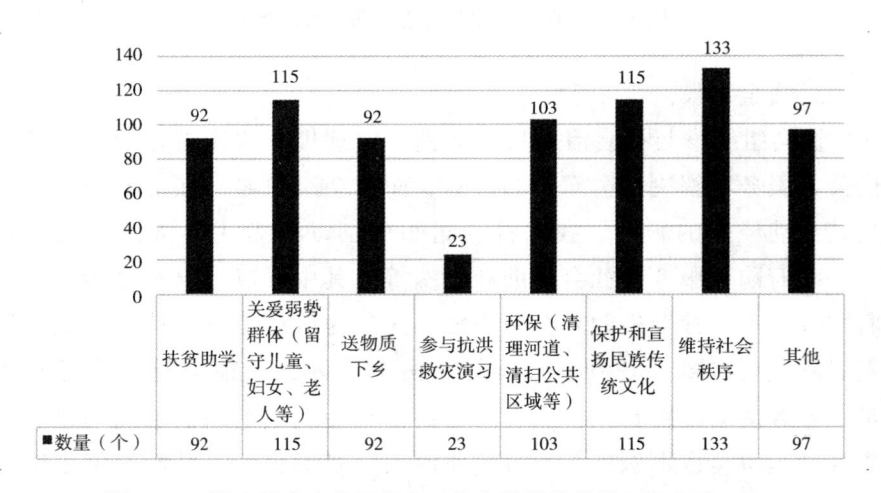

	扶贫助学	关爱弱势群体（留守儿童、妇女、老人等）	送物质下乡	参与抗洪救灾演习	环保（清理河道、清扫公共区域等）	保护和宣扬民族传统文化	维持社会秩序	其他
数量（个）	92	115	92	23	103	115	133	97

图11-3　调查样本在乳源县义工协会提供公共服务的主要工作

3. 专业人才匮乏，参与领域受限

专业性是社会组织的基本优势，只有不断夯实社会组织专业人才，才能为社会组织参与社会治理的专业领域提供保障。通过对乳源县义工协会的调研发现，乳源县义工协会当前正面临着人才匮乏的瓶颈，尤其是年轻专业人才的匮乏。主要表现：第一，乳源县义工协会志愿服务群体整体年龄偏高。通过对乳源县义工协会志愿者进行抽样调查发现，在样本总量186人中，31—50岁的志愿者占比最大，为63.98%，其次是50岁以上的志愿者，占比为22.58%（如表11-3所示）。由此可见，乳源县义工协会志愿服务群体整体年龄偏高，尤其是50岁以上的志愿者竟占1/5的比例，这说明乳源县义工协会未来的长远发展还需要吸纳更多有知识、有能力的年轻人参与其中。第二，乳源县义工协会志愿者群体学历层次较低。通过抽样调查发现，初中及以下学历者占 28.49%，高中学历者占 38.17%，大学学历者占 32.26%，硕士及以上学历者占 1.08%（如表 11-3 所示）。经过实地深入访谈了解到，乳源县义工协会管理层中还有部分管理人员不懂电脑的使用。第三，乳源县义工协会具有专业技能的人才较少。据乳源县义工协会秘书长介绍，截至目前，乳源县义工协会暂无一人拥有社会工作师证，拥有相关专业技能的只有 5 名"女童保护"讲师。同时，只有 1 人属于专职人员，其余全部属于兼职人员，这也使得人员结构脆弱，稳定性较差。

表 11-3　　　　　　　　　调查样本基本情况统计

样本变量	分类	数量	比例
性别	男	57	30.65%
	女	129	69.35%
年龄	18 岁以下	4	2.15%
	18—30 岁	21	11.29%
	31—50 岁	119	63.98%
	50 岁以上	42	22.58%
学历	初中及以下	53	28.49%
	高中	71	38.17%
	大学	60	32.26%
	硕士及以上	2	1.08%
职业	公职人员	27	14.52%
	农民	21	11.29%
	私营企业主	20	10.75%
	学生	12	6.45%
	退休人员	30	16.13%
	其他	76	40.86%
本卷有效填写人次			186

4. 监管体系不完善，参与不透明

监督管理体系作为社会组织健康发展的"警醒剂"，在纷繁复杂的社会环境下，使得社会组织不忘初心、牢记宗旨，为社会组织参与社会治理、提供公共服务、促进社会和谐稳定贡献力量。但通过对乳源县的实地调研，发现乳源县社会组织的监督管理体系并不完善。表现在：一是地方政府对监督管理不重视，仅停留于文字报告审查，缺乏实地调查。笔者通过前往乳源县民政局了解到，该县民政局目前专职负责社会组织日常监督管理的工作人员仅有 1 名，明显存在人手不足的问题，使社会组织的日常监督管理主要停留于年度年检报告上，缺乏实地调查核实，信息的真实性有待考量。虽然对于社会组织有一定的监管机制，但其实际执行力度并不强。二是有关社会组织的监督管理规范不健全，缺乏明确且详细的法律条文作为监管依据。三是乳源县社会组织日常活动及信息透明度不够。如在乳源县义工协会调研时发现，该协会活动经费开支情况虽有公示，但公示单却只粘贴于其办公室内，较少在宣传栏、官方网站等平台公示。四是民众对于社会组织监督力度不够。笔者在乳源县街头进行随机访谈时，发现当地民众对于社会组织的认知度由县向乡镇地方逐级递减，并获知还有部分民众对于什么是社会组织，社会组织的主要作用是什么都一无所知，更谈不上对其进行监督。

5. 合作机制不健全，参与效果不理想

社会治理强调社会多元主体要协同参与社会公共事务的管理，充分利用各社会主体间的优势，取长补短，以提高社会治理效果。因此，完善的合作治理机制是社会多元主体参与社会治理的内在要求和提升社会治理效果的重要途径。但是，笔者从调研的实践情况来看，各社会治理主体间的合作治理机制有待进一步完善。如对乳源县义工协会的调研发现，该机构与其他社会治理主体的合作虽多，但是其合作呈现出临时性、随机性和一次性等特征。再如该协会从 2019 年 1 月至 12 月中旬开展的 135 次志愿服务活动中，与其他社会治理主体协同参与的社会服务活动虽有 55 次，占总活动次数的 40.7%。但对这些社会服务活动做进一步的分析，发现乳源县义工协会与其他主体协同参与的社会服务活动都是临时的、随机的。这说明乳源县义工协会与其他主体的合作治理机制还需要进一步加强和完善，唯有如此，乳源县社会组织才能不断进步，在社会治理中发挥其整体效能。

（四）乳源县社会组织参与社会治理面临困境的原因分析

通过以乳源县义工协会作为案例研究点，发现乳源县社会组织在参与社会治理中普遍存在自身管理不规范、资金紧张、专业人才匮乏、监管体系不完善、合作治理机制不畅等问题，其主要原因在于管理经验缺乏、筹资渠道狭窄、激励保障机制不完善、监管法律体系不健全、合作治理平台缺失等。

1. 处于初创的社会组织缺乏管理经验

社会组织的健康发展离不开规范的内部管理，而社会组织内部规范的管理又与组织内部管理层的管理能力和管理经验密切相关。初创的社会组织往往因其内部管理经验的缺乏，影响社会组织内部的规范管理。如乳源县义工协会，该协会成立时间不长，内部管理缺乏规范性。从该协会的整体情况、领导层专业管理素质和被管理者三个视角进行分析。首先，从乳源县义工协会当前整体情况分析，该协会起步晚，管理经验不足。乳源县义工协会从 2016 年 12 月正式成立至今才三年多的时间，整体处于起步发展阶段，组织内部各项具体规章制度还有待进一步加强和完善。其次，从乳源县义工协会领导层角度分析，该协会领导层专业管理素质不高。通过深入访谈了解到，乳源县义工协会领导层，一是年龄偏高，主要集中于 40—55 岁之间，甚至还有部分离退休人员；二是学历偏低，主要集中于初高中学历，甚至部分管理人员不会使用电脑。据该协会副会长表示，"我们也经常参加韶关市主办的社会组织管理专业知识培训班，但是培训内容中的很多知识点，我们理解不了，更难用于实践"。这说明乳源县义工协会领导层专业管理素质不高，专业学习能力有限。最后，从被管理者角度分析，该协会内部管理制度落实难度大。乳源县义工协会作为非营利性公益组织，主要开展志愿服务活动类的项目，其协会志愿者都是基于志愿奉献精神参加志愿服务活动，不计任何报酬，自由度大，缺乏切合实际的规范管理机制，以至于管理层对被管理者的约束性大减折扣，进而出现管理上的松散性和不规范性。

2. 资金筹集渠道狭窄

通过对乳源县义工协会的深入调研可知，乳源县义工协会活动资金运转紧张，其主要原因为该协会资金筹集渠道狭窄。虽然社会组织作为非营利性组织，其资金可依靠于政府补贴、政府购买服务、社会捐助、基金会和会费等多种渠道获得，但乳源县义工协会的资金主要来源于政府补贴和社会捐助。具体原因：一是乳源县义工协会从成立至今，该协会成员中还无一人具有相关专业领域的资格证书，即社工资格证。据访谈该协会会长所知，协会会员无人具备社工资格证，便不具备承接政府购买服务和基金会资助的资质，每年只能获得政府约 2 万元的补贴和两间办公室的使用权；二是乳源县义工协会社会筹资能力有限，截至 2019 年末，乳源县义工协会的服务活动还未有一项志愿服务活动形成固定的项目化运作，一切志愿服务活动都存在明显的临时性和随机性。虽然这些临时性的志愿服务活动也能获取一定的社会捐助，如 2019 年 9 月 8 日乳源县义工协会开展"迎中秋，送温暖"新时代文明实践系列活动——走进敬老院，向社会募集资金和物质，共有 99 人参与资金捐助，捐助金额共计为 9580 元，还有部分捐助物资，如牛奶、月饼、纸巾等，但像这样的捐赠活动并不多。三是乳源县位于粤北地区，属于国家级贫困县，其企业和个人的捐助能力十分有限。同时受我国社会关系"伦理本位"[①] 和社会结构"差序格局"[②] 的影响，传统思想观念转变困难，不利于公民意识和公民社会的形成，导致民众缺乏社会治理意识和社会捐助意识。正是由于以上原因，导致乳源县义工协会的资金较为紧张，最终影响其开展社会治理实践活动。

3. 缺乏完善的激励保障机制

乳源县义工协会专业人才匮乏的主要原因在于缺乏完善的激励保障机制，具体原因如下。

第一，乳源县义工协会规模小，社会影响力有限。据乳源县义工协会办公室统计数据可知，从 2019 年 1—10 月，共有 565 人参与乳源县义工协会组织开展的志愿服务活动，其中有 394 人的服务时长在 20 小时以内，占参与志愿服务总人数的 69.73%，服务时长在 100 小时及以上仅有 41 人，占参与志愿服务总人数的 7.26%。同时，通过抽样调查发现，在抽样样本量 186 人中，有 11% 的志愿者离最近一次参与志愿服务活动时间是在一个月以上三个月以内，有 20% 的志愿者离最近一次参与志愿服务活动时间是在三个月以上（如图 11-4 所示）。以上数据说明乳源县义工协

---

① 伦理本位：即始于家庭亲子血缘关系的伦理关系，涵化了整个社会人际关系，三纲五常成为国家政治和社会道德及社会秩序的根本原则，因此中国的社会缺乏西方式的团体组织和团体生活，而只有伦理关系网络和情谊生活习俗。

② 差序格局：是由中国社会学家费孝通于《乡土中国》中提出的概念。是指发生在亲属关系、地缘关系中的，以自己为中心像水波纹一样推及开，愈推愈远、愈推愈薄且能放能收、能伸能缩的社会格局，且它随自己所处时空的变化而产生不同的圈子。

会已动员的志愿者中，经常参与志愿服务活动的志愿者还是属于小部分，其志愿服务参与度并不高，对于乳源县社会志愿服务的带动力、影响力还需进一步提高，这也从侧面反映出乳源县义工协会规模较小，社会影响力有限。

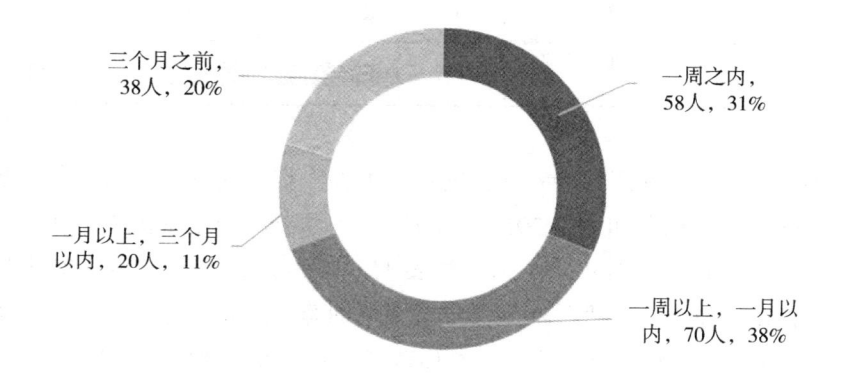

图 11-4　调查样本离最近一次参与志愿服务活动时间的统计

第二，乳源县义工协会吸引力不足。吸引力不足主要通过薪资待遇和激励机制两方面体现。薪资待遇方面，乳源县义工协会只有一名专职人员，其余均为兼职人员，没有任何薪资待遇可言。连仅有的一名专职人员也只是名义上的专职人员，实则也没有工资，直到 2019 年 1 月才开始每月有 300 元的电话费、交通费等补助。他们参与乳源县义工协会管理工作主要都是基于个人的奉献精神，但这种奉献精神要面对严峻的现实生活考验，很多有学历、有专业的年轻人望而却步。激励机制方面，乳源县人民政府对乳源县义工协会主要激励方式是精神鼓励和场地支持，缺乏实质性的资金支持；乳源县义工协会对于内部志愿者也同样采取精神鼓励为主。据抽样调查数据显示，在样本总量为 186 名志愿者中，有 15.59% 的志愿者接受过相关机构网页的表彰，7.53% 的志愿者接受过相关荣誉称号，有 8.6% 的志愿者享受过一定的物质奖励，也有 78.49% 的志愿者暂未接受过任何荣誉表彰（如表 11-4 所示）。这说明乳源县义工协会主要的激励措施是精神鼓励，且激励力度不够。

表 11-4　　　　　　　　乳源县义工协会内部激励情况

样本变量	选项	小计	比例
接受过哪些荣誉表彰	（1）相关机构网页表彰	29	15.59%
	（2）授予"乳源县好人"或十佳志愿者等荣誉称号	14	7.53%
	（3）给予一定物质奖励	16	8.6%
	（4）暂未受到过任何荣誉表彰	146	78.49%

第三，乳源县义工协会专业技能培训不够。整理乳源县义工协会官方公众号的培训信息获知，从 2019 年 1 月至 12 月中旬，乳源县义工协会主办或参加专业技能培训共计 6 次（如表 11-2 所示），培训内容主要涉及环保、消防、禁毒、管理技能和义工初级培训等。同时，通过抽样调查发现占样本总量 20.43%的志愿者未参加过任何相关的培训（如图 11-5 所示）。这说明乳源县义工协会专业技能培训不够，主要原因：一是资金不足，没有多余的资金请更专业的专家进行专业技能培训；二是志愿服务活动太多，没有过多时间进行专业技能培训。如乳源县义工协会副会长所说："因为我们平时主要都在忙于做志愿服务活动，培训次数就相对很少，自己培训都是简单的初级培训。但是，也会有其他组织对我们内部志愿者进行培训，例如像'女童保护'就会对我们内部志愿者进行培训。

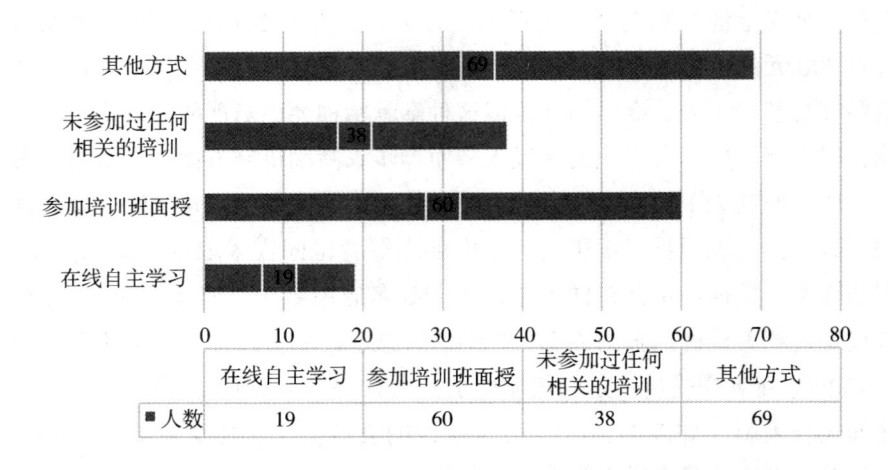

	在线自主学习	参加培训班面授	未参加过任何相关的培训	其他方式
人数	19	60	38	69

图 11-5　乳源县义工协会志愿服务活动前培训情况

我们接受其他组织的培训有一个条件，就是必须免费，毕竟我们是做公益的。像上次有一个组织要收取一万多元对我们志愿者进行一个星期的培训，被我们拒绝了。"

第四，乳源县义工协会宣传力度不够。当前乳源县义工协会宣传的主要途径有网络（公众号、朋友圈等）、电视、现场活动宣传、熟人推广等。但通过实地调研发现，有效宣传渠道单一，以熟人推广较为有效（如图11-6所示）。在抽样调查的186名志愿者中，有74.73%的志愿者是通过邻居、朋友口头交流和共同邀请加入乳源县义工协会的。这也说明乳源县义工协会还需加强其他渠道的宣传力度。

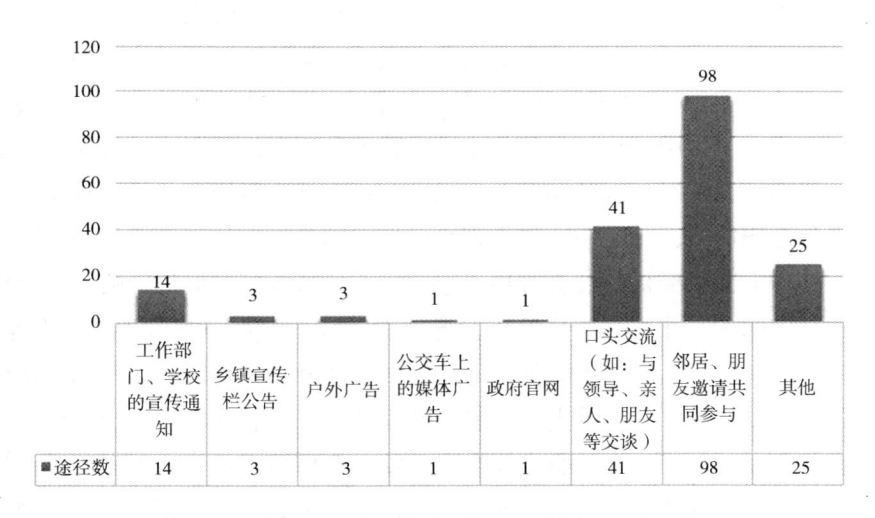

途径	工作部门、学校的宣传通知	乡镇宣传栏公告	户外广告	公交车上的媒体广告	政府官网	口头交流（如：与领导、亲人、朋友等交谈）	邻居、朋友邀请共同参与	其他
途径数	14	3	3	1	1	41	98	25

图11-6 乳源县民众加入乳源县义工协会的主要途径

4. 法律体系不健全，缺乏社会认同度

社会组织监管体系不完善的主要原因有两个方面：一方面是社会组织监管的法律体系不健全。近年来，随着我国社会经济迅猛发展，提供社会公共服务的社会组织也随之得到飞速发展，而与之相对应的法律法规则由于其自身特性，而无法跟上社会组织发展的步伐，存在一定的滞后性。目前，我国有关社会组织的法律规范，主要有2014年修订的《环境保护法》、2016年修订的《社会团体登记管理条例》、2016年9月实施的《中华人民共和国慈善法》等。通过翻阅相关法律条文，发现这些法律法规更多注重程序上的合法性，缺乏明确具体的实体法；同时，还发现各个法律、制度之间整体呈现零散性，缺乏完善的法律、制度体系，致使政府及社会民众对其进行监督管理时缺乏相应的法律依据。另一方面是缺乏社会认同度。政府和民众对社会组织的认同，是其积极监督社会组织、参与社会治理行为的基础。然而，在实地调研中发现，乳源县政府的部分工作人员及民众对社会组织的性质、宗旨、功能等都尚不了解，更何谈对其进行监督管理。

5. 社会多元治理主体间缺乏合作治理的平台

合作治理平台是指社会多元治理主体在平等的基础上，进行信息互通、协商治理公共事务的中间枢纽。它需要完善的合作治理机制作为保障，因此建立健全完善的社会合作治理机制至关重要。但通过广东社会组织信息网查询发现，乳源县社会治理领域中具有一定代表性的社会组织都拥有一个共同的特征，那就是成立时间较晚，如乳源县新时代文明实践互助会成立于 2019 年 9 月，乳源县禁毒协会成立于 2019 年 6 月，乳源县义工协会成立于 2016 年 12 月等。这说明乳源县社会组织还处于萌芽起步阶段，很多社会组织的规章制度尚未成熟。各个社会组织自身还不具备长期稳定的合作能力，不具备合作治理平台搭建的条件。如社会组织与政府之间的合作方面，受传统社会管理思想及资金的来源等方面的影响，社会组织与政府间的合作更多的是处于领导与被领导、管理与被管理间的关系，合作管理社会公共事务的开展带有一定的行政性，这与合作治理理论所强调的多元主体在平等基础上协同参与治理社会的理念相悖；社会组织之间的合作方面，由于各个社会组织起步较晚，合作治理体系尚不完善，而出现合作治理活动的临时性、一次性和不稳定性等问题，不利于社会组织间的合作发展。

六 促进民族县社会组织参与社会治理的对策

乳源县作为我国少数民族地区之一，推动其社会组织参与社会治理，不仅能推动乳源县共建共治共享社会治理格局的形成，更能为其他民族地区共建共治共享社会治理格局的形成提供经验借鉴，进而有利于推动我国民族地区社会治理体系和治理能力现代化的实现。但乳源县社会组织普遍存在内部管理不规范、资金紧张、人才匮乏、监管体系不完善、合作治理机制不畅通等问题，不能充分发挥社会组织参与社会治理的功能。鉴于此，笔者结合实际调研资料提出以下对策建议。

（一）完善社会组织内部治理结构

内因是事物发展变化的根据，决定事物发展的基本方向。完善社会组织内部治理结构，是促进社会组织健康发展的现实需要。首先，建立健全社会组织内部管理制度，明确社会组织会员大会、理事会、监事会和管理机构的职责，使其决策、执行和监督在权责清晰、相互制衡的状态下规范有序运行，推动乳源县社会组织健康发展。其次，建立信息公开的透明机制，把社会组织的内部结构、人事设置、财务开支及活动开展等信息，通过展板、微信、微博、官网等多种渠道向社会公开，接受公众的监督。最后，提高社会组织成员对加强内部结构建设重要性认识，切实保证组织内部各项管理制度规范落实。通过完善社会组织内部治理结构，提升社会组织的规范性和独立性，从而摆脱来自组织内部的不良影响和控制，增强社会组织参与社会治理能力。

（二）拓宽社会组织筹资渠道

资金是社会组织运作的必要条件。当前乳源县社会组织资金来源渠道狭窄、筹集困难且不稳定，所以拓宽筹资渠道是当前社会组织需要努力的方向。一是政府要加大资金投入。虽然政府强调"政社分开"，减少社会组织对政府的依赖度，增强社会组织的自主性和独立性，但是乳源县的社会组织正处在起步发展阶段，仍需要政府提供资金帮扶，如加强对社会组织专项资金的扶持力度，扩大政府购买社会服务的范围。尤其应完善政府购买社会服务制度体系，制定详细的政府购买社会服务的需求清单、购买流程和购买评估标准，并通过多渠道多方式及时向社会公开，确保政府购买社会服务的公平性、公开性和公正性，同时还应增加政府购买社会服务的预算额度。二是社会组织要开源节流。社会组织虽具有非营利性，但并不意味着社会组织不能收取一定的服务费，只要收取的服务费不用于内部成员分红，皆可通过向社会提供公共产品和服务而收取一定比例的费用，以此来弥补自身的资金不足，保证社会组织自身的正常运作和发展。同时，社会组织自身应节省开支，如对于组织活动项目应分清主次，抓重点、抓核心，不能胡子眉毛一把抓，什么活动项目都开展，在活动开展过程中要简形式重内容，以节省社会组织活动开支。三是动员民众踊跃捐赠。加强对社会组织的分类、性质、宗旨、使命等知识宣讲力度，加深民众对社会组织的认知度，转变民众的传统思想观念，增强民众的公民意识、社会治理意识和社会捐赠意识。同时，还应积极完善民众捐赠机制，使其捐赠资金透明化、公开化，让捐赠者明确知晓捐赠资金的使用情况，以此获得民众的信任，进而也能增强民众的捐赠热情和捐赠力度。四是社会组织间要加强沟通协作。各社会组织之间需要优势互补、相互促进，以"组织带组织""组织帮组织"等形式走上合作之路，缓解资金紧张问题。

（三）加强社会组织专业人才队伍建设

专业人才是社会组织持续健康发展和确保社会组织参与社会治理效能的重要基础和保障。但受薪资待遇、社会福利、社会保障、社会地位等因素的影响，人才匮乏已是当前乳源县社会组织普遍存在的问题。因此，需要加强社会组织专业人才队伍的建设。首先，加强社会组织宣传力度。吸引一批有理想、有抱负、有爱心、有技能的高素质骨干人才，提升社会组织的专业水平和服务质量。其次，加强对社会组织专业人才的培训力度。一是选派社会组织内部骨干人员参加政府、高校、优秀社会组织等主体举办的专题研修班，提升社会组织管理层领导水平、职业素养和他们对组织行业发展的认知；二是在社会组织内部开展专业技能培训，鼓励社会组织成员积极报考社会工作师及其他相关专业职称，提升社会组织工作人员的专业素质和业务水平。最后，完善激励机制。社会组织成员主要基于奉献精神参与社会组织事业，因此对其成员的激励要有别于企业激励机制。对社会组织成员的激励更多地要从社会价值感、组织内部文化认同感、组织归属感和责任感等方面下功夫。同时，还要完善社会组织成员的职业规划和晋升通道，调动组织成员的积极性。

（四）加强社会组织参与社会治理公信力建设

公信力是社会组织获得社会认可、取得政府财政补贴和政府购买社会服务机会的重要依据，也是乳源县社会组织健康发展的重要基石。因此，加强社会组织公信力建设至关重要。一是社会组织要加强自律建设，自觉遵守相关的法律法规，严格遵照组织规章制度开展组织活动，建立完善的奖惩机制，以自律行为获取民众的信任。二是加大社会组织自身的宣传力度，社会组织的宗旨、文化、精神和活动，需要通过大力的宣传才能扩大其影响力和知名度，进而提高民众的参与度和提升社会组织治理能力。其宣传方式除了传统的宣传栏、海报、宣传单、报纸、电视、广播等，还应与时俱进，利用好互联网平台，提升自身信息化水平，在网络世界里开辟一块属于自身的舆论场。三是要树立公共责任意识，发挥好政府与民众间的桥梁作用，一方面，把民众的利益诉求及时有效地传达给政府；另一方面，把政府政策、建议准确地反馈于民众，并协助政府的政策宣讲和落实。同时，积极维护公共秩序、协调社会关系、规范社会行为、解决社会矛盾等。四是要增强社会组织的透明度，主动接受社会监督，自觉公开业务内容、活动流程、经费开支等信息。可通过上述四点来提升社会组织的公信力。

（五）完善社会组织监督管理机制

社会组织作为政府失灵和市场失灵的弥补者，具有志愿性、公益性、非营利性等特点，其在公共事务管理方面发挥着重要的作用。但随着社会组织的飞速发展，也出现了一些追求利益、权力、地位等违背成立宗旨的社会组织。因此，加强对社会组织的内部管理、业务范围、财务开支等方面的监管尤为重要。

一方面，完善社会组织监督管理机制。一是要注重建立健全社会组织监督管理规制，使政府、社会在对社会组织进行监督管理时有法可依、有章可循，从而实现社会组织规范化、有序化建设；二是要进一步优化社会组织监管机制，即优化政府监管、社会组织自律和社会监督的综合机制，尤其加强对社会组织自律管理和社会监督机制的探索。同时，拓宽监管渠道，充分利用好新闻媒体、电视广播、微博微信等公众平台，对有名无实和违法违规的社会组织及时曝光处理。另一方面，增强社会大众、社会组织自身的监督意识和监督力度。一是培育社会大众的公民意识，转变"事不关己高高挂起"的传统观念，让社会大众自觉参与社会组织监管；二是社会组织要加强自身宣传，尤其对于其宗旨、性质、作用等方面的宣传力度，建立监督互动平台，推动社会组织朝着制度化、程序化、规范化、专业化方向发展。

（六）完善社会组织与其他社会主体间的合作机制

1. 完善社会组织与政府之间的合作机制

受我国国情和传统管理观念的影响，乳源县社会组织与政府在社会治理中存在着隐形的上下级、管理与被管理的关系。为加强社会组织与政府之间的合作，平衡好社会组织与政府在社会治理中的"分"与"合"关系是关键。社会组织与政府在治理中的"分"是指要划清社会组织与政府的治理边界，明确社会组织与政府的治理责任。而"合"则是在"分"的基础上加强社会组织与政府之间的沟通与合作。

在社会组织与政府治理边界划分方面，应根据社会组织与政府各自的特点优势来划分其治理边界。社会组织所具有的特性，使其在社区服务、养老、助残、关爱等领域中，较政府更具有治理成本低、运作效率高、专业性强等优势，可弥补政府在这些方面治理不足的缺陷。而政府作为社会治理的主导者，应根据社会组织的特点及优势，将部分公共服务领域权限更多地让渡于社会组织，进而加强其他方面的治理，如国防、科技、法律秩序、公共设施等，使政府逐渐向有限政府、服务型政府转变。但这并不意味政府对转让给社会组织的这些领域放任不管，而是以协助、支持的角色帮助社会组织参与社会治理，并做好监管服务工作。同时，社会组织与政府的治理边界并不是一成不变的，应随时代发展、民众需求的变化而改变。

在社会组织与政府间的合作方面，应加快推动社会组织与政府间的良性互动关系形成。随着社会组织的不断发展壮大，其在参与社会治理中发挥的作用越来越明显，治理格局也正逐步由单一管理主体向多元治理主体转变，社会组织与政府的合作治理已是未来之趋势。因此，必须大力构建社会组织与政府之间的良性互动关系。首先，政府是公共事务的主要管理者，应摒弃社会组织就是政府附属机构的错误观念，正视社会组织作为独立社会治理主体的地位。与此同时，政府还应发挥其主导作用，毕竟当前我国社会组织基础薄弱，需要政府的适度引导和必要的介入，把握引导与介入之间的平衡。其次，加强社会组织与政府之间的良性互动，需要有专门的沟通渠道，以确保信息沟通及时、准确。为此，可借鉴国外经验，政府设置专门的部门或官员来负责信息渠道畅通。最后，建立平等协商对话机制，打造政社合作治理平台。

2. 加强社会组织与企业之间的交流合作

从现实角度来看，社会组织与企业无论是良性互动还是平等合作都不容乐观。社会组织与企业分别作为社会主体和经济主体，在实践中往往因缺乏有效交流，导致两者之间的供需对接机制的不健全和不稳定。一方面，企业有资金、有意向参与社会志愿服务活动，却不知应通过何种渠道与何种方式找到相应的社会组织；另一方面，社会组织在孵化、生长和发展的过程中，往往又面临着资金、人才和项目不足等问题，找不到资助方。在乳源县，即使社会组织与企业有合作，也主要是基于私人关系而建立，一旦私人关系有所变动，将直接影响两者间的合作，使得"企社合作"的临时性、不稳定性特征凸显。基于上述问题，一方面，应该搭建稳定的信息交流平台，建立稳定的信息沟通渠道，如爱心公益慈善会等，定期举办，以促进社会组织与企业间的信息交流；另一方面，建立政策激励制度。对于积极同社会组织合作，提供公共产品和公共服务的企业，给予一定的政策优惠，如在税收、项目竞标等方面，予以鼓励支持。

3. 加强社会组织之间的交流合作

当前我国社会组织之间缺乏长期、稳定的交流互动机制，无论是同领域或不同领域的社会组织都缺少交流。在现实中社会组织之间的交流方式主要有社会组织专题培训会、年度项目汇报会和临时性合作等。社会组织间的交流合作匮乏，不利于社会组织自身的发展和社会服务质量的提升，导致其公信力弱、影响力低。因此，建立健全社会组织之间的合作交流机制，是社会组织提升社会治理能力的重要路径。一方面，社会组织的负责人需要转变思想观念，采取"走出去、引进来"策略，学习国内外社会组织的先进经验，再结合组织实际情况适当引入，推动组织自身的良性发展。另一方面，开展长期稳定的经验学习交流会，建立各领域社会组织之间的互动、互助、共享的信息交流平台。如此，一是可以增强社会组织之间的交流互动；二是通过分享组织发展经验，相互学习、相互借鉴、相互探讨，有助于摸索出适合我国社会组织的发展道路；三是通过长期稳定的交流，增强社会组织间的认识，有利于形成长期、稳定的合作机制，提升社会组织的社会治理能力和社会服务水平。

（作者：黄开腾、张亚洲）

第十二章　民族乡农村人居环境协同治理研究

——以广东惠州龙门县蓝田瑶族乡为个案

一　问题的提出

农村人居环境与中国亿万农民的生产和生活密切相关。长期以来，我国农村特别是偏远的民族地区基础设施建设处于低下水平，生活垃圾成堆、房屋乱搭乱建、卫生条件差等"脏乱差"现象普遍存在。新时代背景下，农村人居环境整治工作的开展迎合了广大农民对美好生活的向往，打造"干净、整洁、便捷"的农村人居环境的呼声越来越响亮。2012年11月，党的十八大报告首次提出"建设美丽中国"的执政理念，把生态文明建设放在突出地位。党的十九大提出，"加快生态文明体制改革，建设美丽中国"，"构建政府为主导、企业为主体、社会组织和公众共同参与的环境治理体系"。长期以来，习近平总书记反复强调"绿水青山就是金山银山"的重要理念。2018年2月，中共中央办公厅、国务院办公厅印发了《农村人居环境整治三年行动方案》，各地区纷纷出台行动实施方案。例如，广东省印发《关于全域推进农村人居环境整治建设生态宜居美丽乡村的实施方案》（2018年）。2020年《中共中央 国务院关于抓好"三农"领域重点工作确保如期实现全面小康的意见》提出，"对标全面建成小康社会"，"扎实搞好农村人居环境整治"。总之，加大农村人居环境治理力度，改善农村人居环境，关乎广大村民的美好生活需求，关乎美丽乡村建设，关乎美丽中国的长远发展。

我国是统一的多民族国家，民族地区农村人居环境治理是农村人居环境治理的重要组成部分。由于民族地区在地形气候、民俗文化、人口规模和经济发展水平等方面有着特殊性，其农村人居环境治理存在一定的地域差异性。民族乡是民族地区的重要组成部分，对民族地区的发展有至关重要的作用。所以，民族乡的农村人居环境治理各具特色，对民族地区农村人居环境治理具有示范作用、探索价值。《乡村振兴战略规划（2018—2022年）》指出，要在乡村建设中融入"民族民间文化元素"，结合"地域民族特点"提升村容村貌。改善农村人居环境是民族乡迈向美丽乡村建设的第一步，而美丽乡村建设是实现乡村生态振兴、推动美丽中国发展的重要一环。因此，民族乡农村人居环境治理正在积极行动，必将成为学界研究的新动向，未来可期。

二　国内外研究现状

（一）国外研究

1. 人居环境理论研究

国外人居环境研究起步较早，最初的研究主要关注城市规划。霍华德认为城市和乡村的建设不可分割，由此构建了"田园城市"理论，推动了人居环境改善的研究。① 盖迪斯从生态学的角度，提出了"区域观念"，指出居住与地区间的关系、人与环境间的关系以及城市发展和演变的过程。② 芒福德在《城市发展史——起源、演变和前景》一书中提出"人本主义"，强调在城乡建设中要结合人类文化。③ 这些城市规划先驱者开创了人居环境研究的先河。对于人居环境的系统研究可以溯源希腊建筑师道萨亚迪斯提出的"人类聚居学"理论，他认为人类聚居学相比于建筑学、地理学、社会学和人类学等单一学科，能够全面综合地对人类聚居进行研究，解决人类聚居中存在的具体问题，创造良好的人类生活环境。④ 他把人类住区包括城市、城镇和乡村等视为一个整体，把自然、社会、房屋、

---

① Ebenezer Howard. *Garden Cities of Tomorrow*. London：Faber and Faber，1946：29-40.

② Patrick Geddes. *Cities in Evolution：An Introduction to the Town Planning Movement and the Study of Civics*. New York：Howard Ferug，1915（4）：65-81.

③ Lewis Mumford. *The City in history：its origins，its transformations，and its prospects*. London：Mariner Books，1961：571.

④ Ekistics Doxiadia. *An Introduction to the Science of Human Settlements*. New York：Oxford University Press，1968（8）：23-29.

人和网络等视为人类住区的组成元素来研究人居环境。美国建筑师麦克唐认为人居环境的规划设计应遵循"从摇篮到摇篮"的理念,即结合大自然的规律模式来达到天然的设计效果。①

人居环境的研究不仅有一批学者在研究推动,还有国际组织的关注和支持。1978年联合国成立"人居环境研究中心",并在1976年和1996年召开了人居环境相关会议。1985年12月17日,第四十届联合国大会决定将每年十月份第一个星期一作为"世界人居日",并且每年确定一个主题。1996年《伊斯坦布尔宣言》发布,明确提出了人居环境要实现可持续发展。

2. 人居环境治理问题研究

国外学术界专门针对农村人居环境协同治理的研究较少,但仍可以从相关学者对生活环境、居住环境、生活水平等方面的研究洞悉他们对人居环境治理问题的关注点。

第一,治理激励层面存在的问题及原因。例如,Martin等对澳大利亚昆士兰州的非营利退休村生活环境的可持续性进行研究,包括居民在负担能力、生活方式、环境友好方面的需求研究,并指出对于非营利性开发者来说,影响退休村可持续发展的其中一个重要的原因是资金投入的不足。② 第二,治理保障层面存在的问题及原因。例如,Richard和Daphne认为美国的居住质量与空气和水的洁净程度、到达公园和学校的便利程度、能源的多元利用程度等因素相关联,探讨了科技合作、生态教育在后代的居住环境当中如何保障可持续发展的问题。③ 第三,治理约束层面存在的问题及原因。例如,Anna分别选取了中国湖南省、云南省和广东省的三个严重受污染的村庄作为其田野研究点,审视中国农村日常生活污染问题以及各种形式的活动现象及其产生的原因。④ 该研究采用人类学的田

---

① William McDonough, Michael Braungart. *Cradle to Cradle*: *Remaking the Way We Make Things*. New York: North Point Press, 2002.

② Skimore Martin et al. Providing a sustainable living environment in not-for-profit retirement villages: A case study in Australia. *Facilities*. 2018, 36 (5/6), 272-290.

③ Holt Richard P. F., Greenwood Daphne. *A Brighter Future*: *Improving the Standard of Living Now and for the Next Generation*. Florence: Taylor and Francis, 2014.

④ Lora-Wainwright Anna. *Resigned activism*: *living with pollution in rural China*. Cambridge, MA: The MIT Press, 2017.

野调查方法,描述了农村在治理污染过程中缺乏约束和监管的问题,为笔者深入民族乡对农村人居环境协同治理进行田野调查提供了有益的参考价值。

3. 人居环境治理对策研究

第一,人居环境治理激励层面的对策。例如,Killian 和 Jonge 在对津巴布韦的城镇历史发展进行考察和分析时认为国家的经济社会政策取向及其执行对城镇的形态产生了重大影响,提出相应对策解决诸如人口分布、住房供应、饮水供应、居住环境质量、能源和垃圾收集等问题。① 第二,人居环境治理保障层面的对策。例如,Herdon 等提出在欧洲传统农林复合系统中引进现代信息通信技术工具,通过科技的合作支持农林业的教育、培训和实践,以促进农村生活环境的改善和发展②;Akira 等人针对孟加拉国的地下水被砷污染的问题,提出建立社区组织 CBO(Community Based Organization),采取池塘砂滤器(PSF, The Pond Sand Filter)系统来改善安全供水,通过科技手段来保障社区生活环境的持续治理。③ 第三,人居环境治理约束层面的对策。例如,Lee Seongwoo 和 Kim Hyunjoong 从空间经济学的角度分析了农村聚落项目(Rural Settlement Projects)对韩国生活环境的影响,其中提到开展农村振兴政策的绩效评估能有效促进韩国农村生活状况的改善④;Siosaia 在对夏威夷原住民和其他太平洋岛民的人居环境研究中,运用了三种评价方式对人居环境进行全面评估,包括政策和计划评估(PPA, Policy and Program Assessment),城镇广泛评估(TWA, Town Wide Assessment)和街道评估(SSA, Street

---

① Munzwa Killian, Wellington Jonga. Urban Development in Zimbabwe: A Living Perspective. *Theoretical and Empirical Researches in Urban Management*. 2010, 14: 120–146.

② Miklós Herdon et al. Innovation on agroforestry education, training and practice to develop rural living and environment supported by the AgroFE Leonardo and Agrof-MM Erasmus+ projects. *Rural Areas and Development*, 2017, 14: 241–255.

③ Sakai Akira et al. A study on planning scheme to improve the living environment through safe water supply and sanitation in a rural village in Bangladesh. *Studies in Regional Science*. 2011, 41 (3): 811–825.

④ Lee Seongwoo, Kim Hyunjoong. The Effects of Rural Settlement Projects on the Living Environment in Korea: An Application of Spatial Econometrics with a Decomposition Method. *Harvard Asia Quarterly*, 2011, 13 (3): 6–13.

Segment Assessment），以期对当地人居环境的治理进行监督和约束。①

综上，国外学者对人居环境的研究侧重于城镇地区，较少关注农村地区少数族群的人居环境。从学科研究视角看，国外对人居环境的研究多侧重于城市规划学、自然生态学、人文地理学等学科角度，而结合民族学和管理学对农村人居环境协同治理的研究较少。国外不仅仅只有学者在研究人居环境问题，还有社会组织参与其中，他们整合多方力量关注和支持人居环境的可持续发展，这为本研究中涉及的社会组织力量参与农村人居环境协同治理的问题提供了经验借鉴。从研究的系统性看，目前国外有关农村人居环境协同治理方面的研究缺乏比较系统和有针对性的分析框架。因此，笔者尝试对此进行了系统深入的研究。

（二）国内研究

近年来，由于乡村振兴战略的实施，学术界对农村人居环境的研究热情持续增长。以中国知网（CNKI）期刊论文为例，以关键词"农村人居环境"为检索条件，检索到的文献数量是：2017年220篇，2018年569篇，2019年1114篇，2020年1—3月206篇；以关键词"农村人居环境治理"为检索条件，检索到的文献数量是：2017年38篇，2018年103篇，2019年151篇，2020年1—3月48篇。② 而关于民族农村人居环境治理的文献数量并不多。

1. 农村人居环境内涵研究

人居环境是人们聚居生活、生产的空间场所。1993年，吴良镛在西方"人类聚居学"的学科基础上，首次在中国提出"人居环境科学"。他在《人居环境科学导论》一书中指出，人居环境是人类"聚居生活的地方"、"在大自然中赖以生存的基地"和"利用自然、改造自然的主要场所"，也是"与人类生存活动密切相关的地表空间"。③ 农村

---

① Hafoka F. Siosaia. Assessing the active living environment in three rural towns with a high proportion of Native Hawaiians and other Pacific Islanders. *Health Promotion Perspectives*. 2017，7（3）：134-139.

② 检索时间截至2020年3月31日。

③ 吴良镛：《人居环境科学导论》，中国建筑工业出版社2001年版，第38页。

人居环境是"人居环境在农村区域的延伸"①。史靖塬认为农村人居环境的核心是"人",是人们在农村的大背景下进行食、住、行、娱乐等活动形成的人类聚居环境。②郜彗、金家胜等认为农村人居环境是与农村居民生产、生活密切相关的物质和非物质环境组成的"社会—经济—自然复合体"。③

吴良镛把人居环境分为五大系统,分别是自然、人类、社会、居住、支撑系统。④从城乡空间分布的角度,人居环境可划分为"城镇型人居环境"和"农村人居环境"。⑤史靖塬认为农村人居环境是物质要素和非物质要素的有机结合体,由自然生态环境、地域建设环境和社会人文环境组成。孙慧波、赵霞在宁越敏的研究基础上把农村环境卫生状况、住房条件和农村基础设施状况归纳为"农村人居硬环境",把农民经济状况和社会服务状况作为"农村人居软环境",构建了农村人居环境系统的理论分析框架,并从公共服务供给的视角对中国农村人居环境进行分析。⑥李陈、赵锐等认为农村人居环境一般指松散分布在农业地区的村庄聚落,包括农村生态环境、建筑系统、社会系统(公共服务)、人口经济系统。⑦蔡进、邱道持等利用层次分析法将农村人居环境分为居住环境系统、基础设施系统、公共服务系统、交通通信系统和生态环境系统五大方面。⑧

---

① 吕建华、林琪:《我国农村人居环境治理:构念、特征及路径》,《环境保护》2019年第9期。
② 史靖塬:《重庆三峡库区农村人居环境生态建设的现实问题与思考》,《生态经济》2015年第8期。
③ 郜彗、金家胜、李锋等:《中国省域农村人居环境建设评价及发展对策》,《生态与农村环境学报》2015年第6期。
④ 吴良镛:《人居环境科学导论》,中国建筑工业出版社2001年版,第38—46页。
⑤ 李陈、赵锐、汤庆园:《基于分省数据的中国农村人居环境时空差异》,《生态学杂志》2019年第5期。
⑥ 孙慧波、赵霞:《农村人居环境系统优化路径研究——基于结构方程模型的实证分析》,《北京航空航天大学学报》(社会科学版)2018年第3期。
⑦ 李陈、赵锐、汤庆园:《基于分省数据的中国农村人居环境时空差异》,《生态学杂志》2019年第5期。
⑧ 蔡进、邱道持、赵梓琰、王静:《新型农村社区人居环境变化研究——以重庆市忠县天子村社区为例》,《西南大学学报》(自然科学版)2013年第10期。

2. 农村人居环境治理问题研究

民族地区农村人居环境治理过程中存在的问题与其他地区的农村人居环境治理存在一定的共性，而这方面的研究成果较多，因此对其他地区的农村人居环境治理研究成果进行回顾，有助于我们开展民族地区农村人居环境治理问题研究。不同学科背景的学者从不同的角度层面对于农村人居环境治理存在的问题、原因和对策建议进行了分析，现有研究所提出的观点如下。

第一，农村人居环境治理面临的具体问题。一是治理激励层面存在的问题。从公共供给理论的角度看，农村人居环境"具有公共物品属性"，其治理存在生产活动成本外摊与收益外泄的问题，容易产生"公地悲剧"①。政府、市场和社会的资金投入不足，难以推动农村人居环境治理。徐顺青等从环境支持系统的角度分析农村污水排放与处理、垃圾收集与处理现状，指出了农村人居环境建设投入不足、市场机制不健全、社会资本参与积极性不高等问题。② 二是治理保障层面存在的问题。农民是农村治理的主体，为了确保农村治理的成效，需要农民积极参与到农村建设和治理工作当中来。赵永峰、孙前路指出当前农村人居环境治理存在主体单一、群众参与度和参与积极性不高等问题。③ 三是治理约束层面存在的问题。朱琳等指出有关农村人居环境的政策评价机制缺乏、示范经验推广不足等问题④；于法稳、郝信波探讨了农村人居环境整治的责任监督和治理效果考核问题。⑤

第二，农村人居环境治理问题的成因。鞠昌华等从财政配套政策的角度研究得出，农村人居环境综合整治的推进和实施效果受到制约的原

---

① 史磊、郑珊：《"乡村振兴"战略下的农村人居环境建设机制：欧盟实践经验及启示》，《环境保护》2018 年第 10 期。

② 徐顺青、逯元堂、何军等：《农村人居环境现状分析及优化对策》，《环境保护》2018 年第 19 期。

③ 赵永峰：《农村生态环境治理机制的系统化设计研究》，《农业经济》2017 年第 2 期；孙前路：《西藏农户参与农村人居环境整治意愿的影响因素研究》，《生态与农村环境学报》2019 年第 8 期。

④ 朱琳、孙勤芳、鞠昌华等：《农村人居环境综合整治技术管理政策不足及对策》，《生态与农村环境学报》2014 年第 6 期。

⑤ 于法稳、郝信波：《农村人居环境整治的研究现状及展望》，《生态经济》2019 年第 10 期。

因之一是经济支持不足①；赵霞认为京冀农村地区人居环境治理受阻的原因是政府公共服务供给不足、基层管理工作不到位②；徐小荣等认为农村人居环境陷入"重建设"而"轻治理"困境的原因是体制机制的障碍。③

第三，农村人居环境治理的对策。一是激励层面的对策。史磊等根据欧盟实践经验，提出在农村人居环境建设中可实施"农业补贴奖励""环境补贴政策""以奖促治"等激励措施④；高丽君提出建立生态受益机制、生态补偿机制以及创新治理费用多渠道投入机制等经济激励机制⑤；宋言奇等提出"人际激励机制"，认为传统农村社区存在的"熟人社会"衍生出的良好人际关系可以在农村环境治理中发挥作用。⑥ 二是保障层面的对策。针对农村人居环境治理中群众参与积极性不高的问题，学者们也提出了相应的对策。如赵永峰、徐小荣均认为要健全政府引导、全民参与的基层治理体系，以治理农村人居环境为导向激发村民自身潜能。⑦ 谭少华等利用行动者网络模型解释了农村人居环境综合整治的作用机制，认为农村人居环境综合整治的重要方式是各阶段"核心行动者"要整合主导的空间要素。⑧ 农村公共资源的治理机制，目前主要有三种：科层治理机制、市场治理机制、社区治理机制，"网络治理"是治理机制变革的基本目标。⑨ 吕建华等提出改变现有的人居环境管理方式和手段，构建"网络

---

① 鞠昌华、朱琳、朱洪标、孙勤芳：《我国农村人居环境整治配套经济政策不足与对策》，《生态经济》2015 年第 12 期。

② 赵霞：《农村人居环境：现状、问题及对策——以京冀农村地区为例》，《河北学刊》2016 年第 1 期。

③ 徐小荣、孟里中：《农村人居环境治理之困与治理之道——基于湖北省某村的调查分析》，《社科纵横》2018 年第 9 期。

④ 史磊、郑珊：《"乡村振兴"战略下的农村人居环境建设机制：欧盟实践经验及启示》，《环境保护》2018 年第 10 期。

⑤ 高丽君：《经济学视角下农村水环境治理机制研究》，《农业经济》2015 年第 10 期。

⑥ 宋言奇、申珍珍：《我国传统农村社区环境治理机制分析》，《学术探索》2017 年第 12 期。

⑦ 赵永峰：《农村生态环境治理机制的系统化设计研究》，《农业经济》2017 年第 2 期。

⑧ 谭少华、高银宝、杨林川等：《基于行动者网络的农村人居环境综合整治研究》，《规划师》2019 年第 19 期。

⑨ 张静、程钢：《农村公共资源治理机制创新的路径选择》，《农业经济》2017 年第 9 期。

化治理"模式,形成政府、村民、企业、村委会、社会组织等多个治理主体协商合作的决策机制。① 三是约束层面的对策。叶大凤提出改进农村环境治理评价机制、协同监管机制等②;赵永峰提出完善农村生态治理的法律约束机制;徐顺青等建议落实农村人居环境责任,建立常态化监管机制③;孙慧波、赵霞经过数据分析,认为中国人居环境应该通过"分类指导、因地制宜"实行差异化治理策略,对于欠发展区域的农村人居环境治理,政府宜加强政策监督引导,加大治理约束力度。④

3. 民族地区农村人居环境治理问题研究

第一,民族地区农村人居环境治理中面临的具体问题。张能秋以贵州省岑巩县为例,指出民族地区农村人居环境治理存在经费保障不足、群众陋习待改变、基础设施待完善、管理机制不健全、协调监控不到位等问题⑤;王来辉以广东乳源县瑶族村落为例,在梳理民族地区"新农村"与"传统村落"的生态环境治理现状基础上,指出乡村生态环境治理存在环境保护意识缺乏、乡村精英人才和教育师资力量不足的问题。⑥

第二,民族地区农村人居环境治理问题的成因。闵师等以西南少数民族山区为例,对影响农户参与农村人居环境整治的因素进行了分析,主要有"户主性别""户主的民族""家庭人口数""家庭财富""农户居住场所的海拔高度""村的交通状况"。⑦

第三,民族地区农村人居环境治理对策。张光红以贵州86个村落为例,提出农村垃圾分类及治理需要不同主体的参与,其中治理乡村垃圾的

---

① 吕建华、林琪:《我国农村人居环境治理:构念、特征及路径》,《环境保护》2019年第9期。

② 叶大凤、马云丽:《农村环境污染协同治理机制探析——以广东M市为例》,《广西民族大学学报》(哲学社会科学版)2018年第6期。

③ 徐顺青、逯元堂、何军等:《农村人居环境现状分析及优化对策》,《环境保护》2018年第19期。

④ 孙慧波、赵霞:《中国农村人居环境质量评价及差异化治理策略》,《西安交通大学学报》(社会科学版)2019年第5期。

⑤ 张能秋:《扎实开展民族地区农村人居环境建设》,《中国农村卫生》2018年第11期。

⑥ 王来辉:《乡村振兴视野下民族地区乡村治理问题探索——以广东韶关乳源县瑶族村落为例》,《成都工业学院学报》2019年第1期。

⑦ 闵师、王晓兵、侯玲玲等:《农户参与人居环境整治的影响因素——基于西南山区的调查数据》,《中国农村观察》2019年第4期。

重要力量是村委会、自发成立的乡村组织和少数民族地区的民间组织①；杨俊云等以云南省文山壮族苗族自治州的景区为例，提出借助少数民族的生态文化来引导农村居民参与生态环境治理，协同政府、旅游开发企业、旅游区生态保护组织、游客等，构建"多元主体生态治理"的格局，以建设和谐的人居环境②；熊清华则从艺术审美的角度，提出民族村落人居环境治理的"如画""游居""生境"三种模式，以解决民族村落人居环境实际建设中的问题③；张家其对湘西农村贫困地区的人居环境进行综合评价，为农村人居环境定量评估提供了新的视野。④

综上可以看出，学者们从不同的研究角度对农村人居环境及其治理展开研究，但是目前关于民族地区特别是民族乡的相关研究极其缺乏。学界探讨了目前农村人居环境治理存在的问题，诸如财政投入资金不足、宣传普及程度较低、治理监管力度不够等问题，提出许多有参考意义的对策建议，但是这些问题和对策相对而言都比较零散，没有形成较系统的分析框架。这启发了笔者借助协同治理理论，从职能部门分工、筹集资金用途、环境科技合作、村民参与治理、社会监督体系五个方面去深入剖析民族乡农村人居环境协同治理存在的问题。

（三）小结与评析

国外研究探讨了农村人居环境的内涵发展以及农村人居环境治理存在的资金投入不足、生态科技合作和生态教育不到位等问题，提出了加大经济社会政策支持、提供科技保障、完善治理评估机制等对策。但是，现有研究仍有诸多的不足。一是对少数族群农村人居环境治理的相关研究极其缺乏。二是现有研究仅从现状问题直接提出改善建议，缺少理论的指引和分析。三是缺乏针对少数族群人居环境治理的系统性对策建议。

---

① 张光红：《农村垃圾分类及治理对策研究——基于贵州86个村落的实证分析》，《中共成都市委党校学报》2019年第5期。

② 杨俊云、李若青：《绿色发展理念下民族地区生态治理与旅游业耦合发展研究——基于丘北普者黑区案例的分析》，《文山学院学报》2018年第3期。

③ 熊清华：《居住走向景观——"美丽乡村"图景中民族村落人居环境的审美模式研究》，《中南民族大学学报》（人文社会科学版）2018年第3期。

④ 张家其、段维维、朱烜伯：《湘西农村贫困地区人居环境综合评价》，《企业经济》2018年第9期。

国内研究探讨了农村人居环境的基本内涵，并从不同的学科知识背景对农村人居环境治理展开研究，如地理学、城市规划学、经济学、公共政策学、管理学等，研究成果相当丰硕。研究指出了农村人居环境治理存在的诸如财政投入资金不足、治理主体单一、治理评估效果待改善、治理责任监管不到位等问题，也提出了加大社会投资、完善基层治理体系、实行差异化治理等对策。但是，现有研究也存在诸多不足。一是关于民族地区特别是民族乡农村人居环境治理的相关研究相当缺乏。学者们多从全国、省级、市级、区县等层级对农村人居环境治理问题进行研究，较少从乡镇一级对农村人居环境治理问题进行研究，特别是对民族乡的农村人居环境治理问题进行研究的就更少。二是农村人居环境治理缺乏协同治理理论的指引。较少学者以农村人居环境协同治理的分析框架进行研究。三是现有研究缺乏专门针对民族乡农村人居环境治理的现存问题、深层原因及对策建议展开系统性分析。

三 核心概念界定

（一）民族乡

《宪法》（2018年）第107条规定，民族乡的建置和区域划分由省、直辖市的人民政府决定。《民族乡行政工作条例》（1993年）第2条规定，"少数民族人口占全乡总人口30%以上的乡"可以申请设立民族乡，"特殊情况的可以略低于这个比例"。笔者认为，民族乡作为县级行政区管辖下的基层行政单位，解决了我国散杂居少数民族的基层管理问题。民族乡可以依法结合本乡的具体情况和民族特点，因地制宜地发展经济、科教、文化、卫生、环境等事业。

据统计，全国共有981个民族乡。[①] 目前，广东有7个民族乡，分别是三水瑶族乡、瑶安瑶族乡、蓝田瑶族乡、下帅壮族瑶族乡、深渡水瑶族乡、秤架瑶族乡、漳溪畲族乡，各民族乡所在地、成立时间和该乡民族人口占总人口的比例见表12-1。笔者将以广东省其中一个瑶族乡为个案，展开民族乡农村人居环境协同治理的研究。

---

① 参见民政部官网，"在线服务"栏目，http://xzqh.mca.gov.cn/statistics/2018.html。

表 12-1　　　　　　　　广东省 7 个民族乡基本情况

名　称	所在地	成立时间	该乡民族人口约占总人口的比例（%）
三水瑶族乡	广东省清远市连州市	1986 年 11 月	39
瑶安瑶族乡	广东省清远市连州市	1987 年 1 月	30
蓝田瑶族乡	广东省惠州市龙门县	1987 年 1 月	87
下帅壮族瑶族乡	广东省肇庆市怀集县	1987 年 3 月	67
深渡水瑶族乡	广东省韶关市始兴县	1987 年 12 月	35
秤架瑶族乡	广东省清远市阳山县	1991 年 11 月	29
漳溪畲族乡	广东省河源市东源县	1999 年 7 月	35.4

资料来源：广东省民族宗教事务委员会官网，"民族家园"栏目，http：//mzzjw.gd.gov.cn/mzzjw_mzjy/index.html。

（二）农村人居环境

根据《环境保护法》（2014 年）第 2 条，环境的定义是"影响人类生存和发展的各种天然的和经过人工改造的自然因素的总体"，包括"城市和乡村"。人居环境是以自然因素为基础、以人工因素为主导，在自然因素的基础上创新发展人工因素，充分发挥人的主观能动性，以满足人们生活居住、娱乐休闲及其他多元化需求。"农村人居环境"是相对于城市、城镇人居环境而言的概念。在中共中央办公厅、国务院办公厅《农村人居环境整治三年行动方案》（2018 年）中，"农村人居环境"包括公共环境卫生、公共基础设施、村庄规划、村容村貌等方面。学界也在关注"农村人居环境"的概念，如从公共服务供给的角度提出了"农村人居硬环境"和"农村人居软环境"的概念。[1]

笔者认为，"农村人居环境"是指以农村自然因素为基础、以人工因素为主导，在农村自然因素的基础上创新发展人工因素，充分发挥农村社会主体的主观能动性，以满足农村生活居住、娱乐休闲及其他多元化需求。"农村人居环境治理"主要表现在农村生活垃圾处理、农村生活污水处理、农村公共厕所改造、农村房屋建筑改造、村道绿化美化等方面。"农村人居环境"体现"农村性"和"人居性"两大特征。一是"农村性"。与城市

---

[1] 孙慧波、赵霞：《农村人居环境系统优化路径研究——基于结构方程模型的实证分析》，《北京航空航天大学学报》（社会科学版）2018 年第 3 期。

人居环境相比，要体现农村特色，如村庄房屋建筑、村道要根据农村实际情况建设。二是"人居性"。"人居性"针对人居环境，但绝不仅仅是农村生活居住、娱乐休闲。"人居性"本身不是针对耕作的生产环境，也不是纯天然的自然环境现象。非耕作的生产环境（如第三产业），已深度融合到农村人居环境当中，是农村人居环境协同治理过程中必须考虑的。

四 协同治理理论

（一）治理理论

在公共管理领域，为应对"政府失灵"和"市场失灵"，治理理论成为 20 世纪 90 年代西方学术界指导公共管理实践的一种新理论，对世界各国的行政探索产生了重要的影响。治理理论的创始人之一罗西瑙（James N. Rosenau）在《没有政府的治理》一书中指出，治理是各个治理主体之间在竞争与协作的过程中制定出被大多数人所接受的"规则体系"，从而实现治理的目标，治理不仅包括"政府机制"，也包含"非正式、非政府的机制"。① 国外学者对治理的探讨主要有以下几个方面。

第一，治理的用法。罗伯特·罗茨（R. Rhodes）探讨"新的治理"，他认为治理之"新"在于用一种不同于以往的方式来"统治"社会，但这里的"统治"的含义有了变化。他提出了治理的六种用法，即治理作为"最小国家""公司治理""新公共管理""善治""社会控制系统""自组织网络"的治理。② 在罗茨看来，治理最重要的是治理作为"最小国家""社会控制论体系""自组织网络"的用法。在此之后，简·库伊曼（J. Kooiman）进一步提出了"政府作为掌舵角色"的治理、全球治理、多层次治理和参与治理等用法。③

第二，治理的特征。面对公共事务的多变复杂性和多重嵌套性，厘

---

① ［美］詹姆斯·N. 罗西瑙：《没有政府的治理》，张胜军、刘小林等译，江西人民出版社 2001 年版，第 3—5 页。
② ［英］R. A. W. 罗茨：《新的治理》，《马克思主义与现实》1999 年第 5 期。
③ J. Kooiman. Modern Governance. *New Government – Society Interactions*. London: Sage Press, 1993 (03): 35–38.

清治理的特征有助于建立不同的治理模型，有针对性地应对因社会环境不断分化和行动者不断变化而产生的问题。罗茨认为治理是一个改变了的"有序统治状态"，他认为治理具有"相互依存""持续互动""以信任为基础""自我管理"等特征。简·库伊曼从系统的角度强调治理过程中"自组织"的特征，他认为系统内部的多种行为者的协调互动形成了新的结构和秩序。① 各种行为主体在整个社会系统中相互合作，于彼此互动中形成自组织网络，实现自主且自我管理的网络。

第三，治理的本质。格里·斯托克（Gerry Stoker）指出治理的本质是，不必完全依靠"政府的权威或制裁"，而可以依靠"伙伴关系"通力合作，建立"自我管理"的网络。② 鲍勃·杰索普（Bob Jessop）进一步表明了治理的自组织性，认为"自组织"的基础是与有着明确目标和任务的组织进行谈判和正面协调，并以组织间的共同利益和具有达到互利的独立资源为基础。③ 全球治理委员会在1995年对治理做出以下界定，治理是各种组织或机构经营管理相同事务的多种方式的总和，治理是一个使相互冲突或者不同的利益得以调和的持续的过程。④

国内学者对"治理"的认识也是一个逐渐深化的过程。治理是一个以公共利益为目标，社会各方参与合作的过程，在这个过程中"政府未必起主导作用"⑤。治理是建立在市场原则、公共利益和社会认同的基础上的合作，治理的"权力向度是多元的"⑥。"善治"是国家与公民对共同生活的合作管理，使公共利益最大化的过程。⑦ 治理的目标是"打造优

---

① J. Kooiman. Modern Governance. *New Government - Society Interactions*. London: Sage Press, 1993（03）: 176–179.

② ［英］格里·斯托克:《作为理论的治理：五个论点》，华夏风译，《国际社会科学杂志》（中文版）2019年第3期。

③ Bob Jessop. The rise of governance and the risks of failure: the case of economic development. *International Social Science Journal*, 2018, 68（227-228）: 43–57.

④ The Commission on Global Governance. *Our Global Neighborhood*. Oxford: Oxford University Press, 1995: 2–4.

⑤ 龙献忠、杨柱:《治理理论：起因、学术渊源与内涵分析》，《云南师范大学学报》（哲学社会科学版）2007年第4期。

⑥ 薛澜、张帆、武沐瑶:《国家治理体系与治理能力研究：回顾与前瞻》，《公共管理学报》2015年第3期。

⑦ 俞可平:《治理与善治》，社会科学文献出版社2000年版，第8—9页。

质公共服务"来满足公众的需要。① 总之，治理的概念具有弹性和包容性，可以从多视角进行定义。笔者认为，"治理"是公共部门、私人部门和第三部门采取联合行动、结合各方力量来解决各种问题，从而最大化地增进公共利益的动态发展过程。

（二）协同治理理论

随着时代的变革，社会环境迅速变化，单独的治理主体无法应对复杂的公共问题。协同治理作为公共事务治理的一种新模式，逐渐出现在环境保护、危机管理、公共教育等跨界领域的实践层面，进而引起学术界的讨论。伍德（D. C. Wood）和格雷（B. Gray）在1991年首次提出了协作治理概念，将其界定为把多个利益相关者集中于同一个议题的讨论，并由公共机构作出一致决策的治理模式。② 此后，协作治理被运用于公共管理的多个领域。例如，哈德米安（Anne Khademian）、卡凯尼恩（Bradley C. Karkkainen）、伊姆派瑞尔（Mark Imperial）、小科赫（Charles H. Koch, Jr.）以协同治理的视角，分别做了空气污染治理、生态系统治理、水域治理、电力工业重组等方面的研究。③ 在克里斯·安塞尔（Chris Ansell）和艾莉森·加什（Alison Gash）发表《协同治理：理论与实践》一文之后，协作治理开始上升到理论的高度。他们认为，协作治理使公共机构与其他私人利益相关者进入以共识为导向的集体决策过程，来实现制定和执行公共政策的制度安排。在协作过程中，面对面的对话、建立信任、确保承诺、达成共识是至关重要的因素。④ 从更广义的角度，柯克·爱默生（Kirk Emerson）则认为协同治理能实现公共决策和公共管理无法单独完成的公共目标，使公众建设性地跨越公共部门的边界、政府的层级以及公共和私人的领域参与其中。她认为协作治理包括但不限于透明负

---

① 姜晓萍、焦艳：《从"网格化管理"到"网格化治理"的内涵式提升》，《理论探讨》2015年第6期。

② Donna Wood, Barbara Gray. Toward a Comprehensive Theory of Collaboration. *Journal of Applied Behavioral Science*, 1991, 27 (2): 139–162.

③ 郭道久：《协作治理是适合中国现实需求的治理模式》，《政治学研究》2016年第1期。

④ Chris Ansell, Alison Gash. Collaborative Governance in Theory and Practice. *Journal of Public Administration Research and Theory*. 2008, 18 (4): 543–571.

责、公平包容、有效高效、回馈响应、基于共识等原则。①

我国学者在国外相关研究成果的基础上，结合国内社会治理的实践，从以下几个方面进一步深化协同治理理论的研究。

第一，界定协同治理的特征。治理过程中应强调治理的"协同性"而不是"竞争性"，主张多元主体在治理过程中平等参与、协同合作与共识达成。"协同治理"的提出回应了治理理论中参与治理主体的秩序问题。也就是说，协同治理理论研究的内在动力就是解决治理理论发展过程中出现的内部矛盾问题。

第二，追溯协同治理的根源。协同治理理论的产生是借助自然科学的协同论来对治理理论进行的"重新检视"，即在复杂的社会系统中，尊重各子系统的多样性，寻求各个子系统的协同，构建并遵守能被接受的共同规则，从而实现各方共赢的有效治理。② 在某种意义上说，协同治理就是一个追求有效治理结构的过程，在此过程中反映各个行动主体之间的协同来实现整体大于部分的效果。

第三，归纳协同治理的核心要素。协同治理概念中的核心要素是"参与主体的多元性""治理过程的协同性""治理结果的超越性"，协同治理的结果是"1+1>2"的效果。③ 重视多元主体合作能力的培养是协同治理成功的关键，不能仅做出"只要政府引导，社会就必然协同，公民就会参与"的假设，这样的假设是缺乏现实基础的。④ 强调协同治理在中国语境中得以运作的基础保障是不可否认政府在多元主体参与社会治理过程中的"主导地位"和"核心角色"。⑤ 简而言之，协同治理的实现需要加强多元主体之间的良好合作。

笔者认为，"协同治理"是指多元主体协同参与公共事务、达成合作共识、解决公共问题的过程。"协同治理"体现"协同性"，即通过主体合力，进行过程互动，实现结果共享。一是治理主体的合力，指公共部

---

① Kirk Emerson.Beyond Consensus：Improving Collaborative Planning and Management.*Routledge*，2012，14（4）：472-483.

② 李汉卿：《协同治理理论探析》，《理论月刊》2014年第1期。

③ 徐孙萍、闫亭豫：《我国协同治理理论研究述评》，《理论月刊》2013年第3期。

④ 谢新水：《协同治理中"合作不成"的理论缘由：以"他在性"为视角》，《学术界》2018年第6期。

⑤ 郭道久：《协作治理是适合中国现实需求的治理模式》，《政治学研究》2016年第1期。

门、私人部门和第三部门的合力,强调"1+1+1>3"的合力。但这并不是弱化公共部门的作用,相反地,是更加强调公共部门的责任和担当。二是治理过程的互动,通过优化职能部门沟通、平衡资金用途倾向、促进环境科技合作、提高村民治理意识、完善社会监督体系这五方面来促进主体间的互动。三是治理结果的共享,如共享经济得到发展、环境得到保护、文化得到传承等良性治理结果。

五 蓝田瑶族乡农村人居环境治理实务

(一)农村人居环境治理基本情况

蓝田瑶族乡位于广东省惠州市龙门县北部,有龙门县"北大门"之称,距县城约 15 公里。蓝田瑶族乡总人口 11408 多人,其中瑶族人口约 9800 人,占比约 85.9%,是广东省少数民族人口比例最高的民族乡。[①] 蓝田瑶族有着悠久的历史,与南方壮侗语族群和苗瑶语族群的文化有密切的联系,民风民俗独具特色,其民俗活动"瑶族少女成年礼"在 2006 年 5 月被列入广东省第一批省级非物质文化遗产代表作名录。[②] 蓝田瑶族中主要姓氏是刘、杨、谭、李、林、朱、黄,同奉"谭公庙"。全乡下辖 7 个村民委员会、82 个村民小组(如图 12-1 所示)和 1 个社区居民委员会。

蓝田瑶族乡农村生态环境优美,资源丰富。全乡总面积 132.2 平方公里,山林面积 24 万亩,耕地面积 10339 亩,森林覆盖率达 86.07%。全乡呈北高南低的地势,水土气候适合林业发展,蓝田河自西北向西南注入天堂山水库。乡内的蓝田瑶族风情园是吸引游客休闲旅游、体现民族文化之

---

① 参见广东省民族宗教事务委员会官网"民族家园"栏目,http://mzzjw.gd.gov.cn/mzzjw_mzjy/index.html。

② 相传远古时代,蓝田瑶族峒主年幼丧母,是父亲用母狗的奶水喂养成人的,因此狗对族人有养育之恩。为了延续对狗的敬奉,蓝田瑶族慢慢发展起祭祀狗的活动,每年农历八月十五之时,蓝田瑶族就以村寨为单位进行隆重的"舞火狗"活动,由年少的姑娘扮演"火狗",象征姑娘婚后要像峒主爷的"再生之母"那样慈爱后代。一是纪念"狗神"养育先祖之恩,二是驱瘟逐疫,祈愿风调雨顺。这项活动保留至今,也称"瑶族少女成年礼",16—18 岁的少女,必须要参加 2—3 次成年礼,才有资格谈婚论嫁,组建家庭。

（单位：个）

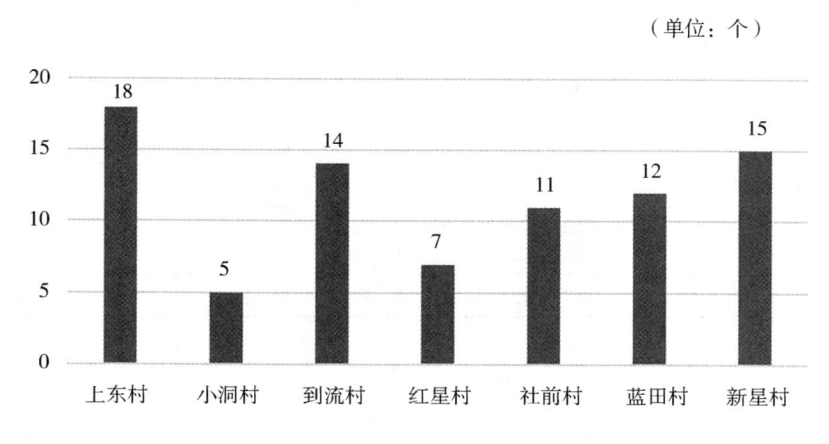

图 12-1　蓝田瑶族乡各村村民小组数量组成

上东村	18
小洞村	5
到流村	14
红星村	7
社前村	11
蓝田村	12
新星村	15

地。近年来，蓝田瑶族乡先后获得了"广东省休闲农业与乡村旅游示范镇""广东省森林小镇""广东省旅游风情小镇"等荣誉称号。

根据实地调研得知，蓝田瑶族乡的农村人居环境整治工作是逐步推进的。2017年年初，蓝田瑶族乡政府将其中四个行政村（上东、小洞、到流和蓝田村）纳入了省级新农村连片示范建设。第一阶段是开展整治环境卫生工作，首先在人口较为集中（20户以上）的自然村实行整治，然后逐步向其他村辐射拓展整治范围。第二阶段是拆除危房，提升村容村貌。2018年开始，全乡七个行政村全面实行农村人居环境整治工作，初步推进"三清三拆三整治"工作。[①] 2018年年年底，乡内的交通环境得到改善，全乡67公里村道100%完成美化建设，先后重建了蓝田大桥、上东三下桥、连塘桥等，逐步融入珠三角两小时生活圈。2019年，全乡以高标准落实农村"三拆三清三整治"工作，推进生态宜居美丽乡村示范乡建设（如表12-2所示）。

---

① 注释："三清"，即清理村巷道及生产工具、建筑材料乱堆乱放，清理房前屋后和村巷道杂草杂物、积存垃圾，清理沟渠池塘溪河淤泥、漂浮物和障碍物；"三拆"即拆除旧房危房、废弃猪牛栏及露天厕所，拆除乱搭乱建、违章建筑，拆除非法违规广告、招牌等；"三整治"主要是整治垃圾、生活污水及水体污染。

表 12-2　蓝田瑶族乡 2019 年农村人居环境整治措施一览表①

农村人居环境类别	整治措施
农村生活垃圾	清理村巷道乱堆乱放 38 多万米 清理房前屋后、卫生死角垃圾 3700 多吨 清理沟渠池塘溪河淤泥、垃圾 4000 多吨
农村生活污水	建设污水处理设施 25 座 配套污水管网约 20 公里
农村公共厕所	拆除露天厕所 25 间
农村房屋建筑	拆除废弃猪牛栏 893 间、旧危房 2773 间 拆除乱搭乱建、违章建筑 63 处
村道绿化美化	拆除非法违规商业广告、招牌 15 个

其中，蓝田瑶族乡各村的农村人居环境治理各具特色，可以归纳为四种基本特色（如图 12-2 所示）。一是依靠脱贫产业开发来改善人居环境的特色，二是依靠废弃房屋整治来打造人居环境的特色，三是依靠搬迁新村来重塑人居环境的特色，四是依靠日常卫生整治来维护人居环境的特色。

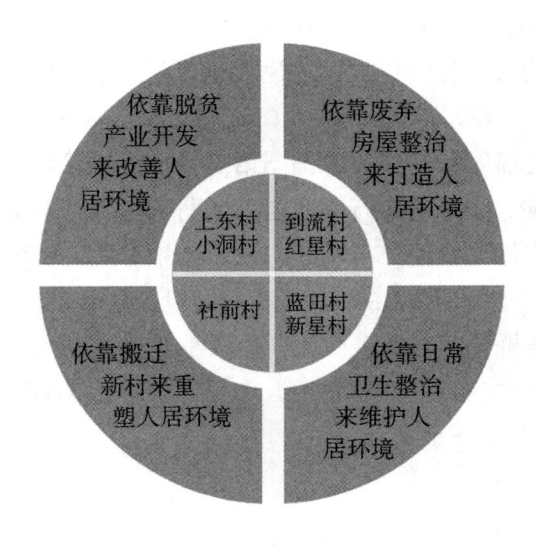

图 12-2　蓝田瑶族乡各村人居环境治理特色

---

① 根据 2019 年 9 月 12—18 日到蓝田瑶族乡实地调研所得资料整理。

（二）农村人居环境治理具体做法

其具体做法表现在统筹规划人居环境建设、层级推进全乡整治行动、争取吸纳多方治理资金、加强民族生态特色宣传等方面。

1. 统筹规划人居环境建设

蓝田瑶族乡党委、政府根据县党委、县政府的部署，以创建"广东省少数民族科学发展示范乡"为抓手，统筹谋划，多措并举，全方位推进农村人居环境综合整治工作，以落实乡村振兴战略。

第一，坚持总体谋划，规划引领人居环境建设。蓝田瑶族乡在总体规划的基础上，配合上级规划主管部门和设计单位，规划修编乡中心区详细规划工作，以打造成为以旅游服务、生活配套、特色农副产品加工、生态农业为主的瑶族特色小城镇为目标。

第二，打造瑶族特色，以点带面提升人居环境。蓝田瑶族乡实施圩街瑶族特色元素打造工程，对圩镇主街道两旁建筑实行统一规划、统一设计，建设瑶族特色街道。将上东村回龙屋列入县文物保护单位，对其进行修缮和保护。推进瑶族特色新村建设，对高速公路拆迁安置新村进行瑶族特色打造。

第三，开展"美丽乡村·三大行动"，梯次创建"恬美瑶乡"。蓝田瑶族乡推进卫生乡镇创建工作，顺利通过了市级卫生乡镇的考核验收，正在申报省级卫生乡镇。开展"绿满家园"活动，完成了到流村、社前村、蓝田村和新星村四个行政村的森林村庄规划编制工作，提升村庄绿化整体水平，成功创建成为"广东省森林小镇"。

2. 层级推进全乡整治行动

蓝田瑶族乡党委、政府在全乡范围开展环境卫生整治行动。具体做法是，根据县委、县政府的部署，成立整治工作行动指挥部，由乡主要领导任总指挥，班子成员任副总指挥，并制订全域推进农村人居环境整治工作方案，实行所有班子成员包村管理，驻村干部、村"两委"干部具体包村小组、包户，明确任务，确保各项工作落到实处。例如，在其中一次环境卫生整治行动中，蓝田瑶族乡党委、乡政府成立"环境卫生大整治行动指挥部"，通过组织乡政府全体干部职工，联合村"两委"干部、各挂钩帮扶单位等干部进行农村人居环境集中整治行动。指挥部下设行动小组，如"圩街面貌整治小组""环境卫生整治小组""交通秩序整治小组""集贸市场整治小组""社会治安整治小组"等（如图12-3所示）。在环境卫生整治过程中，乡主要领导到村检查、指导人居环境治理工作，协同各单位干部职工、村"两委"干部、村保洁员进行村道绿化美化、房前屋后垃圾杂物清理、卫生死角清理、巷内村道乱堆乱放杂物清理等方面的工作。

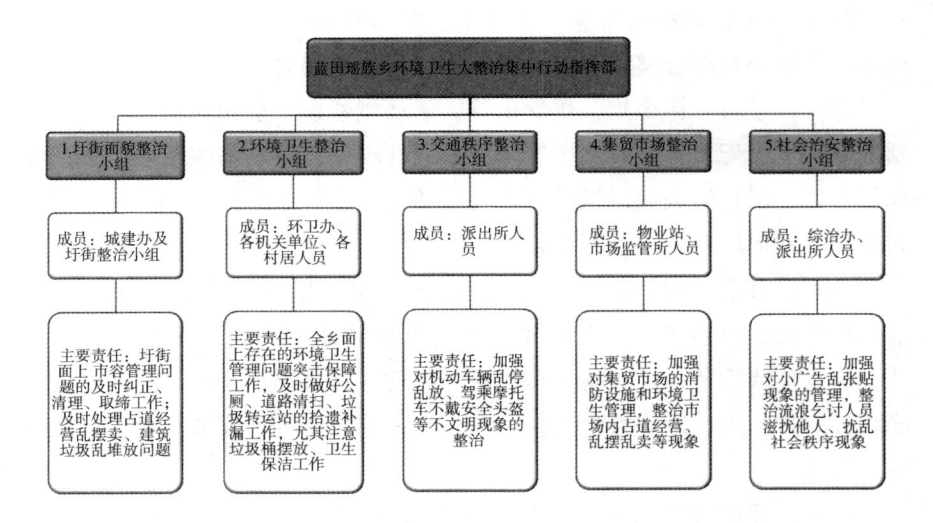

```
                    蓝田瑶族乡环境卫生大整治集中行动指挥部
┌──────────────┬──────────────┬──────────────┬──────────────┬──────────────┐
│1.圩街面貌整治 │2.环境卫生整治 │3.交通秩序整治 │4.集贸市场整治 │5.社会治安整治 │
│    小组       │    小组       │    小组       │    小组       │    小组       │
├──────────────┼──────────────┼──────────────┼──────────────┼──────────────┤
│成员：城建办及 │成员：环卫办、 │成员：派出所人 │成员：物业站、 │成员：综治办、 │
│圩街整治小组   │各机关单位、各 │员             │市场监管所人员 │派出所人员     │
│               │村居人员       │               │               │               │
├──────────────┼──────────────┼──────────────┼──────────────┼──────────────┤
│主要责任：圩街 │主要责任：全乡 │主要责任：加强 │主要责任：加强 │主要责任：加强 │
│面上市容管理问 │面上存在的环境 │对机动车辆乱停 │对集贸市场的消 │对小广告乱张贴 │
│题的及时纠正、 │卫生管理问题突 │乱放、驾乘摩托 │防设施和环境卫 │现象的管理，整 │
│清理、取缔工作；│击保障工作，及 │车不戴安全头盔 │生管理，整治市 │治流浪乞讨人员 │
│及时处理占道经 │时做好公厕、道 │等不文明现象的 │场内占道经营、 │滋扰他人、扰乱 │
│营乱摆卖、建筑 │路清扫、垃圾转 │整治           │乱摆乱卖等现象 │社会秩序现象   │
│垃圾乱堆放问题 │运站的拾遗补漏 │               │               │               │
│               │工作，尤其注意 │               │               │               │
│               │垃圾桶摆放、卫 │               │               │               │
│               │生保洁工作     │               │               │               │
└──────────────┴──────────────┴──────────────┴──────────────┴──────────────┘
```

图 12-3　蓝田瑶族乡环境卫生集中整治行动分工结构图

资料来源：根据笔者2019年9月12—18日到蓝田瑶族乡实地调研所得资料整理。

根据实地调研还了解到，在日常环境卫生清洁工作中，全乡有5名专职的垃圾清运工作人员，每个自然村内配备1名专职环卫保洁员，共82名。环卫保洁员实行责任区域包干进行保洁工作，保证农村生活垃圾基本做到日清日运。

3. 争取吸纳多方治理资金

在资金筹集的过程中，蓝田瑶族乡通过多番努力，吸引多方资金投入农村人居环境相关项目的建设和运转当中。

第一，把农村人居环境卫生整治与脱贫攻坚相结合，着重改善贫困村的人居卫生环境。蓝田瑶族乡农村人居环境整治工作的资金主要由县政府统筹，其中上东村、小洞村、到流村和蓝田村是广东省省级新农村示范村，农村人居环境整治工作获得广东省拨付的财政支持，而其他村的整治建设资金则通过乡政府和村民委员会自筹的方式获得。上东村和小洞村是省级贫困村，自 2016 年精准脱贫工作开展以来，上东村得到市委办的对口帮扶，由市委书记领导，而小洞村由市民族宗教事务局挂钩帮扶。通过驻村工作组的协调，上东村争取专项扶贫政策资金，除了用于产业扶贫项目上，部分还用于贫困村基础设施建设项目上（如表12-3 所示），如村道铺设、路灯安置、污水处理、湿地建设等村庄公共基础设施的建设。

表 12-3　　蓝田瑶族乡 2017—2019 年农村人居环境相关项目资金投入一览表

农村人居环境类别	年份	项目	资金（万元）	主要用途
农村生活垃圾	2017	生活垃圾中转站建设	80	建成使用蓝田垃圾压缩中转站
	2017	生活垃圾基础设施建设	72	建设 51 个农村生活垃圾收集屋、94 个生活垃圾收集点
农村生活污水	2017	污水处理厂建设	360	建成蓝田污水处理厂（处理能力达 0.2 万吨/日）
	2017	污水处理湿地建设	400	帮助贫困村实施 13 个污水处理湿地建设
农村房屋建筑	2017	危房改造	107.7	对相对贫困户（25 户）进行危房改造
	2017	瑶族特色新村建设	65	对高速公路拆迁安置新村进行瑶族特色打造
	2017	回龙屋修缮	30	对上东村回龙屋进行维修保护
	2017	文化站升级改造	10	对蓝田瑶族乡文化站进行升级改造
	2017	村级文化广场升级改造	133	实施 4 个村级文化广场升级改造工程，推进乡文体广场二期工程建设，建成滨河公园
	2017	美丽乡村建设	420	推进上东村美丽宜居乡村建设
	2019	建设美丽宜居乡村示范村	1000	推进红星村建设美丽宜居乡村示范村
村道绿化美化	2017	绿满家园建设	16	推进贫困村"绿满家园"建设
	2017	瑶族特色街道建设	400	对圩镇主街道两旁建筑实行统一规划设计，建设瑶族特色街道
	2018	村容村貌打造	321	对上东村东区进行改造提升，村道绿化、铺设人行道、拓宽道路、建设文化广场

资料来源：结合 2019 年 5 月 8 日蓝田瑶族乡实地调研所得资料和蓝田瑶族乡人民政府 2017—2019 年工作报告汇总整理。http：//www.longmen.gov.cn/hzlmltyzx/gkmlpt/index#。

第二，将农村人居环境整治与生态休闲绿色产业发展协同规划。乡领导常到广州、深圳等地进行招商引资。访谈对象驻村第一书记 ZDE 提到，"我们经常跑到深圳去招商引资，想引入一家休闲龙头企业到村里来，利用荒坡地开发本地天然氧吧"（FT-ZDE20190508）。① 上东村借助企业帮扶，大力改善村基础设施，通过发展产业激发农村和贫困户的"造血"能力。根据实地调研了解到，佳兆业集团控股有限公司共捐资 3000 万元助力上东村新农村建设和精准扶贫工作，并派驻专职扶贫团队进村驻点开展新农村建设，共参与 21 个项目建设，包括产业发展、村道建设、危房改造、饮水工程、养老设施等。目前蓝田瑶族乡上东村已经由省级贫困村变成示范村，初步完成了乡道改造、危房改造、污水处理设备投放等项目工作，建成了具有蓝田瑶族建筑特色的江湾公园、古树群公园、养老服务中心等，村内居住环境不断改善。同时，佳兆业集团控股有限公司以"公司+贫困户+基地"模式打造生态果园扶贫基地，带动贫困户稳定脱贫，推动上东村人居环境的建设。

第三，全域开展农村人居环境综合整治及村庄清洁行动，争取上级专项补助资金。例如，全乡在 2019 年以高标准实施"三拆三清三整治"行动，最终 100%的村庄达到干净整洁村的标准，被县定为生态宜居美丽乡村示范创建单位，获得上级补助资金 1000 万元。又如，加快推进红星村建设美丽宜居乡村示范村建设，成功争取上级 1000 万元建设资金。

4. 加强民族生态特色宣传

一是告示宣传。蓝田瑶族乡结合民族文化特色，在农村人居环境治理工作中注入民族元素。在民族乡内的公共文化广场、各村道主干道、公共建筑外墙等设置宣传专栏，利用龙门县"农民画"特色风格进行设计，传达乡村振兴、美丽乡村建设、环境卫生清洁、蓝田瑶族民俗等主题思想。笔者在调研期间，随处可见该乡在公益广告牌、公共厕所、生活垃圾屋以及文化站等基础建设的外观上融入了蓝田瑶族的独特元素。

二是入户交流。进村入户与村民交流，动员村民参与人居环境、村容

---

① 文中编码为访谈代码。访谈时间 2019 年 5 月 8 日，访谈对象 ZDE，男，汉族人，是蓝田瑶族乡小洞村驻村第一书记。

村貌的整治工作。笔者 2019 年 9 月于蓝田瑶族乡调研期间，正值蓝田瑶族接受第三方对环境卫生的抽检测评之际。① 该乡乡政府十分重视，不仅在乡内设置显眼的宣传告示，倡导村民"共建全国文明城市，共享生态美好家园"，还印发了 4000 多份《创建文明城市倡议书》和 1000 份《全国文明城市模拟测评调查问卷》，组织乡志愿者进村入户，分发到村民手中，并通过自身文明的言行举止向村民做好文明示范。

（三）农村人居环境治理主要成效

近年来，蓝田瑶族乡把改善农村人居环境作为社会主义新农村建设的重要内容，大力开展村庄清洁行动，农村人居环境治理取得一定成效。

1. 改变日常维护不力，创建宜居美丽乡村

近年来，蓝田瑶族乡加强了农村人居环境整治工作的力度，组织动员乡政府干部、村委干部、村保洁员等参与环境卫生清洁、村道绿化等工作，不断加强农村人居环境日常整治，打造干净整洁的新面貌。同时，利用张贴标语、悬挂横幅等宣传方式引导村民做好房前屋后的环境清洁，如清理庭院杂物、规范农家菜园摆设等。蓝田瑶族乡农村人居环境整治工作各项措施落实到位，卫生清洁工作成效显著。通过调研访谈获知蓝田瑶族乡开展的卫生清洁工作得到大部分村民的肯定。例如，在访谈问题"您认为农村生活垃圾处理工作的开展是否给您的居住环境带来了变化"的回答中，约七成的村民认为村里的生活垃圾处理工作带来了很大的变化，居住环境比起以往变得更干净舒适了。访谈对象村民 YXS 表示，"政府这几年投入了一定的资金，对乡村的村容村貌的卫生开展工作，获得了很大成效，以前的乱扔家禽的情况也不常出现了"（FT-YXS20190913）。② 但是还有部分村民需要提高环境卫生认识，正如访谈对象乡农业办主任 LZN 所言，"以前没有保洁员来保洁，农村水沟、房前屋后满是垃圾，居住环境脏乱。村里几十年都没有开展过这么大的工程，现在村里卫生搞起来了，大部分村民都是支持的。只有个别农户生活习惯还没改过来，有些村

---

① 蓝田瑶族乡所在的龙门县获 2017 年"全国文明城市"金牌，此后全县各乡镇、村都需要接受第三方抽检测评。

② 文中编码为访谈代码。访谈时间 2019 年 9 月 13 日，访谈对象 YXS，男，瑶族人，是蓝田瑶族乡红星村小卖部经营者。

民贪图方便还是把垃圾倒进水沟里而不拿到垃圾屋去，有些村民随手一扔商品包装的习惯还是存在"（FT-LZN20190508）。①

2017年，蓝田瑶族乡创卫工作各项指标已达到了市卫生镇的标准和要求，获得了"惠州市卫生乡镇"的荣誉称号。创建市级卫生乡镇工作一定程度上调动了蓝田瑶族乡人民参与环境卫生整治的积极性，在全乡范围内营造出讲卫生、讲文明的良好氛围，正逐步向创建美丽宜居的农村环境迈进。

2. 解决人居环境难点，打造崭新村容村貌

农村人居环境治理涉及村庄房屋改造、村道绿化美化等方面。笔者调研期间，了解到蓝田瑶族乡社前村有33户农户的住宅因为高速公路的建设和土地的征收问题而需要搬迁。这33户村民的房屋搬迁、重建成为了农村人居环境整治的焦点和难点之一。蓝田瑶族乡政府牵头统筹特色村寨的规划和建设工作，专门聘请设计公司提前规划沟通，在施工前结合该乡民族传统风俗特色来设计建筑风格，全方位打造农村新面貌，为以后旅游服务业的发展、地区的经济发展带来积极促进作用，也在一定程度上为民族乡农村人居环境的可持续性发展奠定基础。2018年，蓝田瑶族乡政府采用EPC模式（Engineering Procurement Construction，即工程总承包）为社前村特色村寨建设项目进行招标，建设资金来源于专项资金及群众自筹。据访谈对象社前村村干部TSJ说，"政府根据蓝田瑶族的特色弄成了特色村寨，政府和搬迁户一起出资，房屋的外表和规模都是政府规定好的，房屋里面的装修则是由个人进行装置"（FT-TSJ20190915）。② 新居建设期间，乡政府妥善地安置了搬迁村民，协调解决了他们的住房问题。目前这个项目已经完工待验收，"社前新村"的房屋建筑风格融合了蓝田瑶族乡的民俗特色，在该乡的村容村貌改善过程中提供了新的建设方案，为该乡农村人居环境协同治理中的村庄规划和村容村貌改善增添了一份宝贵的经验，也为今后打造更多的瑶族特色村寨提供了可参考借鉴的样板。

---

① 文中编码为访谈代码。访谈时间2019年5月8日，访谈对象LZN，男，瑶族人，是蓝田瑶族乡政府农业办主任。

② 文中编码为访谈代码。访谈时间2019年9月15日，访谈对象TSJ，女，瑶族人，是蓝田瑶族乡社前村村干部。

3. 聚焦环境文化元素，提振乡村生态民俗

蓝田瑶族乡在公共基础设施建设、村庄规划设计、园区升级改造的过程中，不断聚焦民族特色文化元素，增强村民的民族认同感，营造出农村融洽和谐的氛围。蓝田瑶族的图腾崇拜物是"火狗"，以往族人是通过"舞火狗"的仪式展现对"火狗"的崇敬。现在人们通过新的方式来展现对自身民族文化传承的重视，例如，道路边上随处可见融合蓝田瑶族图案元素设计的太阳能路灯、乡村人居环境宣传栏和环境文化长廊。特别值得一提的是，当地的蓝田瑶族风情园是集农业开发、休闲旅游、田园社区为一体的生态田园综合体，笔者调研期间曾到园内参观，看到专门设计出瑶族元素图案的农田。这幅具有民族特色的稻田农民画，因其总面积达百亩，成功于2019年9月23日获得了"最大稻田画吉尼斯世界纪录"认证。民族风俗展示出新的活力，给蓝田瑶族乡农村人居环境添上一抹亮丽的色彩。村民为自己乡里的发展感到自豪，更加有获得感，如访谈对象村民HSY说，"现在我们乡里的特色慢慢搞起来了，经常有人过来旅游参观，挺好的，村里很多人也比以前更加注重环境卫生了"（FT-HSY20190912）。① 由此可见，民族生态民俗的传统性和现代性并非完全对立，在乡党委和政府的正确领导下，蓝田瑶族乡的特色民俗在一定程度上给当地农村人居环境中的公共基础设施设计带来灵感，产生正向积极的作用，传达出民族乡的新气息，乡村生态民俗得到提振。

现阶段蓝田瑶族乡农村人居环境治理主要还是由基层政府依靠行政命令来推动，而不是依靠全社会的力量协同治理。可以说现阶段蓝田瑶族乡农村人居环境治理是"政府主导型"的农村人居环境治理，治理过程中缺乏其他主体有效的互动及及时的回应。因此，亟须厘清蓝田瑶族乡农村人居环境协同治理存在的障碍及其深层原因，否则最终将难以在全乡共享人居环境治理的成果。

---

① 文中编码为访谈代码。访谈时间2019年9月12日，访谈对象HSY，女，瑶族人，是蓝田瑶族乡蓝田村村民。

六 蓝田瑶族乡农村人居环境协同治理存在的问题及原因分析

(一) 协同治理存在的问题

1. 职能部门落实不到位

蓝田瑶族乡政府承担的事务多而繁杂,农村人居环境整治工作主要通过组织乡政府常设部门的干部轮流到村指导开展。

一方面,乡政府没有专设的农村人居环境治理部门,相关职权责任不够明晰。具体而言,蓝田瑶族乡政府没有设置专门负责农村人居环境治理工作的部门,相关政策文件主要是由乡政府农业办与县政府农业农村局、环卫局、住房和城乡建设局等部门对接,具体整治工作的实施是由乡党委成立临时的农村人居环境整治工作领导小组,负责牵头协调其他小组,如环境卫生整治小组、集贸市场整治小组、社会治安整治小组等,共同指导村庄人居环境综合整治工作。

另一方面,不同职能部门的基层干部对农村人居环境治理的专业知识水平有限,难以把工作做实做细,容易造成农村人居环境整治工作"浮于表面"。更进一步而言,这种长期存在的"由上而下"的工作指令容易使基层干部处于被动状态,从而出现农村人居环境治理工作"应付式整治"。例如,蓝田瑶族乡政府工作人员为了应付县级卫生检查评估,召集工作人员在周末加班加点进行卫生清洁。这种运动式组织调动大量基层干部的整治行动,不仅不利于农村人居环境的实质性改善,而且容易使干部职工产生消极怠慢情绪,给其他方面的工作开展带来阻力,因而不利于农村公共事务综合治理能力和水平的提升。

2. 筹集资金用途不普惠

尽管该乡在近三年不断吸引多方资金投入农村人居环境整治建设当中,但筹资的实效还是不够显著,更重要的问题是所筹集资金的用途没有在一定阶段内实现普惠性。

一是筹集资金没有覆盖全部村庄的建设。蓝田瑶族乡农村人居环境整治工作的资金主要由县政府统筹,该乡下辖7个村委会、82个村民小组和1个居委会。其中,由于上东村、小洞村、到流村和蓝田村是广东省省级新农村示范村，所以在农村人居环境整治工作的推进中，优先获得广东省拨付的财政支持。相比之下，其他村的整治建设资金则通过乡政府和村民委员会自筹的方式获得。蓝田瑶族乡农村人居环境治理资金惠及面不广造成了明显的问题，即个别村的农村人居环境治理效果存在"拖后腿"的现象，影响全乡整体农村人居环境协同治理的成效。

二是筹集资金没有覆盖所有农村公共基础设施的建设与维护。从公共管理的角度看，农村生活垃圾处理、生活污水处理、公共厕所建设等都属于准公共物品，主要是由政府财政资金承担。大部分农村地区人居环境治理所面临的共性问题是政府资金投入不足，蓝田瑶族乡也不例外。目前存在的问题是部分资金勉强支撑了农村人居环境治理前期的基础设施建设，如实施村道绿化美化、清理河道淤泥、安装污水管网和污水处理站、建设公共厕所等，但是后续维护缺乏持续的资金投入，无法支撑河道淤泥的定期清理、家庭污水的集中处理、公共厕所的日常维护管理等项目工作的开展，使得蓝田瑶族乡农村人居环境的持续治理后劲不足。

3. 环境科技保障不充分

蓝田瑶族乡农村人居环境协同治理的科技水平整体不高，具体表现在环保技术的创新与推广应用缓慢，环境科技基础保障相当不充分。

一是农村人居环境治理相关技术缺乏创新。例如，生活污水处理技术模式缺乏创新，技术保障有待提高。生活污水处理方面现存的问题主要是如何改变农村粪污处理、生活污水净化和雨污分流的技术保障。在蓝田瑶族乡，由于农村分散居住的情况比较多，有些村庄的生活污水分散、量小、水质不稳定，污水收集节点多、收集难度大，加上农村基础技术、管理能力方面相对薄弱，所以不能简单复制和套用城市污水处理模式和技术。亟需相关企业结合当地自然条件、经济发展水平，因地制宜创新污水治理技术，如新型人工湿地污水综合处理技术。

二是农村人居环境治理相关技术缺乏保障。蓝田瑶族乡内设立了"蓝田瑶族工业园"，但是暂时未见相关的环境科技园区、高新技术产业示范区等建设。蓝田瑶族乡虽然鼓励科技企业的设立，但是没有强化环境科技企业的技术创新主体地位，也没有主动支持符合条件的企业牵头实施技术创新项目。蓝田瑶族乡有发展环境科技的意识，但是没有充分利用好农家书屋、流动科技馆等科普载体来保障人居环境治理的相关技术得到广泛地宣传推广。

4. 村民参与治理不积极

虽然该乡通过多种方式广泛地向村民群众宣传相关资讯，但从总体上说，村民参与农村人居环境治理的意识不强，参与积极性不高。

一方面，村民缺乏参与农村人居环境治理的意识。村民是农村人居环境协同治理的主力军，也是农村人居环境协同治理改善后的直接受益者。但现实中，蓝田瑶族乡很多村民思想意识还没有转变过来，认为农村人居环境治理"是政府的工作"，仍然抱着"事不关己，高高挂起"的态度，将自己置身于农村人居环境治理之事外，没有主动承担起一定的社会责任，没有主动参与到农村人居环境治理当中。对于"村两委"实施开展的农村人居环境整治工作，有的村民虽然在口头上表示支持，但是在行动上依然是不够的。比如，在实地调研中发现，虽然村干部已经多次提醒村民们要圈养家禽，并且配置了专门的铁网栅栏，但是部分村民还是在自家门前屋后甚至是村口道路散养家禽。这种做法不仅影响他人出行，而且影响村里环境卫生清洁，污染农村空气和水体，甚至存在传播疾病的隐患，对村民健康造成威胁，给村容村貌带来不良影响，与当前加强农村人居环境协同治理、建设美丽乡村的倡导"格格不入"。

另一方面，村民在农村人居环境协同治理的过程中缺位现象明显。蓝田瑶族乡部分村民不愿意让渡个人利益，把自己的土地贡献出来。乡政府想把资金投入更多的农村人居环境基础设施的建设上，但是却缺少可供使用的公共空间。有的村民认为村内的老屋旧房是瑶族的祖屋，有其保留的价值，所以当政府拆除危房旧房时常产生冲突矛盾。还有的村民存在乱搭乱建或是在拆掉的旧房基础上私自新建房屋的行为，与当前农村人居环境治理目标"背道而驰"。在访谈问题"您认为村民是否支持配合危旧房屋建筑的拆除、改造等工作"的回答中，乡政府干部、村干部等认为仅有约53%的村民是支持配合拆除或者改造村内的危旧房屋建筑的，部分村民反对并阻挠村里危旧房屋的拆除。实地调研过程中，也听到蓝田瑶族乡村干部反映"干部在干，群众在看"这种现象，"跟农民打交道，一根针的小事也是大事"（FT-LZT20190917）。[①] 民族乡的村民作为农村人居环境协同治理的重要主体，长期缺位、不积极参与作为导致农村人居环境治

[①] 文中编码为访谈代码。访谈时间2019年9月17日，访谈对象LZT，女，苗族人，蓝田瑶族乡上东村妇女主任。

理工作难以"大展拳脚"。

5. 社会监督效果不理想

在蓝田瑶族乡农村人居环境协同治理的过程中，存在社会监督效果不理想的问题。社会监督效果不理想表现在村民群众和媒体舆论的监督力量不足。蓝田瑶族乡的经济发展与其他城镇相比较为落后，媒体信息传达效率较低，村民群众思想意识较难跟上时代发展，对乡村振兴、生态文明建设等观念的接受程度比较低，搞不清农村人居环境治理具体涉及哪些方面，更不清楚自己在治理过程中的角色定位是什么，因此谈不上对农村人居环境整治工作的监督。蓝田瑶族乡村民和当地媒体对农村人居环境治理监督缺失，大大削弱了农村人居环境整治工作的监督效果。

笔者调研期间发现，蓝田瑶族乡文化广场附近有一座公共厕所，沿着广场旁边的小径走到尽头处，只见翻新改造的公厕与周围的农田荒草格格不入。公厕的外观设计独具当地"农民画"的特色，门口安装着装饰了蓝田瑶族元素的太阳能路灯，公厕旁边是一个污水处理器。从"农村人居硬环境"的角度看，蓝田瑶族乡的确达到了提供公共厕所并且打造具有本民族特色的公共厕所的基本要求，这本是可以借鉴的个案经验。但经笔者观察发现两个问题：一是公厕的位置偏远，没有为当地村民提供便利，使用率很低；二是公厕内部的卫生清洁程度有待提高，清洁维护频次相对较低，后续维护成问题。在与当地村民 TLH 访谈时她说，"我们也知道那个厕所很远，平时都不去用的，不方便，也不知道怎么反映意见上去"（FT-TLH20190915）。① 村民们对农村人居环境整治"到底整治什么"存在疑惑，虽然留意到公共厕所的不便，也担忧其日后的维护管理问题，但是由于他们对农村人居环境治理任务和治理目标等方面知之甚少，所以谈不上向有关部门反馈监督意见，久而久之弱化了社会监督的力量。

（二）协同治理存在问题的原因

1. 职能部门沟通欠佳

在蓝田瑶族乡农村人居环境协同治理的工作过程中，基层政府的职能

---

① 文中编码为访谈代码。访谈时间 2019 年 9 月 15 日，访谈对象 TLH，女，瑶族人，蓝田瑶族乡社前村村民。

部门没能把工作落实到位的原因可以从以下两方面进行分析。

一是纵向层面的沟通欠佳。虽然蓝田瑶族乡在乡党委、乡政府的领导下，成立了农村人居环境整治工作领导指挥部，负责牵头协调其他小组工作。但是，总指挥部与各个整治小组之间通常是以下达工作指令的方式来推进农村人居环境综合整治工作，实际效果并不理想。"下令者"与"执行者"之间缺乏对等的互动交流方式，一来造成下级难以反馈农村人居环境治理过程中遇到的具体问题，二来较难得到上级部门有针对性的建议回应。

二是横向层面的沟通不足。一方面，蓝田瑶族乡政府内部职能部门之间的沟通协调不足。比如，各个农村人居环境整治领导小组，包括环境卫生整治小组、集贸市场整治小组、社会治安整治小组等都具有临时组建的性质，平时小组成员彼此之间工作职责和内容不一样，当组合临时整治工作时，彼此之间的生疏感导致工作上的沟通欠佳，间接影响人居环境协同治理的最终效果。另一方面，民族乡之间、各村委之间的沟通有待加强。具体而言，民族乡各村在建设农村公共设施、整治公共环境卫生、规划村庄建设的过程中，很有可能遇到类似的治理问题，但是却缺少乡级、村级之间的沟通联系，只能单靠自己的力量探索治理办法。事实上，民族乡之间、各村之间的建设有很多值得借鉴交流的地方，需要组织定期的经验分享交流，集合四方之智慧经验，治理一村之人居环境。

2. 筹资用途失衡

在农村人居环境协同治理过程中，各方的利益进行博弈，如果不能得到有效的协调，就容易出现失衡的局面。蓝田瑶族乡筹集资金的用途倾向失衡，难以做到全面覆盖全部村庄以及所有与农村人居环境相关的基础设施建设。

一是筹集资金用途向政策倾斜，即倾向于部分政策支持力度大的村庄建设。蓝田瑶族乡的上东村是省级重点贫困村，自2016年精准扶贫工作开展以来，乡政府和驻村干部积极引导外地企业到本地进行投资时，将农村实体产业开发和人居环境治理相衔接，优先改善贫困村生活条件。相比之下，蓝田瑶族乡其他村庄因为没有得到政府政策的有效引导和支持，缺少社会资本的注入，难以协调各方利益，无法调动各方参与农村人居环境协同治理。比如，红星村、社前村的农村建设治理资金仍然存在较大的缺口，农村人居环境协同治理进度缓慢，受益群众范围局限。

二是筹集资金投放于乡内"显眼处",容易造成农村"政绩工程"的短期效应。蓝田瑶族风情园位于乡政府附近,是集农业开发、休闲旅游、田园社区为一体的生态田园综合体,极具当地民族特色。笔者曾在2018—2019年三次到蓝田瑶族乡进行实地调研,见证蓝田瑶族风情园的重建历程。蓝田瑶族风情园的升级改造为的是"擦亮"蓝田瑶族乡乃至县的名片,借助民族文化来吸引旅游,不仅能拉动当地经济发展,带动当地村民就地就业创业,而且能间接改善当地人居环境。2019年9月调研期间得知,蓝田瑶族风情园改造工程由政府投资8亿元,一期投资3亿元,于2019年年底完工,建成了瑶族文化小广场、观光农业种植区、风情步行街等片区。二期将投资5亿元,预期2021年完成瑶族文化舞台、生态农场、温泉疗养区、森林绿道休闲区等项目。但是,如访谈对象村民所言,"风情园现在是搞得挺好的,就怕到时政府没钱投入了,这些建设又荒废掉了"(FT-LDS20190912)。[1] 尽管目前蓝田瑶族乡的公共基础建设得到了政府的大力投资,但是后续维护工作成了当前和未来一段时间的问题。

3. 环境科技合作乏力

蓝田瑶族乡农村人居环境协同治理的科技水平整体不高,在环境科技的创新研发和普及应用的层面合作不到位。

一是农村人居环境科技在创新方面的合作乏力。以生活垃圾处理为例,蓝田瑶族乡农村生活垃圾处理是由县政府统筹,由环境卫生管理局、城乡管理和综合执法局等部门联合管理,主要采取"户分类、组保洁、村收集、镇清运、县处理"的城乡生活垃圾无缝对接一体化处理模式(参见图12-4)。蓝田瑶族乡全乡建有51个农村生活垃圾屋,94个生活垃圾收集点,乡内配备一辆大型垃圾转运车,一台小型转运车,400多个分类垃圾桶,5名专业清运人员,各村民小组聘请82名专职环卫保洁员。[2] 当中存在两方面的问题。一方面,村内生活垃圾分类屋没有根据民族乡的实际情况(比如生活垃圾量、垃圾桶与村民家的距离等)设计,形同虚设,无法达到"户分类"的效果。另一方面,农村产生的生活垃圾量远少于城市,加上蓝田瑶族乡垃圾压缩转运站的数量严重不足,生活

---

[1] 文中编码为访谈代码。访谈时间2019年9月12日,访谈对象LDS,男,瑶族人,是蓝田瑶族乡新星村村民。

[2] 根据课题组成员2019年5月7日到蓝田瑶族乡实地调研所得资料整理。

垃圾在"镇清运"过程中容易造成二次污染，影响村民居住的环境和生活质量。可见，蓝田瑶族乡农村生活垃圾处理各环节之间的技术合作略显不足。民族乡这种生活垃圾处理模式体现了"一刀切"治理的惯性，没有遵循因地制宜的原则。可以说，蓝田瑶族乡的生活垃圾治理的科技水平与生活垃圾日益快速的增长量不匹配，与群众对美好生活的期盼还有较大的差距，亟需提高相关的环境科技合作应用水平。

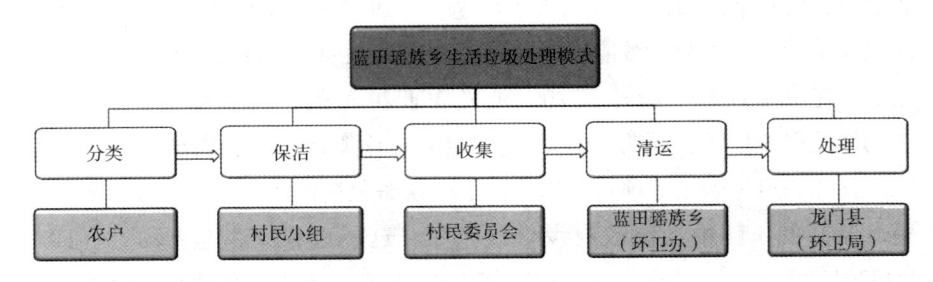

```
              蓝田瑶族乡生活垃圾处理模式
    ┌──────┬──────┬──────┬──────┬──────┐
    分类    保洁    收集    清运    处理
    农户   村民小组 村民委员会 蓝田瑶族乡 龙门县
                              （环卫办） （环卫局）
```

图 12-4　蓝田瑶族乡生活垃圾处理模式图

二是农村人居环境科技在普及方面的合作不足。当前蓝田瑶族乡农村人居环境科技普及的速度较为缓慢，缺乏具有前瞻性的合作普及方式。一方面，环境科技相关主体没有进行良好的沟通合作普及现有技术。缺乏多方合作的科普载体以有效宣传环境保护科学，比如，没有利用好民族乡的农家书屋、流动科技馆等进行环境技术科普教育等。另一方面，较少环境科技公司合作普及新型技术。环境治理的相关技术互相竞争专利权，没有形成良好的合作关系，更谈不上联手合作开展新型科技的普及工作了。类似地，与农村人居环境科技相关的商标权、著作权没有得到重视。

4. 村民治理认知偏差

蓝田瑶族乡的村民普遍对农村人居环境治理的作用认识不足，没有积极主动参与其中。分析其原因是许多村民缺乏长远的目光，无法认识到国家或政府治理农村人居环境的深远意义。

一方面，留守村民对农村人居环境协同治理的认识存在偏差。由于年龄、身份、社会阅历的差异导致村民对农村人居环境协同治理的认知出现一定的偏差。蓝田瑶族乡的农村和其他地区的农村具有共性，就是农村"空心化"。农村"空心化"意味着村里很多村民是留守老人、妇女或是留守儿童，这部分人群对农村人居环境协同治理的理解相当有限，他们难以认识到农村人居环境协同治理的成果带来的好处，比如农村人居环境的改善可以全面提升整个村庄的村容村貌，从而吸引外地商人来本地投资，发展民族特色旅游业或者生态农业产业，进而优化当地的经济收入结构，拉动经济发展，带来更多就近就业的岗位，提供更多机会给中青年回乡工作，进一步化解农村"空心化"的局面，实现真正的乡村振兴。

另一方面，学校对农村人居环境协同治理的教育不到位。学校是教书育人的启蒙之地，老师不仅承担着教授知识的基本责任，还承担着传授积极观念、思想的重要责任。生态文明是社会文明发展的自然前提，生态文明建设是关乎人民福祉、关乎民族未来的长远大计。然而，在实地走访过程中，发现蓝田瑶族乡的民族小学、中学和职业院校并没有针对农村人居环境治理相关知识开展充分的宣传教育，比如生活垃圾分类回收知识普及教育，间接造成当地的家长和学生群体缺乏长远的人居环境发展思维，以致参与农村人居环境整治的意识淡薄。

5. 社会监督体系不全

蓝田瑶族乡在农村人居环境协同治理的过程中，存在社会监督效果不理想的问题，其深层的原因是该乡农村人居环境协同治理的社会监督体系不健全，主要表现于村民自身、新闻媒体以及社会组织等没有形成有效的社会监督体系。

一是村民自身对农村人居环境协同治理的监督不足。蓝田瑶族乡的村民本身是农村人居环境协同治理的原生动力，但是在农村人居环境协同治理工作的推进中，村民还是被动地接受政府的工作安排，没有主动关注和监督人居环境治理工作的进度。蓝田瑶族乡的乡贤、在外经商的企业家也是农村人居环境协同治理的重要主体，但是他们也没有充分地发挥对家乡农村人居环境协同治理的监督作用，没有主动监督治理过程中出现的问题，没有与乡政府形成良性互动。

二是新闻媒体的监督不足。民族乡经济发展相对城镇较为落后，传统的新闻媒体传播信息显现低效率，因此监督力度相对不够。除了传统的广播、电视、报纸监督以外，还要加强新媒体的监督，如通过微信公众号、头条号、微博账号等网络平台时刻地关注农村人居环境协同治理的实效情况。当然，新媒体的监督要依法依规、符合常理，对不恰当的舆论也要进行有效监控和约束。

三是社会组织的监督不足。在农村人居环境协同治理过程中，社会组织的监督是使农村人居环境协同治理更上一个台阶的激励因素，关系各主体之间的协调程度是否顺畅，关系农村人居环境协同治理是否高效。但是在蓝田瑶族乡内，缺少社会组织参与农村人居环境治理的监督。例如，蓝田瑶族乡建立的卫生清洁管理制度《蓝田乡"美丽乡村、清洁先行"包干责任制》存在干部和村民整体的专业素质不高导致制度执行力度低下的问题，但是由于缺乏相关的社会组织对制度的监督，制度存在的问题就容易被忽略。民族乡农村人居环境协同治理离不开周边地区的社会组织的监督，比如环保组织对本乡生活污水排放的监督，但是蓝田瑶族乡没有重视周边地区社会组织的监督作用。

七 优化民族乡农村人居环境协同治理对策

（一）强化职能部门沟通

从蓝田瑶族乡实地调研反映出来的问题及其深层原因分析可以得知，民族乡农村人居环境协同治理是一个持续的过程，乡政府、村委会等是农村人居环境整治工作开展的基本保障。要在纵向和横向层面加强沟通协作，将民族乡农村人居环境整治工作落实到位。

1. 加强纵向沟通协作

县乡政府是农村人居环境协同治理的主导者，在治理过程中，应厘清县乡各自的权责义务，在合法的基础上制定好政策并加以执行和维护。必要时，民族乡可以在乡内设置专门负责农村人居环境治理工作的职能部门，与县级政府农业农村局、环卫局、住房和城乡建设局等部门对接相关政策、具体工作，尤其要关注农村人居环境应急管理，以应对重大突发环境事件。专设农村人居环境治理职能部门有助于将部门职责明晰化，专设部门负责牵头乡政府其他职能部门协同开展人居环境整治工作，并负责向县相关职能部门及时汇报情况，加强信息沟通，寻求上级部门的指导和帮助。农村人居环境协同治理不是通过简单的纵向分级负责就能直接实现的，而是需要在明晰各层级部门权责基础上，建立上下良好协作的关系，充分沟通，形成分级负责而又充分合作的局面才有可能实现。可以专门开设农村人居环境培训课程，提高县乡政府职能部门干部的专业素养，培养他们对农村人居环境协同治理的责任感以及协同治理的合作意识，从而把工作落实到位，避免"形式主义"。

2. 加强横向沟通协作

一是加强民族乡乡级层面的沟通协作。只有职能部门之间充分协调，达成基本共识，发挥服务的积极性和主动性，才能实现农村人居环境的长效治理，向乡村生态振兴迈进一步。例如，农业办公室在承担全乡种植业、畜牧水产、水利、林业等管理职责的同时，也要加强与其他部门的密切合作交流。这不仅能保障对农村人居环境进行持续有效的治理，而且能够提升民族乡政府各职能部门的协作水平和治理能力，在今后农村遇到突发环境事件时也有一定的应对能力。在协同治理的框架下，逐渐使农村人居环境协同治理形成共建共治共享的农村社会治理格局。

二是加强民族乡村级层面的沟通协作。村委会是自我管理、自我服务和自我教育的基层群众性自治组织，也是农村人居环境协同治理的管理者，在农村人居环境协同治理工作的实际推进过程中，村委会被村民赋予了更多的管理权，也承担了更多的职责，村委会的工作涉及面广，可以说是村内大小事务的直接管理者。充分的沟通是农村人居环境建设工作落实到位的前提，要提高村党委、村委会与村民小组之间的沟通协商能力。例如，在村容村貌的打造建设方面，蓝田瑶族乡社前村"瑶民新居"项目的经验，可以在村与村之间多加交流，互相借鉴村庄规划建设的工作经验。

（二）平衡资金用途倾向

根据蓝田瑶族乡实地调研反映出来的筹资用途普惠性不高的问题及其筹资用途倾向失衡的原因可以看出，民族乡改善农村人居环境的资金在经过多方利益博弈之后才筹集起来，因此要合理地平衡资金的用途倾向，争取把筹集到的资金覆盖全乡所有村庄来同步开展人居环境协同治理工作，争取把资金落到实处。

1. 争取治理资金全覆盖

民族乡要整合农村人居环境治理相关项目所筹集的资金，要平衡资金用途的倾向。不仅要通过财政转移支付、专项资金支付等多种渠道得到农村人居环境治理项目支持资金，而且要结合本民族乡的整治工作开展情况，争取多从市、县级财政获得奖励补贴资金。灵活运用政府采购的方式，做好农村生活垃圾处理、污水处理、道路美化等项目的采购，提高采购效率，充分发挥集中采购的规模效应，从而解决农村人居环境相关项目存在的采购程序复杂、效率低下的问题，确保民族乡农村人居环境治理各项目顺利实施。关键是要平衡使用所筹集到的资金，不能因为政策倾斜的原因而偏袒部分村庄的建设，要争取让民族乡每个片区都能得到资金，同步开展人居环境整治工作，统筹激活村庄的活力，全面助力乡村振兴。

2. 将治理资金落到实处

要把筹集到的资金落实到农村人居环境的基础设施建设中去，避免出现"政绩工程"的短期效应。农村人居环境治理筹资渠道较少、筹资过程较难，毕竟政府投入的资金有限，社会资本投入建设的动力不足。农村人居环境治理具有公共性和公益性，如果无法达到有"利"可图的目标，追求经济利润的企业一般是不愿意把资金投入农村人居环境治理项目中的。社会资本是民族乡人居环境协同治理可持续的重要变量，社会资本的投入能够盘活农村人居环境整治工作开展所需资金、加快农村人居环境协同治理进度。所以社会资本的投入需要政府适当引导和协调。从蓝田瑶族乡农村人居环境协同治理实践中可以借鉴的经验是，借助本民族传统文化的影响力，积极吸引社会资本参与投资民族乡的农村产业发展，从而推动农村人居环境协同治理，撬动更多的社会资本回流农村，形成良性循环，使农村治理走出治理资金短缺的困境。

用于改善农村人居环境的资金经过多方利益博弈之后才筹集到，因此要争取把筹集到的资金落实到农村人居环境的基础设施建设中去。不仅要把资金用到公共基础设施建设中去，更要用到参与治理的人员、技术和服务的提升当中。为了避免类似上述蓝田瑶族风情园所存在的前期投资力度大，后续治理不可持续的问题，建议引入 PPP（Public-Private Partnership）模式，即政府和社会资本合作，营造开放透明的农村公共项目投资环境来吸引更多社会资本进入，以商业化运营带来收益的模式激励农村人居环境治理项目的后续治理。

（三）促进环境科技合作

结合蓝田瑶族乡实地调研情况反映出来的环境科技保障不充分的问题及其原因可以看出，民族乡农村人居环境协同治理问题所需的科技不仅要依靠国家政府推动合作创新与普及，也要广泛地得到民间力量在科技层面的合作支持，要以强大的环境科技支撑农村人居环境治理。

1. 推动环境科技创新普及合作

一是促进环保科技在创新方面的合作。科技改变着人们的生活，是社会未来发展的趋势。把先进的技术应用到民族乡农村人居环境治理当中，功在当代，利在千秋。考虑到民族乡农村地域地理位置相较县城偏远，其产生的垃圾多为畜禽粪便、作物废料等可降解利用的生活垃圾，应该多方协作创新，打破固有的城乡垃圾一体化处理模式，因地制宜配给相应的垃圾处理技术设施，让民族乡的人居环境协同治理得到基本的环境技术保障，如能在民族乡当地处理的就在当地处理，避免或减少垃圾收集和运输途中产生二次污染。科技创新的合作必须针对本地的气候特点，如在广东的民族乡，夏季高温湿热，生活垃圾容易腐坏发臭，垃圾处理技术应用需要在密封性能上体现创新。

二是促进环境科技在普及方面的合作。当前农村环境新问题多发，急需新技术不断迭代来解决问题。鼓励环境科技公司合作普及现有技术。现有的技术需要得到进一步的推广普及，特别是让不同环节的相关环境治理技术通过紧密合作，研发出更适合民族乡农村地区的技术水平。例如，农村无害化厕所建立所涉及的技术要和厕所粪污处理的技术相互沟通、相互合作，使农村改厕的进展更加顺利。鼓励环境科技公司合作普及新型技术。在民族乡进一步普及新研发的技术，可以利用农村网格化管理平台，充分掌握农村人居环境协同治理需要重点监控的技术环节。要充分利用好民族乡的农家书屋、流动科技馆等进行环境技术科普教育等。例如，针对公共厕所粪污收集、储存、运输、处理和还田利用等全链条循环关键技术开展科普教育。

2. 协同保护环境科技知识产权

民族乡农村人居环境协同治理科技基础薄弱，需要各方推动环境新科技的合作研发与应用，更需要各方协作保护知识产权来持续支持相关的产品和服务。要保护农村人居环境协同治理过程中涉及科技的知识产权，同时依法合理使用，否则影响农村人居环境三年以来来之不易的治理成果。

一是协同保护环境技术专利权。鼓励和支持企事业单位、高等学校和科研机构等开展多形式、多渠道的合作，共同研发与农村人居环境治理相关的专利技术并且应用于民族乡农村人居环境治理领域。重视农村人居环境协同治理过程中涉及的专利保护，如生活污水处理的工艺、人工湿地、设备等方面的专利权。鼓励和支持人居环境科技型小微企业进行人居环境治理相关科技的合作研发，提高研发速度。相关成果研发之后，也要提醒企业及时申请环保专利，以免直接将环境技术投入市场后，产生专利纠纷，从而打击环境科技行业研发的积极性。

二是协同保护环境科技商标权和著作权。需要重视农村人居环境协同治理过程中涉及的商标权和著作权。要增强农村人居环境治理相关科技公司的商标权意识，加强其商标权保护。例如，农村固体废弃物处理技术、新型污水处理技术、环境产品生产技术等的商标权。设法保护这些致力于农村人居环境治理的相关科技研发公司的商标权，共同保护农村人居环境治理相关科技的著作权，如《农村改厕技术指导手册》的著作权，避免人居环境科技相关著作产生纠纷。

（四）提高村民治理意识

结合蓝田瑶族乡农村人居环境协同治理的情况可知，村民是农村人居环境协同治理的主力军，也是农村人居环境改善后的直接受益者。上述村民参与治理不积极的问题成因主要是村民对农村人居环境协同治理存在认知偏差。因此，要逐步形成农村社会共同推进人居环境治理宣传工作的良好格局，加大政府主动宣传力度的同时也要激活民间自发教育力量，通过多渠道的宣传教育深化村民的治理认知和意识。

1. 加大政府主动宣传力度

要加大政府主动宣传的力度，鼓励民族乡本地医院、卫生站、防疫站等单位普及人居环境卫生的知识，鼓励民族乡中小学、幼儿园等单位加大农村人居环境协同治理的宣传教育工作。

第一，继续加强民族乡政府主动宣传教育的力度，培养村民参与农村人居环境协同治理的意识。针对部分村民对农村人居环境协同治理存在的认知偏差问题，要适当开展有针对性的宣传教育工作，加强政府主动宣传教育的力度。对于农村人居环境治理的重要意义、政策措施等，要结合民族乡的特色、用村民喜闻乐见的方式加大宣传力度。除了依靠村内广播、张贴标语、悬挂横幅、派发倡议书等方式，还要利用新媒体的优势如微信群、短视频等广而告之。

第二，鼓励民族乡本地医院、卫生站、防疫站等单位普及人居环境卫生的知识。例如，结合民族乡特色和实际情况，开展小型环境卫生宣讲会，引导村民转变观念，提高环境卫生安全意识，保持村容整洁。引导当地村民自觉参与农村人居环境整治工作，逐步改变村民对农村人居环境治理的认知偏差。

第三，鼓励民族乡中小学、幼儿园等通过适合不同年龄段学生的方式，加大农村人居环境协同治理的宣传教育工作。比如定期举办民族特色乡村设计大赛、生活垃圾分类知识竞赛、舞台剧表演等与人居环境相关的活动。当然，要注意结合民族乡的当地特色，因地制宜地开展宣传工作。

2. 激活民间自发教育力量

要激活民间自发教育的力量，鼓励企业与员工加强自我教育，鼓励学校与家庭加强合作沟通，鼓励乡贤与村民增进互动联系。

第一，鼓励企业与员工加强自我教育。鼓励环境治理相关企业如污水处理厂、垃圾处理厂等进行自我教育，不断强化员工干部的环保意识、卫生意识、文明意识和自律意识。同时鼓励展开公益性的大众普及教育，提高民族乡广大村民对农村人居环境协同治理的正确认知，对村民形成潜移默化的教育作用。

第二，鼓励学校与家庭加强合作沟通。把孩子作为重点宣传教育对象，让学生从小形成爱护居住环境、建设美好家乡的意识。例如，在生活垃圾分类回收处理的问题上，要以通俗易懂的方式向孩子们展示农村生活垃圾分类的重要性、生活垃圾应该如何分类等方面的内容。教育他们养成垃圾分类回收的好习惯，并且借助他们的力量，不断把这种垃圾分类回收的意识传达给家人，通过长期宣传教育逐渐强化村民的生活垃圾分类意识。

第三，鼓励乡贤与村民增进互动联系。鼓励民族乡的能人贤者通过村规民约的制定和落实转变村民的治理心态。从本民族的民风民俗和文化底蕴出发，把打造宜居环境、建设美好乡村的理念纳入村规民约里，对村民的不良环境卫生清洁习惯产生教育作用与约束力，从而转变村民参与农村人居环境治理的心态，让村民从内心真正认同人居环境协同治理的深远意义、产生对乡村振兴的美好期盼，营造良好的共建、共享、共治宜居环境的社会风气。

（五）完善社会监督体系

针对蓝田瑶族乡农村人居环境治理过程中存在社会监督效果不理想的问题，分析得知其原因主要是社会监督体系不健全。因此，要增强民族乡内、外各方的社会监督力度，完善民族乡农村人居环境协同治理的社会监督体系。

1. 增强个人监督力度

一是增强民族乡村民的监督力度。民族乡的村民如果发现农村人居环境协同治理过程中的问题,要主动、及时地向有关部门反映情况,或对个别行为进行投诉举报。可以尝试将村民对农村人居环境整治工作的监督行为与经济利益关联,设立农村人居环境治理监督奖,对于有效的举报、有益的建议、可推广的治理经验给予一定的奖励,不断提高村民作为民族乡"主人翁"的意识。另外,从民族乡农村"走出去"的企业家、乡贤们往往对家乡怀有乡土情怀,也具备比较丰富的在外经商、工作等经验,因此可以鼓励和引导他们回乡为家乡的振兴贡献绵薄之力,为农村人居环境协同治理带来更多动力,特别是要形成一股强有力的监督力量。

二是增强民族乡以外的个人监督力度。一方面是专家学者形成的监督。对有关民族乡农村人居环境协同治理研究感兴趣的专家学者很自然地会关注民族乡在这方面的措施,形成外部监督的"声音",有助于督促民族乡农村人居环境协同治理相关工作的推进和落实。因此,要进一步加强专家学者的监督力度。另一方面是利益相关者的监督。利益相关者,比如民族乡周边交界地区的个人,因为其受到该乡农村人居环境协同治理的成效或对自身利益的影响,所以对待该乡农村人居环境协同治理的态度十分积极,无形中形成了一种监督力量,有机地成为了农村人居环境协同治理社会监督体系的一部分。

2. 发挥新闻媒体监督作用

一是发挥传统新闻媒体的监督作用。广播、电视、报纸作为传统新闻媒体,在蓝田瑶族乡的农村仍有相当一部分的客户群体。以电视为例,虽然现在是移动终端的时代,但是电视在农村家庭里仍然是茶余饭后谈论资讯的主要来源。因此,传统媒体要在原来的工作基调上,更加关注民族乡农村人居环境协同治理的相关举措,积极发挥对民族乡农村人居环境协同治理的监督作用。

二是发挥新媒体的监督作用。民族乡经济发展相对城镇比较落后,传统的新闻媒体传播信息显现低效率。相反的,新媒体可以充分借助互联网时代的优势,时刻关注农村人居环境协同治理的实效情况,并通过微信公众号、头条号、微博、抖音等网络社交平台进行互动。新媒体不仅能及时向村民传达基层职能部门的工作动态,也能及时向相关部门表达村民的意见和诉求,形成有效的外部监督力量。当然,要鼓励新媒体营造良好的舆论氛围，对不恰当的舆论也要进行有效监控和约束。

3. 重视社会组织监督力量

一是重视民族乡社会组织的监督力量。例如，加强农村人居环境协会的监督力度。在有必要的情况下，民族乡可以根据自身的情况，依法成立农村人居环境协会，关注全国民族地区有关农村人居环境协同治理的经验，定期到民族乡各村与村民进行分享交流，总结本地农村人居环境协同治理的成功做法。如可以分享蓝田瑶族乡 JZ 蓝田集团控股有限公司的项目投资经验，即在上东村投资建成了上东生态果园，一边依靠生态果园获取收益，另一边带动该村其他涉及农村人居环境的工作落地。协会在经验总结和实践考察中，特别要加强对农村人居环境应急管理的监督以提高民族乡应对突发环境事件的能力，逐渐形成良好的人居环境社会监督氛围。

二是重视民族乡周边地区社会组织的监督力量。农村人居环境的协同治理不仅仅是某一个民族乡内部孤立的治理，还需要与周边的乡镇进行或深或浅的协同治理，开展乡与乡的互动交流。因此，在乡镇彼此之间的沟通交流中，其中一个乡镇的社会组织承担了另一个乡镇在农村人居环境协同治理过程中"监督员"的角色。这种来自民族乡周边地区社会组织的监督压力，有助于提高民族乡农村人民环境治理的绩效。

（作者：曾晓昀、黎海怡）

第十三章 乡村振兴与民族地区农村"空心化"治理

"三农"问题是关系国计民生的根本性问题。如何解决好"三农"问题,乃是全党工作的重中之重。党的十九大报告提出了乡村振兴战略,并指出,"要坚持农业农村优先发展,按照产业兴旺、生态宜居、乡风文明、治理有效、生活富裕的总要求,建立健全城乡融合发展体制机制和政策体系,加快推进农业农村现代化"。这就意味着,乡村振兴本质上是乡村社会结构的现代化过程。改革开放以来,工业化、城镇化和市场化的快速发展带来经济社会结构的巨大变化,农村出现了较为典型的"空心化"现象。很显然,民族地区农村"空心化"是工业化、城镇化和市场化共同作用的产物。本质上看,民族地区农村"空心化"是农村建设主体"脱域"的社会现象。农村建设主体的"脱域"必然制约农业农村现代化的顺利推进,因而,也就制约着乡村社会结构现代化的顺利推进。可见,民族地区农村"空心化"已成为顺利推进乡村振兴战略的一大现实难题。要顺利推进乡村振兴战略,就必须将民族地区农村"空心化"治理提上议事日程。

一 研究现状

20世纪90年代以来,伴随我国快速城镇化引发大量农村人口向城市流动现象的出现,学术界开始关注农村"空心化"问题①。目前,学界的研究主要集中于农村"空心化"的内涵界定、形成机制、引发问题、治理途径等四个方面。在内涵界定方面,学者以不同视角审视农村"空心化",主要表现为三个方面。一是地理空间视角,认为农村"空心化"体

---

① 崔卫国等:《中国重点农区农村空心化的特征、机制与调控》,《资源科学》2011年第11期。

现为传统村落地理空间格局的重大改变。比如，刘彦随认为，农村"空心化"是由于农村人口非农化引起的"人走屋空"，以及宅基地普遍"建新不拆旧"，新建住宅逐渐向外围扩展，导致村庄用地规模扩大、闲置废弃加剧的一种"外扩内空"的不良演化过程。① 二是人口学视角，认为农村"空心化"是农村青壮年劳动力大量外流，导致农村人口结构发生重大变化（青壮年离开，妇女、儿童和老人留守）的现象。比如，林孟清认为，农村"空心化"是农村人才大量流失，导致农业、农村地区的工副业、文教科研和卫生部门的人才出现严重空缺的现象。② 三是综合视角，认为农村"空心化"是农村各方面发展出现退步的现象。比如，戴伩峥认为，农村"空心化"是农村的各项事业出现停滞甚至萎缩的现象，既体现为土地、人口、地理等硬环境的"空心化"，又体现为农村组织、传统文化等软环境的"空心化"。③ 在形成机制方面，学者认为农村"空心化"是农民追求现代化生活思想观念④、农村产业发展落后⑤、城乡制度二元结构⑥、自然资源匮乏⑦等因素共同作用的结果；在引发问题方面，学者认为农村"空心化"改变了传统村落共同体的"人—地"关系格局，造成农村经济停滞不前⑧、社会面临信任危机⑨、文化传承面临断层⑩、基

---

① 刘彦随、刘玉等：《中国农村空心化的地理学研究与整治实践》，《地理学报》2009年第10期。

② 林孟清：《推动乡村建设运动：治理农村空心化的正确选择》，《中国特色社会主义研究》2010年第5期。

③ 戴伩峥等：《新型城镇化背景下农村空心化的治理》，《南昌大学学报》（人文社会科学版）2015年第10期。

④ 冉光和、张林等：《城乡统筹进程中农村空心化形成机理、现状与治理》，《农村经济》2014年第5期。

⑤ 孙晓鹏、刘皆谊：《生态文明视域下农村空心化现状与发展对策》，《农业经济》2016年第10期。

⑥ 钟震颖：《空心村问题的形成机制及其治理对策——基于农村劳动力转移的视角》，《武汉理工大学学报》（社会科学版）2015年第7期。

⑦ 王国刚、刘彦随等：《中国农村空心化演进机理与调控策略》，《农业现代化研究》2015年第1期。

⑧ 林孟清：《推动乡村建设运动：治理农村空心化的正确选择》，《中国特色社会主义研究》2010年第5期。

⑨ 王伟勤：《西部地区农村空心化风险及其治理探析》，《西北大学学报》（哲学社会科学版）2014年第5期。

⑩ 苏芳、尚海洋：《农村空心化引发的新问题与调控策略》，《甘肃社会科学》2016年第3期。

层政治面临公共权威丧失①等多方面的问题；在治理途径方面，刘永飞②、钟震颖③、伊庆山④、戴仪峥⑤等学者分别从产城互融、农村劳动力转移、新型农村社区建设、新型城镇化等视角进行了探讨。

国内外学者关于乡村振兴的关注缘于党的十九大报告做出的乡村振兴战略部署。当前，学术界主要围绕乡村振兴战略的意义、内涵、途径等问题展开探讨。有学者认为，乡村振兴战略的提出既是对国内乡村建设运动的批判性继承与发扬，也是新时代背景下中国共产党关于农业、农村、农民发展的最新战略布局与要求。⑥ 乡村振兴战略是党中央新时代"三农"工作的新战略、新部署、新要求，其核心是"战略"，关键是"振兴"，靶向是"乡村"⑦，它是党的十六届五中全会提出的新农村建设"生产发展、生活宽裕、乡风文明、村容整洁、管理民主"总要求的升级版。⑧ 关于乡村振兴的实现途径，学术界基于阶层重构⑨、主体培育和重构⑩、乡村治理结构优化⑪、

---

① 陈浩天：《乡村"空心化"治理：样态扫描与政府服务》，《理论月刊》2013年第7期。
② 刘永飞、徐孝昶：《断裂与重构：农村的"空心化"到"产业化"》，《南京农业大学学报》（社会科学版）2014年第3期。
③ 钟震颖：《空心村问题的形成机制及其治理对策——基于农村劳动力转移的视角》，《武汉理工大学学报》（社会科学版）2015年第7期。
④ 伊庆山、施国庆：《农业型村庄的空心化问题及新型农村社区建设》，《西北农林科技大学学报》（社会科学版）2014年第6期。
⑤ 戴仪峥：《新型城镇化背景下农村空心化的治理》，《南昌大学学报》（人文社会科学版）2015年第10期。
⑥ 邢成举、罗重谱：《乡村振兴：历史源流、当下讨论与实施路径——基于相关文献的综述》，《北京工业大学学报》（社会科学版）2018年第5期。
⑦ 廖彩荣、陈美球：《乡村振兴战略的理论逻辑、科学内涵与实现路径》，《农林经济管理学报》2017年第6期。
⑧ 叶兴庆：《新时代中国乡村振兴战略论纲》，《改革》2018年第1期。
⑨ 梁栋：《土地流转、阶层重构与乡村振兴政策优化》，《华南农业大学学报》（社会科学版）2018年第5期。
⑩ 徐顽强、王文彬：《乡村振兴的主体自觉培育：一个尝试性分析框架》，《改革》2018年第8期；吴重庆、张慧鹏：《以农民组织化重建乡村主体性：新时代乡村振兴的基础》，《中国农业大学学报》（社会科学版）2018年第3期。
⑪ 吴重庆、张慧鹏：《以农民组织化重建乡村主体性：新时代乡村振兴的基础》，《中国农业大学学报》（社会科学版）2018年第3期。

产业融合①②、"新三农化"③ 等不同视角进行了深入探讨，纷纷为乡村振兴战略的实施出谋划策。

由以上分析可知，学术界对农村"空心化"与乡村振兴的关注较多，且已经取得了一定的成果，然而，现有研究仍然存在不足之处。其一，极少有人关注乡村振兴与农村"空心化"治理之间的关系。当前，乡村振兴已成为国家发展战略。毫无疑问，农村"空心化"给乡村振兴战略的实施带来了难题，因此，要实施乡村振兴战略，就必须加强农村"空心化"治理。基于此，探讨乡村振兴与农村"空心化"治理之间的关系具有重要的现实意义。其二，极少有人立足于城乡分割和城乡融合视角探讨农村"空心化"问题。事实上，城乡分割是造成农村"空心化"的根本原因，要治理农村"空心化"，就要消除城乡分割。而以城乡融合为目标的乡村振兴战略无疑是消除城乡分割的一剂良药，也是农村"空心化"治理的关键所在。其三，专门研究民族地区农村"空心化"治理问题的成果较少。民族地区经济发展总体落后，其乡村振兴任务更为艰巨，而民族地区外出务工人员多，民族地区农村"空心化"程度大，对乡村振兴的制约更大，因此，关注民族地区农村"空心化"治理问题具有时代意义。基于以上分析，笔者认为，立足于乡村振兴的时代背景，从城乡融合视角探讨民族地区农村"空心化"的治理问题，是一个值得开拓的重要领域。

二 民族地区农村"空心化"：乡村振兴的现实难题

结合学界的研究成果，笔者认为，民族地区农村"空心化"是指在工业化、城镇化和市场化三股力量的共同推动下，民族地区农村社会出现的大量人口外流、产业发展滞后、村庄布局失衡、传统文化面临断裂等不

---

① 王晓毅：《完善乡村治理结构，实现乡村振兴战略》，《中国农业大学学报》（社会科学版）2018年第3期。

② 陆益龙：《乡村振兴中的农业农村现代化问题》，《中国农业大学学报》（社会科学版）2018年第3期。

③ 彭兆荣：《论乡村振兴战略中的"新三农化"》，《北方民族大学学报》（哲学社会科学版）2018年第3期。

良社会现象的演变过程。农村"空心化"对民族地区农村社会经济结构造成了全方位的影响,具有多种外在表征,其中,人口"空心化"、产业"空心化"、地理"空心化"、文化"空心化"是最为重要的外在表征。显然,以"四化"为特征的民族地区农村"空心化"使得乡村缺乏生机和活力,加剧了乡村的凋敝和衰败,成为实施乡村振兴战略的重要现实难题。

1. 民族地区农村"空心化"加剧了人力资源流失,导致乡村振兴主体缺失。乡村振兴能否取得成功,人是极为重要的因素,尤其是村民。村民既是乡村振兴的受益者,又是乡村振兴的主要参与者。只有发挥村民的主体作用,乡村振兴战略的实施才能获得源源不断的智力支持,充分满足乡村振兴的人力资源需求。然而,民族地区农村人口外流严重,人口结构失衡,乡村主体性缺乏问题突出,尤其是大量乡村精英流失加剧了乡村发展中的人才匮乏问题,导致乡村振兴因为人才瓶颈而变得举步维艰。可以说,民族地区农村"空心化"给乡村振兴带来了人力资源缺乏的严重挑战,只有吸收大量懂技术、会经营、会管理的新型农民及高素质知识分子回村或下乡,切实解决乡村振兴面临的主体缺失问题,乡村振兴才能获得成功。

2. 民族地区农村"空心化"弱化了基层组织权威,导致乡村振兴缺乏组织保障。村党支部、村委会等基层组织是乡村振兴的重要推动者,乡村振兴能否顺利推进,基层组织起着至关重要的作用,然而,民族地区农村"空心化"问题削弱了基层组织的作用。农村党支部是乡村振兴的"主心骨",发挥着领导、组织、动员等作用。由于农村精英流失,以及部分精英的离心倾向[1]等原因,农村党支部缺乏高素质党员,最终使其无法在乡村振兴中发挥战斗堡垒和先锋模范作用,无法扎实推进乡村振兴各项工作并取得成效。村委会作为村民自治组织,是乡村振兴的主导者,发挥着整合资源、组织实施、动员群众等作用。农村人口流失、人口结构失衡使得村委会选举面临后继乏人的困境,而且青壮年男人长期在外,导致村委会的号召应者甚少,久而久之,村委会的权威势必弱化。此外,产业"空心化"、人口流失对农民成立能够代表自身利益诉求的经济合作社和

---

[1] 朱启臻:《乡村振兴背景下的乡村产业——产业兴旺的一种社会学解释》,《中国农业大学学报》(社会科学版) 2018 年第 3 期。

民间组织也极为不利，或者即使组织成立了，其作用也难以充分发挥。

3. 民族地区农村"空心化"削弱了乡村经济基础，导致乡村振兴面临资金压力。乡村振兴是农村的全方位振兴，涉及面广，资金需求量大，若不具备雄厚的财力作为基础，乡村振兴将难以取得突破。民族地区农村"空心化"的现实情况严重削弱了乡村的经济基础，使乡村振兴面临严重的资金缺口。一方面，农村产业空心不仅使传统种养殖产业无法正常发展，而且产业链的破坏通过传导机制，会影响农村各行各业的繁荣发展，最终造成农村经济发展缺乏产业支撑而变得乏力甚至停滞不前。另一方面，在农村，由于缺乏规划而任意建房造成土地资源浪费，"内空外张"格局等问题增加了乡村规划、基础设施建设、环境治理等方面的成本，从而给乡村振兴带来了更为严重的资金压力。

三 城乡分割：民族地区农村"空心化"的根源

民族地区农村"空心化"阻碍了乡村振兴的顺利推进，因此，要大力实施乡村振兴战略，就必须加强民族地区农村"空心化"治理。笔者认为，造成民族地区农村"空心化"的根本原因在于城乡分割导致的城乡之间在就业收入、社会制度、生活条件、文化认知度等方面的巨大差距。

（一）经济因素：城乡就业收入差别化

农民外出务工是造成民族地区农村"空心化"的直接原因，而城乡之间就业收入的差别无疑是农民外出务工的重要推力。民族地区大多地处山区，耕地资源少，人多地少的矛盾较为突出，农民文化程度较低，农业生产技术普遍不高，机械化生产程度低，劳动效率低等因素加剧了农业生产成本，使得依靠传统种养殖业难以脱贫致富。而城市往往产业较为发达，就业机会多，在城市就业，工资收入远高于农业收入且有保证。笔者在广东省惠州市蓝田瑶族乡调查时，不少农民反映，在外务工一般平均月工资3000元以上，而在家务农往往仅能解决吃饭问题。因此，外出务工的工资性收入便成了家庭的主要收入来源。基于城乡就业收入水平高低的理性比较，为了养家糊口，改善生活质量，一些农民便会选择放弃农业生产，进城务工。由此，农村劳动力大规模流向城市，最终造成农村人口

"空心化"、产业"空心化"等问题。

（二）制度因素：城乡社会制度二元化

中华人民共和国成立后，基于我国经济基础极为薄弱的现实情况，为了加快城市经济发展进程，政府提出了"工业优先发展，农村支持城市"的发展理念，构建了城乡分割的社会管理体制。与此相应地，也形成了城乡分割的二元社会制度体系。城乡分割的社会制度限制了农民的自由流动，阻碍了农民市民化进程，削弱了农民对城市的归属感和认同感，最终引发了"空心村"的出现。一方面，农民工选择"城乡两栖"，使得住房资源浪费，房子利用率低、乱建新房等地理"空心化"问题出现；另一方面，农村土地资源无法有效释放，导致土地撂荒等产业"空心化"问题。因此，城乡二元制度体系是造成民族地区农村"空心化"的制度根源。城乡制度体系由就业、教育、医疗、土地、户籍等制度构成，其中，城乡二元户籍制度和城乡二元土地分割制度对民族地区农村"空心化"的形成影响最大，这是因为：户籍制度本质上是一种身份制度，户籍制度附带着多种社会权利和社会福利，其覆盖范围涉及养老、医疗、教育、住房、就业等多个领域。[①] 也就是说，养老、医疗、教育、住房、就业等方面的制度是由户籍制度衍生出来的，这些制度的城乡二元结构是城乡分割的户籍制度引致的。从这个意义上说，正是城乡分割户籍制度引致的城乡社会权利和社会福利的二元分化阻碍了生产要素的自由流动，最终助推了民族地区农村"空心化"进程。比如，我国城市教育制度与户籍制度高度挂钩，若农民无法获得城市户口，那么其子女就无法享有与市民平等的教育权。在这种制度背景下，他们只能让子女回乡接受教育。子女在农村读书，他们就不可能放弃农村的承包地、宅基地和房子。就土地制度来说，土地是农民的立身之本，长期发挥着对农民的就业和社会保障功能，土地制度与农民的生存问题和流动状况密切相关。城乡二元土地产权制度、土地使用制度、土地增值收益分配制度给农村土地的市场化交易设置了制度壁垒，增加了农村土地流转的难度，降低了农村土地流转的收益。因此，基于未来风险预期的不确定性，守住具有保障功能的农村土地便成为农民应对未来风险的理性选择。因而，乡村人口转移难以实现农村居民

---

① 王晓荣：《农村基层党组织边缘化及其权威重建》，《理论探索》2014年第5期。

点用地缩减，农村住宅"季节性闲置""两栖占地"等现象也变得越来越普遍。①

（三）生活条件因素：城乡基础性公共服务非均等化

长期以来，受计划经济时代形成的"城市优先发展"思维的影响，政府在城市建设方面投入了巨大财力，用于改善城市居民的生活条件，对农村却缺乏足够重视，最终导致城乡基础性公共服务非均等化问题日益突出。当前，城乡基础性公共服务非均等化的表现是多方面的，其中，城乡规划和城乡基础设施建设方面的差距对农民生活的影响最大，这也是诱发民族地区农村"空心化"的重要环境原因。就前者来说，无论是宏观层面的城区，还是微观层面的社区，城市都坚持"规划先行"的原则进行建设，工业、商业、生产、生活等各功能区划分科学，各功能区治理井然有序，环境干净优美，而农村往往基于生产便利、交通方便等原则建立住房，缺乏科学规划，无功能区划分，生活区、生产区、养殖区等混杂在一起，且房子分布较为分散、杂乱，导致村庄治理难度较大，环境脏乱差问题突出。就后者来说，城市基础设施日臻完善，通讯、网络、水电、医院、学校、商城等硬件设施应有尽有，生活、出行、购物、就医、教育等方面极为便利，而农村基础设施建设虽然最近几年有所改善，但民族地区多位于偏远山区，工程施工成本高而政府财力有限，导致这些地区的基础设施建设进展缓慢，饮水不安全、出行不便、能源不足等农民的基本生活保障问题仍不能有效解决。② 显然，良好的生活条件是高品质生活的基础，而对高品质生活的追求是人的本能期许，因此，基于城乡生活条件的巨大差距，为了追求更好的生活，离开农村，前往城市居住，便成为农民尤其是新生代农民的首要选择，而随着农民向城市转移，民族地区农村"空心化"也就在所难免。

（四）文化因素：城乡文化认同度差异化

城乡文化认同度的差异化是造成民族地区农村"空心化"的思想渊

---

① 王国刚、刘彦随：《中国农村空心化演进机理与调控策略》，《农业现代化研究》2015年第1期。

② 肖倩：《城乡制度一体化：破解农民工市民化进程中的制度性障碍》，《中共浙江省委党校学报》2016年第2期。

源。所谓文化认同度，是指人们对属于自己的共同文化的心理接纳程度和喜爱程度。改革开放以来，随着社会流动性和开放性的日益增强，长期生活较为封闭的农民获得了更多接触城市文化的机会。在与城市文化的互动过程中，他们当中的一部分人逐渐着迷于个性鲜明、多姿多彩的城市文化，甚至错误地认为城市文化是时尚的、先进的、科学的，而乡村文化是保守的、落后的、愚昧的，随之，便趋之若鹜地热捧城市文化，逐渐冷落和疏远乡村文化。有些农民为了体验城市文化之美好，便放弃了对农村文化的坚守和追求，而选择到城市就业、居住或娱乐，从而引起农村人口大量外流，导致对乡村文化缺乏坚守和传承，甚至断裂，进而出现民族地区农村"空心化"。事实上，城市文化和乡村文化都是中华民族几千年历史发展中沉淀下来的文化资源，都是构成中华文明的重要内容，城市文化与乡村文化各有千秋，各有魅力。应该说，乡村文化在中国文化体系中占据着更为重要的地位，因为，中国的社会就是乡土性的，① 正如梁漱溟所说，"中国文化以乡村为本，以乡村为重，所以中国文化的根就是乡村"。②

四 走向城乡融合：民族地区农村"空心化"治理的基本方向

综上可知，城乡分割是造成民族地区农村"空心化"的根源，要治理民族地区农村"空心化"问题，就必须从城乡分割走向城乡融合。以"重塑城乡关系，走城乡融合发展之路"为旨归的乡村振兴战略无疑为民族地区农村"空心化"治理提供了重要机遇，这也是民族地区农村"空心化"治理的基本方向。

（一）推进农业现代化，缩小城乡收入差距

基于城乡收入差别对民族地区农村"空心化"形成的重要推动作用，提高农民收入，缩小城乡收入差距，应该成为农村"空心化"治理的主导性思路，其解决路径主要有以下几个方面。

---

① 费孝通：《乡土中国》，人民出版社2011年版，第6页。
② 梁漱溟：《梁漱溟全集》（第1卷），山东人民出版社2005年版，第612—613页。

1. 推进农业现代化，提高农业产出能力。推进农业现代化有利于提高农业生产效率，提升农产品品质，提高农产品价格，进而提高农民收入水平。一方面，针对农民依靠经验发展种养殖难以提高农产品产出数量和质量的问题，尤其是新生代农民由于长期在外打工，对农业生产的参与度有限所导致的对农业生产技术的生疏化、陌生化，要大力发展县级职业技术教育，并以此为平台，为农民尤其是新生代农民提供各种农业技术培训，提高其农业生产技术和管理水平，同时，组织农业专家下乡开展农业技术讲座，并进行田间技术指导，帮助农民解决农业实践中遇到的疑难问题，全面提升农民科技兴农的意识和能力。另一方面，政府要通过提供无息或低息贷款、鼓励参与扶贫的企业或社会组织精准资助等途径帮助农民添置现代农业生产设备，力争在有环境、资源等条件的地区全面实现机械化耕种，以提高劳动生产力和劳动舒适度。

2. 发展特色产业，优化农业产业结构。发展产业是实现农民可持续增收的重要途径，但如果产业盲目上马，不仅不能实现增收目标，甚至会血本无归。因此，必须在特色产业上下功夫，打造民族地区品牌产业。不同地区在区位、资源禀赋、民族文化等方面有差异，而这种差异往往蕴含着优势，也是民族地区发展特色产业的重要基础。为此，政府要立足于地方优势，整体规划地方产业，引导农民进行合理的产业分工，避免盲目跟进导致产业贬值和水土不服。比如，传统文化保持较好的地区可以发展民族风情旅游业和民族工艺品业；距离城市较近的地区可以发展乡村休闲旅游业；土地资源丰富的地区可因地制宜地发展特色种养殖业；等等。同时，要根据农业与相关产业的关联性，建立农村产业体系。完整的农村产业体系不仅有助于为农民就地就业提供更多岗位，而且有助于特色产业的可持续发展。这就要求民族地区的政府不能仅仅满足于做农产品原材料的提供者，更要做好农产品的加工，通过引进人才和技术，建立农产品加工厂，实现农产品深加工，以扩大农产品产业链，提升农产品附加值，并发展农产品服务业，完善农产品营销网络，扩大农产品销售渠道，实现农村一、二、三产业深度融合。

3. 精准选择产业经营模式，构建农户受益机制。选择适合特定产业的经营模式，构建农户受益机制，是保障农业产业健康发展和农民收入持续提高的重要基础。当前，基于产业"空心化"突出，农民素质较低，因而无法独立做强做大产业等方面条件的制约，要重点支持龙头企业下乡投资，鼓励乡贤回乡创业，形成"龙头企业+农户"和"能人+农户"两种经营模式。就前者而言，一方面，政府要利用招商引资的机会，积极向企业推介本地产业，并给予税收、贷款、土地流转等优惠政策，吸引其下乡投资办厂；另一方面，要引导农民以入股、出租等形式流转土地，以保障自身可持续获得收益，以及为企业规模化发展产业提供充足的土地资源。就后者而言，通过创立创业基金、提供无息贷款、减免税收等途径，为本地大学生或者外出农民工回乡创业提供全方位支持，助力其成功创业，发挥产业致富的表率作用，带领更多农民致富。

4. 成立农民合作社，提升农民产业发展话语权。党的十九大报告指出，要"实现小农户和现代农业发展有机衔接"。由此可见，小农户作为主要的经营主体将长期存在。而小农户"经营方式的落后性、市场交易中个体状态的脆弱性、分散状态下的自利性"① 等特点极为突出，使其难以在竞争日益激烈的市场经济中有效应对风险。鉴于此，应成立农民合作社，让农民在抱团中提升话语权，以保障自身利益。

（二）加强制度改革，实现城乡制度一体化

如前所述，城乡分割的社会制度限制了城乡生产要素的自由流动，这是造成农村"空心化"的制度根源。加强民族地区农村"空心化"治理，必须对户籍制度、土地制度等进行改革，实现城乡制度一体化。

第一，推进户籍制度改革。户籍制度承载的过多的附加功能是其阻碍城乡人口自由流动的重要原因。户籍制度改革的方向应该着眼于剥离附加其上的就业、住房、医疗等各种福利，还原其人口登记的本真功能。② 基于此，要落实 2013 年党的十八届三中全会通过的《中共中央关于全面深化改革若干重大问题的决定》所提出的"推进以人为核心的城镇化"、国务院 2016 年印发的《国务院关于进一步推进户籍制度改革的意见》指出的"建立城乡统一户口登记制度"等文件精神，有序推进农民市民化，全面取消农业户口和非农业户口的性质区分，为实现城乡社会保障、教

---

① 王伟勤：《农村空心化治理问题研究——基于韩国的经验》，《西安财经学院学报》2014 年第 9 期。

② 刘彦随、刘玉：《中国农村空心化的地理学研究与整治实践》，《地理学报》2009 年第 10 期。

育、医疗等制度的一体化，农民工扎根城市，从而释放农村土地资源，奠定制度基础。

第二，推进土地制度改革。如前所言，土地对于农民生活的保障功能是农民工不愿意放弃土地的重要原因。因此，要让农民尽可能释放土地资源，就必须将依附于土地的社会保障功能予以去除。[①] 而要去除土地的社会保障功能，就应该提高土地的当前收益，以此换取土地基于未来的保障功能，即用土地当前的高收益保障农民未来的生活。要达到此目标，就必须围绕农村宅基地和承包地的收益问题，加强土地制度改革。就宅基地制度改革来说，一方面，要加强"一户一宅"政策的宣传力度，严格执行农村建房报批制度，节约集约利用土地，避免盲目建房导致宅基地的闲置浪费；另一方面，要在严格执行"禁止城里人下乡置地建房"有关规定的基础上，完善农村住房出租市场，发展农民住房出租业务，为有下乡意愿的市民体验农村生活提供房源，以进一步充实农村人口，盘活农村闲置住房资源，提高农民收入。就农村承包地制度改革来说，一方面，要推进农民土地流转，鼓励农民以承包土地经营权入股农业龙头企业，盘活存量土地，提高土地生产效益；另一方面，要建立土地有偿退出机制，以代缴社会保障金、一次性买断等方式鼓励农村非农从业者放弃土地承包权，并将其所放弃的土地再次进行承包权确认，以避免农民故意闲置土地，造成土地资源的浪费，为有耕种意愿的农民发展产业释放土地资源。

（三）推进农村现代化，实现城乡基础性公共服务均等化

党的十九大报告提出，要推进农村现代化，并将其视为实施乡村振兴战略的重要措施。推进农村现代化，实现城乡基础性公共服务均等化无疑也是解决民族地区农村"空心化"的措施。这是因为，现代化的农村规划科学、区域功能划分合理、水电网等基础设施完善、交通方便、生态宜居，其不仅具有与城市均等化的基本公共服务，而且拥有城市无法比拟的秀美风光、田园生活。这样的农村不仅会吸引农村人口回流，还会吸引城里人下乡投资、旅游、养老，从而有效解决农村人口"空心化"问题。

---

① 陈家喜、刘土裔：《我国农村空心化的生成形态与治理路径》，《中州学刊》2012年第9期。

推进农村现代化,首先要做好乡村规划工作。政府有关部门要组织专家根据地方区位特点对乡村进行重新规划,做到一乡一规划、一村一规划,避免规划的盲目性和模板化。同时,要将乡村规划与小村庄合并有效结合起来。小村庄规模小,有些甚至位于地理条件恶劣的山区,若要实现所有小村庄基础性公共服务均等化,必然会财力不支,也无必要性和可能性。基于此,应该在科学规划的基础上推进小村庄合并,建立新型农村社区或小城镇。其次,要加强乡村基础设施建设。要加速完善乡村的水电、网络、通讯、交通、商城、医院、学校、乡村公园、乡村广场等方面的基础设施建设和现代服务设施,实现基础性公共服务均等化,提高农民生活的便利度和舒适度。其中,农民尤为关注的医疗和教育问题,可通过创新城乡医院和学校相互交流机制、县城医院和学校下乡设点等途径,弥补乡村在这两方面的短板,以满足民生需求。再次,要加强农村环境治理,建立美丽乡村。建立生态文明已成为国家发展战略,也是乡村振兴战略的基本内容。农村具有美丽乡村的天然条件,但是由于缺乏有效治理,导致很多村庄环境脏乱差问题较为严重。推进农村现代化建设必须加强农村环境治理,让农村变得更美丽。一方面,要加大宣传力度,使农民提高卫生意识,让其充分理解"青山绿水就是金山银山"的真正内涵;另一方面,要帮助农民完善环境卫生设施,为建设干净整洁的美丽农村创造条件。

(四)增强乡村文化认知度,实现城乡文化融合发展

增强农民尤其是新生代农民对乡村文化的认知度,提高他们对农村的归属感、认同感,增强乡村文化自觉和文化自信,让农民扎根农村,发展农村,传承农村文化。事实上,农村具有城市不可比拟的优点。城市绚丽梦幻的灯光和鳞次栉比的高楼大厦令人着迷,乡村美丽的田园风光和清新怡人的空气同样令人神往;城市朝九晚五的高效率生活方式和丰富多彩的生活内容令人赞叹不已,乡村"日出而作,日落而息"的简单劳作方式与天人合一、平和淡然的生活态度同样令人陶醉;城市散发的理性、个性、科学、自由、开放等价值理念是国家现代化发展之所需,农村社会秉承的"守望相助、疾病相扶"的社会交往准则,以及"乌鸦反哺,羔羊跪乳"的朴素道德观更是民族复兴之所需。乡村文化的无限魅力彰显了增强乡村文化认知度的内在合理性和必要性。增强乡村文化的认知度,一是政府要借助实施乡村振兴战略之契机,加大对农村文化的宣传力度,让

广大农民充分认识到乡村文化的优点和魅力，用正确的眼光审视乡村文化，增强文化自豪感和自信心。当农民有了这样的认知，他们便会扎根农村社区，振兴农村产业，传承农村文化。二是要推进城乡文化相互融合。通过文化下乡、社会工作介入、宣传教育等途径，在农村传播现代文化，用理性、民主、科学等现代价值理念影响和改造乡村文化中保守、封建和落后的成分，让乡村文化在传承中不断发展，在发展中实现传承，始终保持先进性，不断增强生命力。尤为重要的是，为了提升文化传播效果，文化传播的形式不能仅仅停留于各种文化活动的宣传和开展，而应着力于推动乡村组织化建设，帮助农民建立诸如广场舞队、腰鼓舞队、民族手工艺品小组等各种微型自治组织，为促进城乡文化长期融合发展搭建平台。

（作者：黄开腾，原文发表于《北方民族大学学报》（哲学社会科学版）2019年第2期）

第十四章　新型城镇化视角下民族地区农村空心化问题治理

城镇化是民族地区走向现代化的必经之路，也是催生民族地区农村空心化的重要驱动力。改革开放之后，快速推进的城镇化为城市社会经济的发展注入了动力，由此创造了大量就业机会，为农民进城务工创造了条件，民族地区的大量农村剩余劳动力开始向外流动，致使民族地区农村"空心化"日益突出。与此同时，以"人的城镇化为核心"的新型城镇化有别于传统的城镇化，它以就地就近城镇化为重要模式，以农民市民化、实现城乡基本公共服务均等化为主要任务，注重产城融合和传统文化保护，为农民工扎根本地就业就学和生活创造了良好的条件，可以在一定程度上抑制农民的大量外流，从而有助于解决农村空心化的问题。因此，民族地区要充分利用国家实施新型城镇化的时代机遇，加强农村空心化治理，努力解决农村人口空心化、产业空心化、地理空心化和文化空心化的问题①，为国家实施乡村振兴战略夯实基础。

一　文献检视

农村空心化是城镇化的产物。伴随着城镇化步伐的加快，农村空心化问题日益严重，并逐渐演变成为我国推进乡村经济社会发展、实现乡村振兴和美丽乡村建设的重要障碍。鉴于此，学术界开始关注农村空心化问题的研究，并取得了一定的成果。笔者在中国知网以"农村空心化"为主题进行搜索，找到908篇相关论文，论文年度篇数从2009年的10篇上升到2018年的130篇，并继续呈现上升趋势。由此可见当前学术界对农村

---

① 黄开腾：《论乡村振兴与民族地区农村"空心化"治理》，《北方民族大学学报》（哲学社会科学版）2019年第2期。

空心化问题研究的热度是比较高的。从研究内容来看，主要集中在农村空心化的内涵界定、形成机制、引发问题、治理途径四个方面。其中，在内涵界定方面，代表学者有刘彦随、林孟清、戴钰峥等，他们分别从地理空间视角[1]、人口学视角[2]、综合视角[3]界定了农村空心化的内涵；在形成机制方面，不同学者持有不同观点，如学者李康波等认为经济因素、人口因素和制度因素是其形成的重要原因[4]，屈均冠认为农村空心化的形成机制是经济、家居、个人观念等因素共同促成的结果[5]，高军波等则认为农村空心化形成的机制是区位条件、经济因素、规划管理、居住观念等多因素共同作用的结果[6]，还有学者从制度变迁层面、经济导向层面和社会发展层面来对此进行分析[7]；在引发问题方面，综合张明斗[8]、万秀丽[9]、席婷婷[10]、孙晓鹏[11]、李定国[12]等学者的观点总结为，农村经济发展受阻，农村传统文化没落，农村土地资源浪费，农村规划布局不合理，农村人口流失

---

[1] 刘彦随、刘玉、翟荣新：《中国农村空心化的地理学研究与整治实践》，《地理学报》2009年第10期。

[2] 林孟清：《推动乡村建设运动：治理农村空心化的正确选择》，《中国特色社会主义研究》2010年第5期。

[3] 戴钰峥、易文彬：《新型城镇化背景下农村空心化的治理》，《南昌大学学报》（人文社会科学版）2015年第5期。

[4] 李康波、李国碧：《农村空心化：乡村振兴要解决的关键问题》，《怀化学院学报》2018年第10期。

[5] 屈均冠：《乡村振兴战略下农村人口空心化治理路径研究》，《北京农业职业学院学报》2018年第5期。

[6] 高军波、李书覃、张迁、王嘉宝：《空间距离聚类视角下平原农区空心化微观机理研究——以河南5地市村庄为例》，《信阳师范学院学报》（自然科学版）2019年第3期。

[7] 何迪、于水：《柔性引才：农村空心化治理的路径选择》，《台湾农业探索》2019年第1期。

[8] 张明斗、曲峻熙：《新型城镇化进程中的农村空心化治理》，《农村经济》2017年第12期。

[9] 万秀丽：《精准扶贫视野下"空心化"农村治理探析》，《甘肃社会科学》2017年第2期。

[10] 席婷婷：《农村空心化现象：一个文献综述》，《重庆社会科学》2016年第10期。

[11] 孙晓鹏、刘皆谊：《生态文明视域下农村空心化现状与发展对策》，《农业经济》2016年第10期。

[12] 李定国：《关于城镇化进程中湖北省农村"空心村"治理研究》，《湖北社会科学》2016年第7期。

等是农村空心化带来的问题；在治理途径方面，学者基于不同的视角进行探讨，比如，易文彬从组织制度的角度①、饶凤艳从乡村振兴的视角②、郑露嫚从乡村旅游的视角③、郑万军等从人力资本的角度④、刘永飞等从产城互融的角度⑤、伊庆山等从新型农村社区的角度⑥，等等。

虽然我国学术界关于农村空心化问题研究较多，并取得了一定成果，但是现有的研究仍然存有不足之处。其一，学术界关于农村空心化研究虽多，但对我国民族地区农村空心化具有针对性的研究却极少；其二，缺乏对新型城镇化与农村空心化治理之间关系的探讨，很少有人以新型城镇化为视角来探讨民族地区农村空心化治理的问题。鉴于此，笔者以新型城镇化为视角探讨民族地区农村空心化治理的问题，以期能够弥补现有研究的不足，并为后续研究提供参考价值。

二 民族地区农村空心化的表现

随着改革开放的深入，我国城镇化建设步伐加快，民族地区大量剩余劳动力在农村"推力"和城市"拉力"的共同作用下，源源不断地涌入城市，致使民族地区农村空心化现象的出现。所谓民族地区农村空心化是指在工业化、城镇化和市场化三股力量的共同推动下，民族地区农村社会出现的大量人口外流、产业发展滞后、村庄布局失衡、传统文化面临断裂等不良社会现象。这些问题主要表现在以下几个方面。

1. 农村房屋废弃化和空置化。在城镇化的推进下，民族地区大批农

---

① 易文彬：《论农村空心化治理的多重逻辑》，《西南民族大学学报》（人文社科版）2018年第7期。

② 饶凤艳：《乡村振兴视角下珠三角边缘区农村空心化现象及其治理探讨——以肇庆市广利镇砚州村为例》，《农村实用技术》2018年第8期。

③ 郑露嫚：《乡村旅游视阈下农村空心化问题治理探讨》，《现代商贸工业》2016年第33期。

④ 郑万军、王文彬：《基于人力资本视角的农村人口空心化治理》，《农村经济》2015年第12期。

⑤ 刘永飞、徐孝昶、许佳君：《断裂与重构：农村的"空心化"到"产业化"》，《南京农业大学学报》（社会科学版）2014年第3期。

⑥ 伊庆山、施国庆：《农业型村庄的空心化问题及新型农村社区建设》，《西北农林科技大学学报》（社会科学版）2014年第6期。

村剩余劳动力向经济较为发达的城市转移,使得留在农村的人口逐年减少,民族地区农村开始出现"空壳化""废弃化"等现象。主要有两种表现形式:一方面是旧房屋废弃化。由于大量人口向外转移,导致老旧房屋长期无人居住,日渐破败不堪。具体原因为:一是受到城乡二元分割户籍制度的影响,进城务工农民不能与市民享受同等的社会权利和社会福利,同时,微薄的经济收入又无法让其深度融入城市、扎根城市,只能"漂游"于城市边缘地带,往返于城市与农村之间,过着城乡"两栖"的生活,这种生活状态让进城务工农民既无法定居于城市从而释放农村土地和住房资源,又无法让其甘心回农村从事农业生产,致使农村土地和房屋废弃化。二是大部分农民进城务工赚钱后便回村,在村外交通便利的主干道修建新房,但由于种种因素,老旧房屋却未得到及时有效的处理,致使老旧房屋逐渐被废弃。据国家统计局数据统计显示,民族自治地方施工房屋面积呈逐年增长趋势,由 2005 年的 15964.40 万平方米增长到 2013 年的 59672.62 万平方米,近 8 年的时间竟增长 3.7 倍多,且处于持续增长阶段。① 这说明民族自治地方新增房屋数量呈现较快的增长趋势。另一方面是村外新房空置化。虽然民族地区的农民利用外出务工赚取的收入在村外主干道修建新房,但是由于在农村缺乏长期稳定的收入来源,不能有效改善生活水平,提高生活质量,因此他们便会再次举家进城务工,导致新建房屋闲置而无人居住,进而导致空置率上升。

2. 农村土地抛荒问题日益严重化。我国土地资源十分紧缺,但伴随着城镇化步伐的加快、农村空心化程度的加深,农村耕地面积却在逐年下降,土地抛荒或半抛荒现象在农村随处可见。我国民族地区也不例外,以重庆市酉阳土家族苗族自治县为例。该县年末常用耕地面积由 2013 年的 4.71 万公顷减少至 2017 年的 4.67 万公顷,农田面积由 2013 年的 1.81 万公顷减少至 2017 年的 1.79 万公顷②,虽然年末常用耕地面积减幅不大,但整体呈现波浪式下降趋势。民族地区农村土地抛荒日益严重化,一是由

---

① 国家统计局,http://data.stats.gov.cn/easyquery.htm? cn=C01&zb=A010508&sj=2017。
② 《酉阳土家族苗族自治县 2013 年国民经济和社会发展统计公报》见 http://www.cq.gov.cn/publicinfo/web/views/Show! detail.action? sid=4408810;《酉阳土家族苗族自治县 2018 年国民经济和社会发展统计公报》见 http://www.youyang.gov.cn/html/content/18/05/43130.shtml。

于民族地区的土地多散布在各个山地丘陵间，地形复杂，耕地少，不易机械化大规模耕作，自给自足的小规模生产经营方式无法形成规模效益；二是农业生产周期长，风险大，成本高，效益低，难以让农民脱贫致富，进而影响农民对农业生产的积极性；三是民族地区大量剩余劳动力外出务工，留下的老人、儿童、妇女生产劳动能力差，无法开展大面积的农业生产，所以土地抛荒便成必然。土地抛荒不仅造成土地资源的闲置浪费，而且严重影响农业产业的可持续发展，加剧农业产业空心化，而农业产业是农村发展之根本，一旦农村产业空心化，那么乡村振兴之路就会举步维艰。

3. 农村教育资源逐渐萎缩化。近些年来，伴随我国城镇化步伐日益加快，民族地区农村人口急剧减少，农村教育资源也逐渐萎缩。主要表现在以下两个方面：一方面是民族地区在校中小学生人数减少，尤其是在校小学生人数表现最为明显。据国家统计局数据统计显示，我国民族自治地方的在校小学生人数由 2009 年的 1580.89 万人减少到 2013 年的 1437.77 万人，五年时间里减少了 143.12 万人。[①] 另一方面表现在，农村普通中小学学校数量减少，尤其是民族地区的农村。以重庆市酉阳土家族苗族自治县为例，据该县的国民经济和社会发展统计公报统计数据显示，2013 年，该县普通中小学、中等职业技术学校及特殊教育学校共 219 所[②]，到了 2018 年，该县普通中小学、中等职业技术学校及特殊教育学校共 146 所[③]，五年间减少了 73 所学校，这减少的 73 所学校里大部分为村里小学，而在乡镇或县里的普通中小学数量却并未有明显变化。学校是教育的基本载体，少数民族地区学校数量的减少直接呈现出民族地区教育资源逐渐萎缩的事实。而民族地区农村教育资源的萎缩，使得作为农村传统文化重要传承人的农村青少年长期远离传统文化的熏陶，导致他们对民族地区的民俗习惯、传统技艺等传统文化日益产生疏远感和陌生感，如此一来，民族传统文化的传承就变得后继无人，文化空心化问题也在所难免。民族

---

① 国家统计局，http://data.stats.gov.cn/easyquery.htm?cn=C01&zb=A01050E&sj=2018。
② 《酉阳土家族苗族自治县 2013 年国民经济和社会发展统计公报》见 http://www.cq.gov.cn/publicinfo/web/views/Show! detail.action? sid=4408810。
③ 《酉阳土家族苗族自治县 2018 年国民经济和社会发展统计公报》见 http://www.cq.gov.cn/publicinfo/web/views/Show! detail.action? sid=4409116。

地区农村教育资源之所以出现萎缩的问题，其主要原因如下：一是由于我国教育资源分配不均，城乡教育水平差距较大，父母为了孩子能够接受良好教育，便安排其进城读书，导致在乡村学校就读的学生日益减少；二是部分民族地区人们思想观念落后，"读书无用论"依旧盛行于世，读书氛围较差，受到大人外出务工赚钱的影响，一些小孩便早早放弃学业，外出务工，致使乡村学校的学生人数日渐萎缩；三是民族地区经济收入水平较低，年轻父母外出务工补贴家用，留守儿童基本处于隔代教育，致使辍学率增加。显然，随着在农村读书的孩子人数的减少，学校也必然会不断减少。

4. 农村"三留守"问题突出化。伴随大量农村青壮年进城务工，民族地区的留守老人、留守儿童和留守妇女的数量也随之增加。而作为弱势群体的老人、儿童和妇女，长期留守农村，缺乏足够关爱关心，久而久之，不可避免会产生一些社会问题。对于留守儿童而言，父母常年奔波在外，无暇顾及其生活和学习，导致他们学习成绩每况日下，尤其是处于叛逆期的留守儿童，由于爷爷奶奶过分溺爱或疏于管教，导致他们容易出现一些诸如逃学、打架、盗窃等社会问题，进而影响他们个人的健康成长。对于留守老人而言，子女长期不在老人身边，不仅不能给予老人精心照顾，承担赡养老人的责任，而且容易造成留守老人的精神生活孤独，被人冷落，从而影响老人幸福安享晚年。对于留守妇女而言，丈夫外出务工挣钱，留守妇女不得不单独承担起生产劳作、教养孩子、赡养老人等重任，这不仅增加了留守妇女的生活负担，而且也会因为夫妻长年分居两地影响家庭和谐和幸福。民族地区"三留守"的问题之所以变得日益突出，除了民族地区大量年轻人纷纷外出打工赚钱的原因之外，还跟城市公共服务体系具有强大的吸引力息息相关。相对于民族地区农村而言，城市建立了完善的公共服务体系，具有基础设施完善、交通便利、医疗保障体系完善、经济发达、就业岗位多等优势，从而可以吸引大量的农村剩余劳动力向城市转移，并长期居住于城市，最终引发"三留守"问题的出现。

三 新型城镇化：民族地区农村空心化治理的重要机遇

2013年11月，党的十八届三中全会通过《中共中央关于全面深化改革若干重大问题的决定》,明确提出"坚持走中国特色新型城镇化道路,推进以人为核心的城镇化"。次年,中共中央、国务院印发《国家新型城镇化规划(2014—2020年)》,进一步强调要走中国特色新型城镇化道路,全面提高城镇化质量,并对未来城镇化的发展路径、主要目标和战略任务进行了全面部署。2019年3月,李克强总理在政府工作报告中再次指出:"要深入推进新型城镇化,抓好农业转移人口落户,推动城镇基本公共服务覆盖常住人口。"2019年3月,国家发改委印发了《2019年新型城镇化建设重点任务》,再次对新型城镇化作出安排和部署。这就意味着"以人为核心"的新型城镇化已进入全面推进的关键阶段。"以人为核心"的新型城镇化不是单纯的人口城镇化和优先发展城市的城镇化,更不是简单的"造城运动"和为"房地产化"作代言的城镇化。新型城镇化强调以就地就近城镇化为重要模式,以农民市民化、实现城乡基本公共服务均等化为主要任务,注重产城融合和传统文化保护的新型城镇化,一定程度上可以抑制民族地区农民大量外流,从而有助于解决民族地区农村空心化问题。

1. 新型城镇化以就地就近城镇化为重要模式,有助于民族地区农村人口空心化治理

我国传统城镇化主要模式是异地城镇化,促使我国大量农村剩余劳动力向经济发达的城市转移,这种异地城镇化是导致我国农村空心化的主要因素。[①] 而新型城镇化提倡就地就近城镇化,地方政府通过政策支持,鼓励农民工返乡就业创业,提高农村人口就业率,增加农民收入,吸引和留住农村劳动力,进而带动地方经济发展,增加地方政府财政收入。随着地方政府财政收入的增加,便有更多资金用于发展乡村特色产业,建设农业基础设施,提供更多就业岗位和创业机会,进而再次推动地方经济的发展,形成良性循环,最终有助于民族地区农村人口空心化的治理,实现美丽乡村建设。

2. 新型城镇化促进农民市民化,有助于民族地区农村地理空心化治理

新型城镇化的主要任务就是促进农民市民化。这里的农民市民化是指

---

① 薛骏:《城镇化——农村剩余劳动力转移的路径选择》,《西北农林科技大学学报》(社会科学版)2004年第6期。

农民的农村户口转变成城市户口，让更多的农民进入更高水平、更具现代文明的生产方式和生活方式中来，提高农民的生活水平和社会福利水平。新型城镇化提倡对农民进行就地就近市民化，改善居住条件，提高生活水平，缩小城乡差距，为农民提供更多的公共服务和社会福利，增强农民的获得感和幸福感，使他们更愿意留在当地生产生活，向新型职业化农民转变，改变传统的小农经营模式，实行产业化规模化经营，推动当地经济持续、健康、快速的发展，经济快速的发展又能吸引和留住更多有价值劳动力，如此反复形成良性循环。同时，将民族地区居住条件恶劣、地理位置偏远的村寨进行有序拆迁合并，向居住条件较为优越的城镇周边集中靠拢，进行重新规划、布局、建设特色小镇。一方面是对土地资源进行合理利用，流转废弃宅基地和耕地，增加农民收入，提高生活水平；另一方面不仅改善居住条件、美化乡村，而且还有助于民族地区农村地理空心化的治理。

3. 新型城镇化注重产城融合，有助于民族地区农村产业空心化治理

在新型城镇化背景下，发展民族地区特色产业，科学规划民族地区城镇建设，以产促城、以城兴产，实行产城融合策略，是治理民族地区农村空心化和返空心化的持久有效措施。产城融合是我国新型城镇化道路提出的发展新思路，是新型城镇化区别于传统城镇化的主要特征之一。[①] 利用产业发展带动扶贫，增加农民收入，实现农民就地就近就业，完成政府对农村由传统的"输血"到农村自身"造血"的转变。以产业发展推进城镇化，充分利用农村剩余劳动力和开发特色资源，发展农村各地区特色产业，同时地方政府出台优惠政策积极鼓励乡镇企业成长发展，用产业留住农村居民，避免农村人口再次外流和新型农村社区"空城""鬼城"的出现。

4. 新型城镇化注重传统文化保护，有助于民族地区农村文化空心化治理

伴随着城镇化的深化，农村"空心化"在我国已是普遍现象，随之也带来诸多社会问题，其中民族地区农村传统文化传承和保护的问题开始

---

① 张荣天、焦华富：《中国新型城镇化研究综述与展望》，《世界地理研究》2016年第1期。

变得日益突出。① 中华民族的灵魂和精髓与农村传统文化和生活形态密不可分，所以，保护、继承和发扬农村传统文化至关重要。但在城镇化背景下，作为农村传统文化重要传承人的农村青少年，却长期居住于城镇，深受城镇文化的影响，盲目追捧西方文化，从文化观念上并未认可本民族传统文化，贬低本民族传统文化价值，认为本民族传统文化枯燥、乏味、过时，文化价值观念出现认知偏差，进而缺乏对本民族传统文化传承和保护意识。而新型城镇化是以人的城镇化为核心，坚持以人民为中心的发展思想，注重农村传统文化的继承和保护，强调乡村文化的振兴是乡村振兴的重要方面，通过实施乡村文化振兴项目建设，吸引外出务工的农民回乡发展，纠正文化认知的偏差，唤醒对本民族传统文化的认同感和自豪感，使其自身意识到本民族传统文化的重要性，并传承、保护和发扬本民族传统文化，进而有效治理乡村文化空心化问题。

四 新型城镇化视角下民族地区农村空心化治理的措施

当前，民族地区要充分利用好国家实施新型城镇化战略的历史机遇，将实施新型城镇化与加强农村空心化治理有效结合起来，力争在实施新型城镇化的进程中解决好民族地区农村空心化的问题。

1. 改革城乡制度体系，实现城乡制度一体化。城乡制度二元化是造成农村空心化的制度根源。1958年1月全国人大常委会第九十一次会议讨论通过《中华人民共和国户口登记条例》，标志着中国以严格限制农村人口向城市流动为核心的户口迁移制度的形成，也意味着两种不同资源配置制度的产生，② 它所带来的是城乡居民享受的社会保障、社会福利、教育、医疗等方面的差异，拉大城乡差距，强化了城乡二元经济结构的矛盾。改革开放后，户籍制度开始松动，大量的农村剩余劳动力开始涌入城市，最终引发农村"空心化"。所以逐渐消除固化的城乡二元制度体系，

---

① 童莹：《散杂居民族地区文化的传承与重构——以湖北省松滋市卸甲坪土家族乡为例》，《长江师范学院学报》2011年第3期。

② 黄爱武：《二元户籍制度下的中国式"双城记"：现行户籍制度运行实况报告》，《河南省政法管理干部学院学报》2007年第6期。

推进城乡制度一体化是根治农村空心化的重要出路，这也是新型城镇化的重要任务。其中改革二元户籍制度和二元土地制度是实现城乡一体化，治理农村空心化的关键。第一，加强户籍制度改革。由户籍制度衍生出一系列社会制度，包含教育、就业、医疗、住房、养老等多个领域，使得城乡居民在这些领域享受着不同的社会权利和社会福利。所以建立城乡统一户口登记制度，还原人口登记的本真功能，推进以人为核心的城镇化，是改革户籍制度的主要内容。第二，加强土地制度改革。自古以来，土地都是农民的"命根子"，土地对于农民生活的保障功能不言而喻。[①] 所以保障农民土地权益、提高土地收益、解除务农后顾之忧、留住农民，是土地制度改革的主要内容。一方面完善"三权"分置制度，明确农民土地所有权、承包权、使用权，让农民清楚自己所享有的土地权益，解除务农的后顾之忧；另一方面健全土地流转方式，合理利用土地资源，避免土地的"抛荒""搁荒"，提高土地产出效益，进行土地流转则是农民较为理想的土地经营选择，为此需要健全土地流转方式，加强土地流转政策宣传，让农民看到土地流转的价值，激发农民对土地的长期投入。

2. 激发农村产业发展活力，繁荣乡村经济。产业空心化是农村空心化的重要表现形式，乡村经济发展落后是民族地区农村"空心化"形成的最根本原因，治理民族地区农村"空心化"问题，关键在于激发农村产业发展活力，繁荣乡村经济。一要大力发展民族地区特色产业，推动民族地区农业产业化发展。大力推进农业产业化发展是推动农村经济发展、增加农民收入、治理农村产业空心化的重要途径。一方面要创新土地经营模式，加大土地流转力度，将农村闲置土地进行有序流转，为企业下乡投资并实现产业规模化经营提供土地资源；另一方面要结合民族地区区位优势发展地方特色产业，打造地区品牌产业，形成农产品生产、加工、销售和服务的产业链条，改变单纯的农产品生产模式。[②] 值得注意的是，在发展特色产业时切不可盲目跟风、生搬硬套，避免出现产业贬值、水土不服等问题。笔者在重庆酉阳的一个民族乡调研时发现，该民族乡最初未充分

[①] 舒田、钟涨宝、青平：《农民土地流转心理实证分析》，《科技进步与对策》2006年第6期。

[②] 刘志强：《中国三农及农民增收政策法规汇编》（上卷），安徽文化音像出版社2004年版。

考虑本地的地形、地貌、气候、土壤等自然因素，盲目引进紫竹、杨树、柑橘等经济作物，最后因水土不服而宣告失败，后来经过专家实地考察和评估之后，改种技术含量低、见效快、收益高的青花椒，现已初成规模，农民获得丰收指日可待。二是加大乡村道路工程建设，完善民族地区基础设施。俗话说，要致富，先修路。要发展民族地区农村经济，就要先改变其落后的交通状况。这是因为，只有进一步完善民族地区的交通状况，才能调动企业下乡投资兴业的积极性，农村市场才能进一步激发活力，民族地区乡村的农产品才能更好地投放市场，农村产业的发展才能持久和有保障。为此，需要政府加大资金投入，加大乡村道路工程建设，完善民族地区乡村经济的基础设施。三是加强新型职业农民的培养，为农村经济发展提供人才保障。受过良好教育、掌握种养技术、懂市场、会经营、热爱乡村的新型农民是发展农村经济的主力军，民族地区发展乡村经济，必须要在培养新型农民上下好功夫。一方面，地方政府要与当地职业院校进行战略合作，定期组织开办农业生产技术培训班，如种植培训班、养殖培训班、病虫害防范培训班，等等，① 满足农民学习农业科学技术的需求，提高农民的农业生产技能；② 另一方面，地方政府要推动农业科技下乡，组织专家下乡开展田间培训和田间指导，进一步提高新型职业农民的农业实践能力。

3. 强化规划引领，科学布局乡村发展空间。为了治理村庄内部呈现"空壳化""废弃化"等地理空心化问题，首先必须要重视农村发展的区域规划，科学布局，避免土地资源浪费。一方面，做好村庄建设的规划布局工作。村庄规划建设坚持政府主导、多方协同参与原则，结合民族地区各个村庄的地形地貌、经济状况、文化习俗等实际情况，因地制宜地打造具有民族特色的规划方案，并严格按照规划方案的要求有步骤有计划地实施，杜绝一切贪污渎职现象。另一方面，完善基础设施建设，加强土地资源整治。完善的基础设施是实现基础性公共服务均等化的重要保障，为此需要加快完善乡村的水电、通信、交通、卫生、教育、文化等方面的基础

---

① 陈松圣、陈光榕、邓才升：《致力农民培训 致富千家万户》，《职教论坛》2003年第5期。

② 张淑辉：《山西省农业科技创新的动力机制研究》，博士学位论文，北京林业大学，2014年。

设施建设，提高农民生活的便利度和舒适度，同时针对民族地区乡村环境脏乱差的现状，需要加强环境整治。一是要加大宣传力度，提高民族地区农民环卫意识；二是完善环卫配套设施建设，如摆放垃圾桶、修建垃圾池、聘请环卫工人等。其次，建设民族特色小镇。2019 年 3 月 31 日，国家发改委印发关于《2019 年新型城镇化建设重点任务》的通知强调，"要坚持人民为发展中心，加快实施以促进人的城镇化为核心、提高质量为导向的新型城镇化战略，支持有序发展特色小镇"。这充分说明建设特色小镇已成为推进新型城镇化的重要举措。民族地区由于其地理位置、传统文化等方面的特殊性，使得民族地区在建设特色小镇方面更有优势。同时，建设民族特色小镇不仅符合国家的宏观政策要求，而且能够发展民族地区特色乡村旅游业，改善居住环境，美化民族村寨，发扬民族文化，提升民族文化自觉和自信，最终有效治理民族地区农村文化空心化和产业空心化问题。因此，在新型城镇化背景下，民族地区要科学规划村庄布局，在符合条件的地区建设民族特色小镇。

4. 增强乡村文化认知度，促进民族文化繁荣发展。民族地区农村空心化产生的原因，除了城乡经济收入差距外，还有农民对城乡文化认知的偏差。随着我国改革开放的加深，城市与城市之间，城市与乡村之间的交往日益增强，长期生活较为封闭的农民获得了更多接触城市文化的机会。在与城市文化互动的过程中，他们被城市的高楼大厦、灯红酒绿、人山人海的景象所深深吸引，着迷于城市文化，认为城市文化是时尚的、先进的、科学的，而放弃所谓保守、落后、愚昧的乡村文化，选择在城市就业、生活，致使大量人口外流。为此，要增强农民对乡村文化的正确认知度，改变城乡文化认知的偏差，唤醒农民对乡村的热爱，这也是治理民族地区农村空心化的重要措施。一是要加强宣传力度。政府要根据民族地区的实际，用农民喜闻乐见的方式加大对乡村文化的宣传力度，让广大农民充分认识到乡村文化的优点和魅力。同时要积极鼓励民族地区农民衣着民族服、修建民族房、使用民族语，并在民族节日期间举办各类民族特色活动，以增强民族文化的存在感，找回文化的自豪感和自信心。二是要推进城乡文化融合。城乡文化并无优劣之分，都是中华五千年文明的重要组成部分，只是各自所凸显的文化特征不同而已，城市文化散发着科学、理性、个性、开放的味道，而乡村文化则展现出勤劳、平淡、祥和、朴素的田园画卷。它们各有千秋、各有魅力，将其有机融合便能推动文化的繁荣与进步。文化的融合并非一蹴而就，需要长期交流、宣传，也并非仅靠政府单方面完成，需要多元主体协同参与，搭建文化融合平台，如建立文化宣传队、民族舞蹈队、新闻广播站等。三是要完善文化基础设施建设。增强农民对乡村文化的认知度，不能单纯依靠文化宣传，还需要看得见、摸得着的文化建筑和基础设施，如修建人物雕像、农家书屋、文化博物馆、文化培养室、公共文化活动广场，等等，以此增强农民尤其是新生代农民对乡村文化的认同感和自豪感，唤醒他们对乡村的热爱，[①] 让他们扎根乡村、奉献乡村、服务乡村、发展乡村。

（作者：黄开腾、张亚洲，原文发表于《广东技术师范大学学报》2020年第1期）

[①] 农淑英：《乡村传统文化现实境遇与发展机会——基于社会治理的视角》，《人民论坛》2015年第8期。

参考文献

一 中文著作

本书编写组:《党的十九大报告辅导读本》,人民出版社2017年版。

党秀云:《民族地区社会建设与治理研究》,国家行政学院出版社2015年版。

费孝通:《乡土中国》,北京大学出版社2016年版。

费孝通:《中华民族多元一体格局》,中央民族大学出版社1999年版。

高永久等:《民族学概论》,南开大学出版社2009年版。

国家行政学院博士后管理委员会办公室:《简政放权与政府职能转变》,国家行政学院出版社2016年版。

贺雪峰:《新乡土中国》(修订版),北京大学出版社2013年版。

金炳镐:《民族理论与民族政策概论》(修订本),中央民族大学出版社2006年版。

康晓光等:《NGO与政府合作策略》,社会科学文献出版社2010年版。

厉以宁、程志强:《中国道路与简政放权》,商务印书馆2016年版。

梁漱溟:《乡村建设理论》,上海人民出版社2011年版。

刘光顺、刘强:《民族自治地方发展与社会管理创新》,云南人民出版社2015年版。

马俊毅:《多民族国家民族事务治理现代化》,社会科学文献出版社2017年版。

石玉钢等:《中国民族年鉴》,中国民族年鉴编辑部,2017年。

王金元、赵向红:《社会治理视阈下老年人的社会保障与社会服务研究》,华东理工大学出版社2015年版。

王浦劬、臧雷振：《治理理论与实践：经典议题研究新解》，中央编译出版社 2017 年版。

王诗宗：《治理理论及其中国适用性》，浙江大学出版社 2009 年版。

吴开松：《民族地区社会治理理论与实践研究》，中国社会科学出版社 2019 年版。

吴良镛：《人居环境科学导论》，中国建筑工业出版社 2001 年版。

习近平：《习近平谈治国理政》（第二卷），外文出版社 2017 年版。

杨建新：《中国少数民族通论》，民族出版社 2009 年版。

俞可平：《论国家治理现代化》（修订版），社会科学文献出版社 2015 年版。

俞可平：《治理与善治》，社会科学文献出版社 2000 年版。

张翼：《社会治理与城乡一体化》，社会科学文献出版社 2015 年版。

赵一君：《中国民族自治县公共治理优化研究》，中央民族大学出版社 2012 年版。

周红云：《社会治理》，中央编译出版社 2015 年版。

周雪光：《中国国家治理的制度逻辑：一个组织学研究》，生活·读书·新知三联书店 2017 年版。

庄孔韶：《银翅：中国的地方社会与文化变迁》（增订本），生活·读书·新知三联书店 2016 年版。

二　外文译著

［美］埃莉诺·奥斯特罗姆：《公共事务的治理之道：集体行动制度的演进》，余逊达、陈旭东译，上海译文出版社 2012 年版。

［英］安东尼·吉登斯：《社会的构成：结构化理论纲要》，李康、李猛译，中国人民大学出版社 2016 年版。

［美］德里克·W.布林克霍夫：《冲突后社会的治理：重建脆弱国家》，赵俊、霍龙译，民主与建设出版社 2016 年版。

［日］饭岛伸子：《环境社会学》，包智明译，社会科学文献出版社 1999 年版。

［英］拉德克利夫-布朗：《社会人类学方法》，夏建中译，华夏出版社 2002 年版。

［美］莱斯特.M.萨拉蒙等：《全球公民社会——非营利部门视界》，

贾西津、魏玉等译，社会科学文献出版社 2007 年版。

［美］詹姆斯·N.罗西瑙：《没有政府的治理》，张胜军、刘小林等译，江西人民出版社 2001 年版。

［美］詹姆斯·P.盖拉特：《非营利组织管理》，张誉腾、邓国胜、桂雅文译，中国人民大学出版社 2013 年版。

［美］朱莉·费希尔：《NGO 与第三世界的政治发展》，邓国胜、赵秀梅译，社会科学文献出版社 2002 年版。

［英］玛丽·道格拉斯：《洁净与危险：对污染和禁忌观念的分析》，黄剑波、柳博赟、卢忱译，商务印书馆 2018 年版。

三 中文期刊

毕瑞峰、段龙飞：《"放管服"改革背景下的地方政府事权承接研究——基于广东省中山市镇区的调查分析》，《中国行政管理》2018 年第 8 期。

蔡进、邱道持、赵梓琰、王静：《新型农村社区人居环境变化研究——以重庆市忠县天子村社区为例》，《西南大学学报》（自然科学版）2013 年第 10 期。

陈成文、陈建平：《论社会组织参与市域社会治理的制度建设》，《湖湘论坛》2020 年第 1 期。

程林：《地方政府承接事权的成效、困境与对策研究——以"放管服"改革背景下的四市为例》，《安徽行政学院学报》2019 年第 3 期。

方静文：《民族地区社会治理研究综述》，《民族论坛》2017 年第 4 期。

高丽君：《经济学视角下农村水环境治理机制研究》，《农业经济》2015 年第 10 期。

郜彗、金家胜、李锋等：《中国省域农村人居环境建设评价及发展对策》，《生态与农村环境学报》2015 年第 6 期。

葛方林：《论国家经济社会权力下放地方政府的理论基础》，《理论月刊》2016 年第 3 期。

郭道久：《协作治理是适合中国现实需求的治理模式》，《政治学研究》2016 年第 1 期。

郭凤英：《社会组织参与社会治理的责任与困境》，《云南行政学院学报》2015 年第 4 期。

郭苏建、向淼：《从行政吸纳到简政放权——法治政府建设的双重逻辑及其转变》，《探索与争鸣》2018 年第 10 期。

郭跃：《论政府执行不力问责制的构建》，《广西社会科学》2016 年第 6 期。

郝时远：《中文"民族"一词源流考辨》，《民族研究》2004 年第 6 期。

何欣峰：《社区社会组织有效参与基层社会治理的途径分析》，《中国行政管理》2014 年第 12 期。

侯保疆、梁昊：《治理理论视角下的乡村生态环境污染问题——以广东省为例》，《农村经济》2014 年第 1 期。

胡琦：《法治与自治：社会组织参与建构社会治理"新常态"的实现路径》，《探索》2015 年第 5 期。

胡宗仁：《政府职能转变视角下的简政放权探析》，《江苏行政学院学报》2015 年第 3 期。

黄开腾：《论乡村振兴与民族地区农村"空心化"治理》，《北方民族大学学报》（哲学社会科学版）2019 年第 2 期。

姜晓萍、苏楠：《国内服务型政府研究的知识图谱》，《四川大学学报》（哲学社会科学版）2014 年第 2 期。

敬乂嘉：《合作治理：历史与现实的路径》，《南京社会科学》2015 年第 5 期。

鞠昌华、朱琳、朱洪标、孙勤芳：《我国农村人居环境整治配套经济政策不足与对策》，《生态经济》2015 年第 12 期。

柯尊清、赵晓菲、杨苏琳：《西部民族地区乡镇政府执行力问题及对策研究——昭通市 X 乡个案》，《云南行政学院学报》2013 年第 5 期。

李爱玲：《深化简政放权要处理好几对关系》，《前线》2015 年第 11 期。

李陈、赵锐、汤庆园：《基于分省数据的中国农村人居环境时空差异》，《生态学杂志》2019 年第 5 期。

李汉卿：《协同治理理论探析》，《理论月刊》2014 年第 1 期。

龙献忠、杨柱：《治理理论：起因、学术渊源与内涵分析》，《云南师范大学学报》（哲学社会科学版）2007 年第 4 期。

吕建华、林琪：《我国农村人居环境治理：构念、特征及路径》，《环境保护》2019 年第 9 期。

麻宝斌、张李斌：《简政放权政策实施成效研究——基于吉林省的调查》，《行政论坛》2017年第5期。

马国芳：《社会治理进程中云南边疆民族地区社会组织活力研究》，《云南社会科学》2015年第6期。

马良：《社会组织参与社会治理的政策依据与功能定位》，《中国民政》2019年第24期。

闵师、王晓兵、侯玲玲等：《农户参与人居环境整治的影响因素——基于西南山区的调查数据》，《中国农村观察》2019年第4期。

祁新华、程煜、陈烈等：《国外人居环境研究回顾与展望》，《世界地理研究》2007年第2期。

邵任薇：《"简政强镇"改革中乡镇权力绩效规制：工具选择与运用》，《中国行政管理》2013年第6期。

沈荣华：《十八大以来我国"放管服"改革的成效、特点与走向》，《行政管理改革》2017年第9期。

石亚军：《地方政府职能转变重在接准、放实、管好》，《中共中央党校学报》2014年第1期。

史磊、郑珊：《"乡村振兴"战略下的农村人居环境建设机制：欧盟实践经验及启示》，《环境保护》2018年第10期。

宋言奇、申珍珍：《我国传统农村社区环境治理机制分析》，《学术探索》2017年第12期。

孙慧波、赵霞：《中国农村人居环境质量评价及差异化治理策略》，《西安交通大学学报》（社会科学版）2019年第5期。

孙正翠：《地方政府承接下放审批项目的有效性》，《重庆社会科学》2015年第9期。

谭同学：《乡村振兴中的主体、可视化政绩与群众工作——基于林镇的人类学调查与反思》，《西北民族研究》2020年第1期。

汪智汉、宋世明：《我国政府职能精细化管理和流程再造的主要内容和路径选择》，《中国行政管理》2013年第6期。

王来辉：《乡村振兴视野下民族地区乡村治理问题探索——以广东韶关乳源县瑶族村落为例》，《成都工业学院学报》2019年第1期。

王名、王春婷：《推位让治：社会组织参与社会治理路径》，《开放导报》2014年第5期。

王兴广、韩传峰、田萃、徐松鹤：《社会组织参与区域合作治理进化博弈模型》，《中国人口·资源与环境》2017年第8期。

王彦平：《改革政府治理模式是推进社会治理创新的根本途径》，《当代世界与社会主义》2014年第6期。

王彦智：《"放管服"改革中提高西藏（地）市县（区）政府承接能力的思考》，《西藏民族大学学报》（哲学社会科学版）2017年第5期。

吴结兵、沈台凤：《社会组织促进居民主动参与社会治理研究》，《管理世界》2015年第8期。

吴咏梅、玉万叫：《社会组织参与边疆民族地区社会治理研究——以西双版纳傣族自治州为例》，《云南农业大学学报》（社会科学版）2019年第6期。

谢新水：《协同治理中"合作不成"的理论缘由：以"他在性"为视角》，《学术界》2018年第6期。

徐顺青、逯元堂、何军等：《农村人居环境现状分析及优化对策》，《环境保护》2018年第19期。

徐孙萍、闫亭豫：《我国协同治理理论研究述评》，《理论月刊》2013年第3期。

闫建：《县级政府执行力研究：现状与前瞻》，《学术论坛》2013年第5期。

杨丽、赵小平、游斐：《社会组织参与社会治理：理论、问题与政策选择》，《北京师范大学学报》（社会科学版）2015年第6期。

叶大凤、马云丽：《农村环境污染协同治理机制探析——以广东M市为例》，《广西民族大学学报》（哲学社会科学版）2018年第6期。

易轩宇：《合作治理模式下社会组织参与社会治理博弈分析》，《兰州学刊》2015年第3期。

曾明、魏琬昕：《论地方政府简政放权改革中的权责关系调整——以A省省市县行政审批制度改革为例》，《社会主义研究》2017年第6期。

张定安：《全面推进地方政府简政放权和行政审批制度改革的对策建议》，《中国行政管理》2014年第8期。

张建英：《论少数民族地区的政府执行力》，《西南民族大学学报》（人文社会科学版）2013年第9期。

张康之：《论参与治理、社会自治与合作治理》，《行政论坛》2008年第6期。

张润君、金锋:《行政问责视域下地方政府执行力研究》,《理论探讨》2014年第6期。

张晓、岳盈盈:《简政放权重在落实——基于山东省某市行政审批效能的实证研究》,《中国行政管理》2014年第10期。

赵宇新:《社会组织参与县域社会治理创新的海盐模式》,《中国社会组织》2019年第24期。

钟蔚、汪才明:《民族地区社会组织参与基层社会治理的瓶颈及制度建设》,《安徽农业大学学报》(社会科学版)2018年第5期。

周学荣:《社会组织参与社会治理的理论思考与提升治理能力的路径研究》,《湖北大学学报》(哲学社会科学版)2018年第6期。

竺乾威:《从新公共管理到整体性治理》,《中国行政管理》2008年第10期。

四 外文类

Bob Jessop. The rise of governance and the risks of failure: the case of economic development. *International Social Science Journal*, 2018, 68 (227-228): 43-57.

Chris Ansell, Alison Gash. Collaborative Governance in Theory and Practice. *Journal of Public Administration Research and Theory*. 2008, 18 (4): 543-571.

Donna Wood, Barbara Gray. Toward a Comprehensive Theory of Collaboration. *Journal of Applied Behavioral Science*, 1991, 27 (2): 139-162.

Ekistics Doxiadia. *An Introduction to the Science of Human Settlements*. New York: Oxford University Press, 1968.

Hafoka F., Siosaia. Assessing the active living environment in three rural towns with a high proportion of Native Hawaiians and other Pacific Islanders. *Health Promotion Perspectives*. 2017, 7 (3): 134-139.

Holt Richard P. F., Greenwood Daphne. *A Brighter Future: Improving the Standard of Living Now and for the Next Generation*. Florence: Taylor and Francis, 2014.

J. Kooiman. *Modern Governance: New Government-Society Interactions*. London: Sage Press, 1993, (03): 176-179.

Kirk Emerson. Beyond Consensus: Improving Collaborative Planning and Management. *Routledge*, 2012, 14 (4): 472-483.

Lee Seongwoo, Kim Hyunjoong. The Effects of Rural Settlement Projects on the Living Environment in Korea: An Application of Spatial Econometrics with a Decomposition Method. *Harvard Asia Quarterly*, 2011, 13 (3): 6-13.

Lewis Mumford. *The City in history: its origins, its transformations, and its prospects*. London: Mariner Books, 1961.

Lora-Wainwright Anna. *Resigned activism: living with pollution in rural China*. Cambridge, MA: The MIT Press, 2017.

Miklós Herdon et al. Innovation on agroforestry education, training and practice to develop rural living and environment supported by the AgroFE Leonardo and Agrof-MM Erasmus+ projects. *Rural Areas and Development*, 2017, 14: 241-255.

Munzwa Killian, Wellington Jonga. Urban Development in Zimbabwe: A Living Perspective. *Theoretical and Empirical Researches in Urban Management*. 2010, 14: 120-146.

Patrick Geddes. *Cities in Evolution: An Introduction to the Town Planning Movement and the Study of Civics*. New York: Howard Ferug, 1915.

Sakai Akira et al. A study on planning scheme to improve the living environment through safe water supply and sanitation in a rural village in Bangladesh. *Studies in Regional Science*. 2011, 41 (3): 811-825.

Skimore Martin et al. Providing a sustainable living environment in not-for-profit retirement villages: A case study in Australia. *Facilities*. 2018, 36 (5/6): 272-290.

The Commission on Global Governance. *Our Global Neighborhood*. Oxford: Oxford University Press, 1995.

William McDonough, Michael Braungart. *Cradle to Cradle: Remaking the Way We Make Things*. New York: North Point Press, 2002.